외교관이 보는
다자안보정책의 이론과 실제
한 동 만 외 지음

서 문 당

머 리 말

탈냉전 이후 세계화의 진전으로 테러, 환경오염, 대량파괴무기 확산 등 초국가적 위협이 증가하고 있으며, 특히 9.11 테러는 국제안보 패러다임의 변화를 초래하였다. 국제정치에서 안보의 개념이, 종래의 정치적·군사적 개념〔high politics〕에서 비정치적, 비군사적 개념〔low politics〕을 포함한 복합적인 개념으로 재정립되어 가고 있다. 즉, 군사안보 이외에 인권, 테러, 환경, 난민 등 비전통적인 안보의 중요성이 증가함으로써 정치·경제·사회·환경을 포괄하는 포괄적 안보개념이 등장하고, 초국가적 위협에 대응하기 위해 국가간 협력 및 다자주의에 의한 해결 필요성 증대로 협력안보개념이 중요시되고 있다. 또한 냉전시대 국가 중심의 국가안보개념이 개인의 안위〔well-being〕까지 고려하는 인간안보로 발전되어 가고 있다. 따라서 이러한 탈· 탈냉전시대의 안보환경 변화에 따라 국가목표 및 국가이익 추구 방법에 대해서도 신축적으로 대응하는 노력이 요구되고 있다.

우리나라 외교안보정책의 기본목표는 단기적으로는 주변 4강 등 우방국들의 지지를 바탕으로 대북 포용정책을 지속적으로 추진하여 한반도 내 평화체제를 구축하고, 중·장기적으로는 남북한 평화통일에 유리한 안보환경을 조성하는 데 있다. 이를 위한 실천방안으로 우리는 한·미 동맹관계의 기초 위에 한·미·일 간 긴밀한 공조를 유지하고, 중국·러시아 등과도 협력적인 동반관계를 발전시켜 나가고 있으며, 또한 아세안 및 유럽 우방국들과도 제반분야에서의 실질협력 관계를 확대해 나가고 있다. 이와 병행하여 우리나라는 다자 차원에서 지역안보 협력 논의에 적극 참여함으로써 한반도 문제를 포함한 공동안보 문제 해결을 위해 역내 국가들과 협력하고 있다. 동 지역안보 협력체들에서는 전통적인 정치·군사 분야 안보문제뿐만 아니라 새로운 안보 위협인 테러, 마약, 국제범죄 등과 같은 비전통적 분야의 안보문제까지 협의해 나가고 있다.

이 책은 변화하는 국제안보환경에 따라 우리의 안보정책이 어떻게 추진되어야 하는가에 대한 문제인식에서 출발하여 집필하게 되었다.

이 책은 크게 세 부분으로 나뉘어 구성되었다. 제1부에서는 9.11 테러 이후 국제질서 및 동북아 안보환경 변화와 이에 따른 우리의 안보정책 방향, 국제정치상에서의 안보개념의 변화, 다자주의와 다자안보 협력을 다루었다. 제2부에서는 동북아시아, 아시아·태평양, 유럽지역에서 다자안보협의체의 창설 및 현황을 살펴보았으며, 제3부에서는 초국가적 범죄의 현황과 국제적 대응 노력, 테러리즘과 지역안보, 그리고 동북아 해양안보에 대해 정리하였다.

세부적으로 살펴보면 제1장 '9.11 테러사건 이후 국제질서 변화와 한반도'에서는 9.11 테러 이후 국제 안보환경 변화, 특히 국제질서 변화와 9.11 테러의 안보적 의미와 교훈을 살펴보고, 9.11 테러가 동북아 및 한반도에 미치는 영향, 그리고 미국의 대한반도 정책 변화와 9.11 테러 이후 한국정부의 대응과 대테러정책, 북한의 반응을 중심으로 정리하였다.

제2장 '동북아 안보환경 변화와 우리의 안보정책'에서는 동북아 지역 내 복합적인 안보문제를 살펴본 후, 미·일·중·러 4강 상호 간의 갈등관계가 상존하면서도 탈냉전 이후 비교적 안정적인 안보환경이 유지되는 이유는 무엇이며, 안보환경을 결정짓는 요인들에는 어떤 것이 있는지 분석하여 보았다.

제3장 '국제정치에서의 안보개념의 변화'에서는 전통적 의미와 안보개념, 즉 동맹과 집단안보, 집단방위 개념과 함께 탈냉전 이후 등장한 공동안보, 포괄적 안보, 협력안보, 그리고 인간안보의 개념 변화와 의미를 알아보고 안보개념의 변화가 한반도 안보에 미치는 영향과 이에 대한 우리의 안보정책 방향에 대해 살펴보았다.

제4장 '다자주의와 다자안보 협력'에서는 다자주의라는 개념의 구체적인 의미를 알아보고, 다자주의를 바탕으로 한 다자 협력의 의미와 논리, 그리고 동아시아 지역에서 다자안보 협력의 필요성과 유용성을 유럽의 경우와 비교하여 살펴본 후 동북아 및 한반도에서의 다자안보 협력 가능성을 모색해 보았다.

제5장 '동북아지역 다자안보 대화 추진 현황과 전망'에서는 각국의 동북아 다자안보 대화 구상과 제의내용을 살펴보고 우리나라가 1994년에 제안한 바 있는 동북아다자안보대화(NEASED)의 목표와 추진방향, 그리고 4자 회담과 동북아 다자안보대화를 비교해 봄과 함께 비정부간 안보협의체인 동북아협력대화(NEACD)의 진행상황과 의의를 살펴보고 우리의 대응책을 제시하였다.

제6장 '아·태지역 내 다자안보협력체'에서는 아·태지역에서 정부간 운영되고 있는 유일한 안보협의체인 아세안 지역안보 포럼(ARF)의 성립배경, 성격, 향후 발전전망, 그리고 ARF에서의 한반도 논의내용과 북한의 입장 등을 살펴본 후, 아·태 안보협력이사회(CSCAP) 등 여타 아·태 안보협의체를 소개하였다.

제7장 '유럽지역의 다자안보협력체'에서는 유럽안보협력기구(OSCE)의 형성과정과 현황, 우리나라의 OSCE 활동 참여 노력과 동북아지역에서 유럽의 다자안보 협력체제가 원용 가능한지 여부를 모색해 보았다.

제8장 '초국가적 범죄의 현황과 국제적 대응 노력'에서는 초국

가적 범죄 정의, 아·태지역에서의 초국가적 범죄 현황 그리고 불법마약거래, 소형무기, 해적, 사이버 범죄, 자금세탁, 불법이민 등 초국가적 범죄의 대표적인 유형과 이에 대한 우리의 대처 노력을 살펴본 후, 초국가적 범죄에 대처하기 위한 국제적 노력에 대해 살펴보았다.

제9장 '테러리즘과 지역안보'에서는 테러리즘에 대한 정의, 테러리즘과 초국가적 범죄 간의 상관관계, 테러리즘의 발생원인과 유형, 그리고 지역별 테러리즘 현황과 대응방안을 살펴보았다.

제10장 '동아시아 해양안보'에서는 해양분쟁의 발생원인, 주요 국가들의 해군정책 및 해양분쟁 발생요소를 정리한 후, 해양분쟁에 대처하기 위한 국제적 노력에 대해 살펴보았다.

그리고 각장마다 인용한 논문은 각주로 달고 참고문헌을 별도로 첨부하였다. 이 책자는 다자안보정책에 대한 기존의 각종 논문과 보고서 및 업무 참고자료, 인터넷 등을 통한 자료를 정리하고 실제 주요 다자회의에 참가한 경험을 바탕으로 각 집필자가 개인 의견을 종합 작성한 것으로, 외교통상부나 정부의 공식입장을 반영하는 것이 아님을 밝혀둔다. 평소 바쁜 업무에도 불구하고 원고를 작성해 준 안보정책과 직원들에게 감사드린다.

앞으로 많은 독자들의 조언을 통해 내용을 보완함으로써 이 책이 다자안보에 관한 참고서적이 될 수 있도록 지속적인 노력을 경주할 예정이다. 본 책자가 유용하게 활용되기를 기대한다.

2002년 12월
한 동 만

차   례

제2부 : 지역별 다자안보 협력 현황

제3부 : 초국가적 범죄 현황

제 *1* 부
탈냉전시대 안보환경 변화와
다자안보 협력

제1장. 9.11 테러사건 이후 국제질서 변화와 한반도

9.11 테러사건 이후 국제질서 변화와 한반도

한 동 만

I. 서 론

2001년 9월 11일 미국에 대한 테러사건은 인류의 사고방식과 가치체계로부터 미국을 위시한 세계 주요국가의 외교정책에 이르기까지 광범위하고도 심대한 영향을 미쳤다. 미국은 테러사건 이후 종래의 안보개념을 수정하고 외교정책 기준에 반(反)테러 개념을 첨가하였고, 특히, 테러를 지원하는 국가에 대한 강경대응 방침을 천명하였다. 9.11 테러는 세계를 테러리즘 대 반테러리즘 진영으로 갈라놓았으며, 위기에 몰린 유일 초강대국 미국은 테러리즘 근절을 위해 지금까지의 냉전 후 우적관계에 새로운 변화를 불러일으켰다. 또한 중국과 러시아를 포함한 세계 대부분의 국가가 미국이 주도하는 대테러 국제공조에 참가함으로써 국제정치·안보의 패러다임을 변화시켰으며,1) 북한에 대해서도 대량파괴무기 개발과 과거 테러전력을 근거로 강경노선으로 급선회함으로써 한반도 정책상의 커다란 변화를 가져왔다.

이 글에서는 9.11 테러 이후 국제안보의 환경 변화, 특히 국제질서 변화와 9.11 테러의 안보적 의미와 교훈을 살펴보고 9.11 테러가 동북아 및 한반도에 미치는 영향, 그리고 미국의 대한반도 정책변화와 9.11 테러 이후 한국정부의 대응과 대테러 정책,

---

1) 여영무, <테러와의 전쟁 후 국제정치 어떻게 변화할 것인가> ≪북한≫ 2001년 11월호, pp.37~38.

북한의 반응을 중심으로 분석해 보고자 한다.2)

II. 대테러전쟁 이후의 국제 안보환경 변화

1. 대테러전쟁 수행을 위한 미국의 외교정책

9.11 테러사건 이후 미국은 민주주의, 시장경제, 인권중시 노선이라는 기본이념을 유지하면서도 각국의 특수상황을 인정하는 유연한 정책으로 선회하는 모습을 보이게 되었다. 부시 대통령은 2002년 9월 11일 뉴욕 타임스지에 기고(기고문 제목 : Security Freedom's Triumph)를 통해 9.11 테러를 계기로 미국은 세계평화와 안정 유지를 위한 새로운 책임을 자각하게 되었으며, 변화된 국제질서하에서 이러한 역할을 성공적으로 수행하기 위해서는 ①테러리스트를 근절함과 함께 테러 비호국가들에

---

2) 테러와 테러리즘은 동의어로 많이 사용되고 있으나, 테러는 "특정한 위협이나 공포로 인해 심적으로 느끼게 되는 극단적인 두려움의 근원이 되는 것"이며, 테러리즘은 "조직적인 폭력을 사용함으로써 복종을 요구하는 것, 특히 정치적 무기나 정책으로서 폭력이 사용되는 것"으로 정의될 수 있다. 즉, 테러리즘은 테러와는 구별되는 폭력적 행위의 한 형태를 의미하는 것으로 항공기납치, 요인암살, 공중시설폭파 등을 통해 공포를 일으키게 하는 행위를 의미하는 것이다. 자세한 내용은 2001년 국방부 발간, ≪국제테러리즘-21세기의 새로운 전쟁≫ pp.4~5 참조. 9.11 참사는 엄격한 의미에서 테러라기보다는 테러리즘으로 묘사하는 것이 적절하나 이 글에서는 이해를 쉽게 하기 위해 테러리즘과 테러를 구분하지 않고 테러로 통일하고자 한다. 또한 반테러(Anti- terrorism)와 대테러(Counter-terrorism)도 혼용하여 사용하고 있으나, 일반적으로 반테러는 주로 거시적·전략적·소극적·방어적 의미에서 사용하고 대테러는 미시적·전술적·적극적 그리고 공격적 의미에서 사용하고 있다. 조성권, '21세기 국가 반테러 및 대테러정책의 새로운 패러다임' 국방연구, 제45권 제1호(2002.6), p.230 참조.

대처하고, ②기존 동맹국과 우호관계를 심화하고 러시아 및 중국과 힘의 균형(balance of power)을 모색하며, ③자유민주주의 및 시장경제 체제를 더욱 확산시키는 것이 중요하다고 강조하였다.

대테러전쟁에 대한 국제적 공조는 미국에게는 아주 중대한 전쟁자원이 되므로, 결국 외교는 일방주의적인 노선을 벗어나 다자주의적인 상호주의적 색채를 띨 수밖에 없다. 테러 발생 이전까지만 해도 부시 행정부는 지구 온난화 방지를 위한 교토의정서 탈퇴와 생물무기협약 검증의정서 거부 등 일방적 외교노선을 구사하였고, 사형제도 지지를 이유로 유엔인권위에서 축출을 당하기도 하였다. 그러나 테러사태 이후 미국은 유엔 전회원국이 테러용의자에 대한 자산동결과 자금지원 중단은 물론 그들 관련 정보를 교환할 것을 명문화하는 결의안을 유엔안보리에 요구하여 이를 통과시킴으로써 유엔과의 관계를 긴밀한 협력관계로 복원하는 태도를 보였다. 이에 앞서 미국은 그 동안 외면해 오던 유엔분담금 5억 8,200만 달러에 대한 지급안을 미국의회에서 통과시키기도 하였다.3)

부시 대통령은 9.11 테러사건을 미국이라는 국가를 상대로 한 이슬람 반미그룹의 공격이 아니라 자유를 생명으로 하는 근대문명에 대한 위협이라고 강조하고,4) 방위정책에 관련해서도 본토

---

3) 주미영, <반테러 전쟁 수행을 위한 미국의 외교정책>, 아·태 평화포럼, 통권 제56호, 2001년 12월호, pp.5~8에서 재인용

4) 부시 대통령은 2002년 9월 11일 테러 1주년을 맞아 뉴욕 Ellis Island에서 행한 대국민 연설을 통해 미국에 대한 공격은 곧 미국의 이상(ideals)에 대한 공격으로, 국제연대와 함께 어떠한 테러리스트나 폭군(tyrant)들이 대량파괴무기를 가지고 인류문명을 위협토록 허용치 않을 것이며, 미국은 강한 힘과 민주주의의 단호한 의지로 테러 근절을 위한 투쟁에 임하겠다고 언급하였다. Powell 미 국무장관은 2002년 9월 11일 개최된 안보리 고위급회의에서 "9.11 테러가 단순히 미국에 대한 공격이 아닌 문명세계의 가치에 대한 공격"이라고 규정하였다. New

안전 위주에서 전세계가 테러에 공동 대응하는 방위체제를 구축하여야 한다고 강조하였다. 이 때문에 국제적인 동조 분위기를 얻기 위하여 우방 및 동맹국과의 갈등을 서둘러 봉합하고 미국에 냉담했던 비판자들을 끌어들여야 할 상황이 되었다. 심지어는 테러지원국으로 분류된 7개의 '불량국가'들 중 리비아, 시리아, 수단, 이란, 그리고 쿠바에 테러조직에 관한 정보제공을 요청하기도 하였다.

미국은 러시아와의 갈등을 서둘러 봉합하기 위해 그 동안 러시아가 체첸공화국을 탄압하는 것을 인권유린이라고 비난하던 것을 삼가고, 오히려 체첸반군에게 러시아의 평화안을 수락하라는 외교정책을 펼치고 있다. 그 이유는 '테러와의 전쟁'을 위해서는 테러조직에 대한 고급정보 획득과 중앙아시아 국가들과의 군사협력 확대 등에 러시아의 협조가 필수적이기 때문이다. 이밖에도 테러의 배후로 지목된 빈 라덴과 그의 조직인 알 카에다에 대한 정보수집과 군사작전수행을 위해 파키스탄과 인도에 대해 지난 1998년 핵실험을 이유로 경제제재를 가해 오던 것을 해제하고, 중국에 대해서는 세계무역기구(WTO) 가입을 도와주는 '선물'을 제공해 주기도 하였다.

이렇듯 핵확산방지나 인권옹호 등에 국제적 협력을 요구하던 과거 미국 외교정책의 잣대가 '테러와의 전쟁'에 대한 협력 여부라는 새로운 잣대로 변모되었다. 미국에 의해 세계는 테러지원국과 반테러연합국이라는 이분법에 의해 '적과 동지'라는 구조가 재설정되고 있다. 미국이 탄도탄요격미사일제한(ABM) 협정 탈퇴를 결정한 것은 다시 미사일방어(MD) 계획 구축에 대한 확고한 의지의 표현이다.

부시 행정부는 최초로 "테러와 대량파괴무기에 대한 선제공격으로의 포괄적인 전략 변화"를 명시한 안보전략을 발표하고, 안보

York Times, 11 September 2002.

개념을 더이상 국가 차원에 국한시키지 않겠다는 의도를 보였다. 뿐만 아니라 미국의 가치를 미국의 일방적 이익이 아니라 자유와 개방이 보장된 사회를 지키기 위한 '미국적 국제주의(American internationalism)'라고 표현하고 있어 국제 다자간 체제도 필요에 따라 인정하지 않을 수 없다는 뜻을 밝혔다.5)

2. 9.11 테러의 안보적 의미와 교훈

9.11 테러는 안보적 측면에서 다음과 같은 세 가지 차원에서 중요한 의미를 던져주었다.

첫째, 9.11 테러는 국제사회로 하여금 탈냉전 이후의 안보불감증에서 벗어나 새로운 안보경각심을 갖게 해준 결정적 계기가 되었다. 베를린장벽이 무너지고 소련이 붕괴된 1989년에 냉전은 종결됐고 이후부터 도래한 탈냉전시대의 국제질서에서는 세계적 규모의 전쟁발발 위험이 대폭 감소됨에 따라 '세계화,' '지구촌,' '경제적 무한경쟁'이 새로운 화두로 강조되었다. 그래서 냉전시대에 강조되고 높은 비중을 갖던 '군사안보'보다는 '경제안보' 및 '환경안보'와 복지 분야가 더욱 중시되었다. 세계인들에게는 자연스럽게 안보경시 풍조가 만연되고 안보불감증이 확산되어 왔다. 그러나 9.11 테러를 통해 그러한 탈냉전시대의 세태는 분명 오류였음을 깨닫게 되는 계기가 마련되었다. 9.11 테러는 일개 테러조직에 의해서도 유일 초강대국인 미국이 전쟁에 버금가는 재산 및 인명상의 손실을 입을 수 있고, 정신적 공황에 가까운 충격과 위기감에 휩싸일 수 있음을 보여주었다.

둘째, 대량학살 테러와 같은 '예측불능의 초국가적 위협'이 국가안보 차원에서 더욱 중요시되는 결과를 초래하였다. 종전의 테

---

5) David E. Sanger, <Bush to Outline Doctrine of Striking Foes First>, *The New York Times*, 20 September 2002.

러세력은 해외공관이나 군사시설 또는 요인 등 특정표적을 겨냥하여 소규모 폭력행사를 저지르는 수준에 불과하였고, 따라서 테러행위는 비인도적 범죄행위로 간주되는 정도였다. 탈냉전 이후 지난 10여 년 동안에도 테러는 예측이 곤란한 위협요소였음에는 분명하지만 이번 9.11 테러처럼 대량살상·파괴를 초래한 적은 없었으며 세계적 주목도 받지 못하였다. 9.11 테러는 항공기납치 자살공격이라는 사상 초유의 방법과 무차별 대량살상이라는 21세기형 '뉴테러리즘'으로서 국제질서의 개편을 초래하고 있는 신기원적 사건으로 자리매김하고 있다. '뉴테러리즘'은 과거와 달리 요구조건과 공격주체를 밝히지 않고 전쟁 수준의 무차별 공격으로 피해가 상상을 초월하며, 테러조직이 네트워크조직으로 분산운영되어 포착하기 곤란하고, 인명피해를 극대화하기 위한 신종 대량파괴무기가 테러에 이용되는 특징을 보여주고 있다.6)

그러나 금번 사태를 계기로 테러세력은 영토나 국경을 초월해서 범세계적 네트워크로 연결되어 실체를 드러내지 않고 전혀 예측할 수 없는 시기와 장소에서 다양한 수단을 사용하여 전쟁 규모의 대참사를 몰고 올 수 있음을 실감할 수 있게 했다.7) 이제 세계 도처에 산재해 있는 다수의 테러조직이 바로 예측불능의 초국가적 위협이며, 이에 대처하는 것은 어느 정도 예측이 가능한 정규전이나 분쟁에 대비하는 것보다도 더욱 어려우면서도 중요한 것으로 인식되게 된 것이다.

셋째, 9.11 테러는 전쟁 패러다임의 변화를 예고해 주는 계기가 되었다. 9.11 테러는 기존의 전쟁 양상과 비교할 때 전혀 판이한 '21세기의 새로운 전쟁'의 시작을 알리는 일대 계기가 된 셈

---

6) 문광건·이준호, <對테러리즘 정책방향에 관한 소고>, ≪주간국방논단≫, 제904호(02-33), 2002.8.29, p.3.

7) Kim Sung-han, <U.S War against Terrorism and the Korean Peninsula> Korean Observations on Foreign Relations, Vol. 4, No. 1, June 2002, pp.111~112.

이다. 9.11 테러사태는 1648년 베스트팔렌(Westphalia) 조약 이후 국제체제의 법적 기초가 되어온 주권개념에 대한 중대한 도전이었다. 베스트팔렌 체제하에서 전쟁은 국가주권과 국가이익을 위해 발발되는 것, 즉 국가에 근거한(state-based) 전쟁이 주류를 형성하여 왔었으나, 현대에는 전쟁당사자 양측 모두에게 엄청난 희생과 비용이 수반되어 국가들간의 전쟁발발 빈도는 현격히 줄어들었다. 더욱이 자유진영과 사회주의진영 간의 대결이 소멸된 탈냉전시대에는 국가간 전쟁이 완전히 소멸된 것은 아니지만 국가간 전쟁의 유용성은 감소되고 전쟁발발의 빈도는 대폭 감소되었다.

이제는 종교, 이념 및 종족 등에 의한 갈등이 동기가 되어 테러조직과 같은 불량단체들이 대량파괴와 대량살상도 초래할 수 있는 전쟁행위의 주체가 될 수 있음을 세계인류는 목도하게 된 셈이다. 따라서 전쟁의 주 패러다임이 국가들간의 것보다는 종교, 민족, 이념 등 정체성에 근거한(identity-based) 전쟁의 빈도가 증대되는 방향으로 변경될 전망이다.[8]

물론 9.11 테러를 문명간의 관계로 파악하지 않으려는 입장이 대세임에는 틀림없겠지만 테러리즘과 대테러전쟁의 반복이 문명간의 충돌로 확산되지 않고 궁극적으로 전쟁에서 승리하기 위해서는 그 원인을 찾아 치유하는 일도 잊어서는 안 된다.

신종 국제테러에 대비하고 대테러전에서 승리하기 위해서는 국제적 지지와 지원은 물론이고, 국제협력을 통해 테러세력의 자금줄을 봉쇄하고 테러조직을 지원하는 세력이나 국가와의 정치적

---

8) Roland Bleiker, <Globalization, Identity and Prospects for Peace>, Paper Presented for the International Conference on World Order and Peace in the New Millenium, held by KAIS, Seoul, May 26-27, 2000, pp.1~3. ; 유제갑, "테러리즘과 국제관계, 그리고 미래문명>, 한국국방연구원 테러 관련 학술회의(2002년 1월 29일), 《테러리즘과 문명공존》, pp.116~117.

연계를 차단하는 등 국제협력을 강화해야 한다.

3. 9.11 테러 이후 국제질서 변화

9.11 테러와 이에 대한 국제적인 대응은 국제관계에 있어서 변화를 초래하였다. 요약해 보면 첫째, 예상하지 못한 테러 발생으로 비국가 행위자(non state actor)도 세계안보, 나아가 인간안보에까지 영향을 미쳐서 국제관계의 패러다임을 변화시켰다. 둘째, 테러리즘이 전세계적인 안보와 인류문명에 대한 공동의 위협으로 등장하였고, 이에 대처하기 위해 국제적인 공조가 유지되었으며, 특히 미국과 중국, 러시아 간의 협조관계(concert of power)가 구축되었고 미국 중심의 단극체제(unipolar system)가 강화되는 계기가 되었다. 셋째, 테러리즘은 국가간 상호의존적인 관계에 변화를 주었고 경제안정에도 심각한 위협을 주는 등 경제안보에도 영향을 미쳤다.9)

아프간 전쟁에서 미국이 짧은 시간 안에 성공적인 전과를 올릴 수 있었던 것은 미군의 전력이 1980년대 아프간 점령 당시 소련군의 전력보다 월등히 우월했기 때문이라기보다는, 냉전종식으로 인한 국제안보환경의 질적인 변화 속에서 미국의 다각적인 외교적 노력이 탈레반 정권을 국제적으로 고립시키는 데 성공했기 때문이라고 할 수 있다. 미국은 무고한 민간인을 대상으로 한 무차별적 테러공격의 피해자라는 입장에서 테러를 반인류적·반문명적 범죄로 규정지을 수 있었고, 이에 대한 무력응징의 도덕적 정당성을 국제사회로부터 얻을 수 있었다.

미국은 아프가니스탄에서의 테러전쟁을 개시하기 전에 강·온

---

9) Byung-joon Ahn, <Terrorism as Non-State Threat to Global Security and Civilization>, *Korea and World Affairs*, Vol. 25, No.1 Winter 2001, pp.476~477.

양면의 외교정책을 주도면밀하게 전개하였다. 한편으로는 반(反)
테러 국제연대를 유지하기 위해 러시아, 중국, 파키스탄 등과의
관계개선을 꾀하고, 특히 아랍권 국가들의 지지를 얻기 위해, 즉
탈레반에 대한 배후지원을 차단하기 위해 이스라엘 편향의 대중
동정책을 수정하겠다는 입장을 표명하였다. 그러나 다른 한편으
로는 테러전쟁에서 미국의 친구가 되지 않으면 적으로 간주하겠
다는 이분법적인 강경노선을 천명하기도 하였다. 이러한 미국의
외교적 자세는 기존의 일방주의적 노선에 다자주의적 요소를 가
미한 '다자주의적 일방주의(multilateral unilateralism)'라고
할 수 있을 것이다.

9.11 테러가 보여주었듯이, 21세기의 안보환경에서 가장 큰
위협요소는 '비대칭 전쟁(asymmetric warfare)'의 위협이다.
미국은 재래식 전력이나 핵 억지력에서 테러집단에 비해 압도적
우위를 차지하고 있지만, 그럴수록 비대칭 공격의 표적이 될 가
능성이 커지고 있다.10)

미국이 치르고 있는 반테러전쟁 차원을 고려하면서 향후에 다
가올 국제질서와 관련하여 다음과 같은 네 가지 점을 지적할 수
있다.

첫째, 미국의 우월적인 패권적 지위가 더욱 강화될 것이다. 수
년이 걸릴 것으로 예상되었던 아프간 탈레반과의 전쟁을 단 두
달만에 끝낸 미국의 첨단무기의 능력과, 유엔을 통하여 다국적군
을 미국이 의도하는 전쟁에 동원할 수 있는 국력, 그리고 거의 모
든 국가들이 미국의 편에 서서 반테러전쟁을 간접적으로 묵인 내
지는 지원함으로써 미국의 유일 패권적 힘이 다시 한 번 증명되
었다. 이는 사실상 세계 경찰국의 역할을 해온 미국이 직접적으
로 당한 테러라는 점에서 이를 통하여 미국의 입장에서 국제질서

---

10) 김세걸, <테러전쟁 이후의 국제질서>, ≪아태평화포럼≫, 통권 제56
　　호, 2001년 12월호, pp.1~4.

를 주도할 명분을 확보할 수 있었으며, 미국이 의도하는 국제질서를 재편할 수 있는 계기가 되었다.11)

미국이 유일한 하나의 초강대국으로 우뚝 서고 기타 여러 강대국들이 주도하는 일초다강(一超多强)의 국제질서는 21세기 초 상당 기간 동안 계속될 것이라는 주장의 근거는 ①미국은 경제의 세계 최강국으로 계속 군림할 것이며, ②미국은 세계 각국 특히 세계 강대국들에게 가장 큰 영향을 주고 있는 현실적인 관계를 유지하고 있으며, ③미국 과학기술의 발달은 타국의 추종을 불허하고 있으며, ④미국은 세계 최강의 군사력을 보유하고 있다는 점 등이 지적되고 있다.12)

둘째, 향후 국제정치의 대주제는 '국제협력'이 될 것이다. 미국이 치르고 있는 반테러전쟁은 '2002 국방보고'에도 명기하고 있는 바와 같이 국제적인 협력 정도가 승리 여부를 판가름한다고 하여도 과언이 아니다. 테러리스트들을 박멸하는 것도, 그들의 지원세력들을 차단하는 것도 국제적인 협조 없이는 어느 것 하나 성공할 수가 없다. 국제협력은 비단 테러와의 전쟁뿐만 아니고 경제적 교류 및 평화문제 등 전반적인 사항들에 있어 예외가 없

---

11) Han Dong-man, <Terrorism and its impact on East Asian Security : A Korean Perspective>, <The Korean Peninsula and Security Cooperation After Terrorism> *IFANS Review*, Vol. 10. No. 1. July 2002, p.58.

12) Paul Kennedy, <Maintaing American Power : From injury to recovery>, *The Age of Terror-America and the World After, September 11*, Edited by Strobe Talbott and Nayan Chanda, 2001. 2003년 미국 국방비는 3,960억 불로서 러시아 국방예산의 7배에 달하며 북대서양조약기구(NATO) 국가와 중국, 인도, 한국, 일본, 호주의 국방비를 모두 합친 것보다 740억 불이 많고 불량국가들(rogue states)의 국방예산보다는 26배가 많다. Lee Chang-hee, <A Commentary on East Asia's Emerging Security Environment>, Korean Observations on Foreign Relations, Vol. 4, No. 1, June 2002, p.29.

을 정도로 중시되는 변수라고 할 수 있다.13)

셋째, 다시 안보가 중시되는 세계질서가 되고 있다. 지금까지 서구 선진사회가 인류의 복지 혹은 문화 중심으로 발전시켜 온 온갖 사회제도 및 각종 시설들이 취약한 안보상황 속에서는 일순간에 공허하게 무너질 수 있다는 사실을 우리는 9.11 테러사건을 통하여 뼈저리게 경험을 한 셈이다. 어떤 나라를 지탱하고 있는 안보라는 기둥이 무너지거나 흔들릴 때 그 나라가 보유하고 있는 온갖 가치들(values)이 일순간에 무너지고 아무런 의미가 없게 됨을 절감한 것이 9.11 테러사건의 경험이었다고 할 수 있다.

세계질서에서 안보가 얼마나 중요한가를 단적으로 보여준 국제적인 예로서는 테러사건 직후 종교, 이념, 문화, 국경을 초월하여 반테러전쟁을 위한 세계적인 연대를 형성한 세계 각국들의 단합된 모습을 봄으로서도 알 수 있다. 이런 의미에서 안보는 세계질서 형성에 중요한 변수가 될 것이다.14)

4. 향후 국제질서 변화 전망

9.11 테러사태 이후의 국제질서 전망에는 크게 두 가지 시각이 존재한다. 하나는 현재 국제체제의 근본적 변화가 아니라는 입장이고,15) 다른 하나는 미국의 외교정책이 다자주의적으로 혁명적 변화를 나타내고 있어 국제정치질서가 근본적으로 바뀔 것으로 보는 입장이다.16)

---

13) 송대성, <미국의 반테러전쟁 평가와 향후전망>, ≪정세와 정책≫, 세종연구소 2002-2(통권 67호), p. 2.

14) 송대성, <미국 반테러전쟁 1년 조치사항, 교훈, 향후질서>, ≪정세와 정책≫, 세종연구소, 2002-09(통권 74호), pp.5~6.에서 재인용

15) Samuel P. Huntington 교수의 신년대담, 조선일보, 2002년 1월 1일자, p.4 : Joseph Nye, Jr.의 신년대담, 조선일보, 2002년 1월 4일자, p.9.

많은 전문가들은 9.11 테러사태 직후 미국 주도의 반테러 국제연대 구축을 위한 국제협력의 확대 노력이 가시화되자 국제관계의 재편 가능성을 높게 평가하는 추세를 보였다.

테러세력을 포함하여 미국 주도의 대테러전에 반대하는 국가들과 미국 주도의 대테러전을 지원하거나 묵인하는 국가들로 갈라져, 마치 세계가 '문명세계'와 '문명질서 도전세력'으로 양분될 것처럼 보이기도 했다. 그래서 9.11 테러사태 이후의 국제질서는 우적관계 구분의 새 패러다임으로 변화되어 새로운 '탈냉전 이후 시대(Post-post Cold War Era)'로 진입될 것처럼 파악되기도 하였다.

그러나 다른 일부에서는 테러사태가 아무리 위협적이고 대테러전을 위한 국제적 연대구축이 긴요하다 해도 그것 때문에 국제질서의 근본적인 변화가 초래되지는 않을 것으로 판단한다.

미국으로서는 반테러 국제연대를 성공적으로 주도함으로써 반미 테러세력을 분쇄함과 동시에 미국 주도의 시대를 정착시키는 매개체로 삼고자 할 것이며, 그래서 대테러작전, 대량파괴무기 비확산, 미사일방어(MD) 추진 등이 그러한 국가전략의 맥락에서 추진될 가능성은 있다. 그러나 이러한 의도도 미국의 일방주의와 세계적 단극체제를 장기적으로 정착시키기는 어렵고, 만약 미국

---

16) 이러한 입장은 9.11이후의 세계를 '새로운 세계'라고 표현하거나 '탈냉전 이후 시대(Post-Post-Cold war)로 명명하기도 한다. 전자의 경우를 보려면 Larry A. Niksch, <The U.S. Anti-Terrorism Campaign and Its Impact on East Asian Security>, Paper for a Speaking Program in South Korea Sponsored by the Office of Information Programs, U.S.A.와 Ralph ·Cossa, < Ushering in the Post-Cold war Era>, Pacific Forum CSIS, Comparative Connections(An E-journal on East Asian Bilateral Relations), 3rd Quarter, 2001 (http://www.csis.org/paofor/cc/.) : 이상우 교수의 신년대담, 조선일보, 2002년 1월 3일자, p.3 : 김경원 교수의 신년대담, 조선일보. Ibid.

이 그러한 시도를 하더라도 성공하리라는 보장도 없다.

결론적으로 미국이 향후 일방적인 힘에 의한 패권주의를 추구할 것이냐 아니면 국제적인 협력을 중시하는 다자협력주의로 나아가느냐에 대해서는 관점에 따라서 의견이 엇갈릴 수 있다.17) 만약 전자의 입장을 견지할 경우 기존의 단·다극체제(또는 一超多强체제)는 단·중기적으로는 유지되다가 결국 장기적으로는 단극체제로 전환될 것이라는 전망을 할 것이다. 그리고 후자의 입장을 취할 경우는 현재의 단·다극체제는 장기적으로도 상당 기간 유지될 것으로 전망할 것이다.18)

이처럼 미국이 우월적 지배 여건을 활용하여 패권주의를 추구할 것으로 파악하는 입장에서는 기존의 단·다극적 국제체제는 단·중기적으로는 유지되지만 결국 장기적으로는 단극체제로 전환될 것이라고 전망할 것이다. 그리고 미국이 국제적인 협력을 중시하여 다자협력주의를 추구할 것으로 파악하는 입장에서는 현재의 단·다극적 국제질서는 상당 기간 유지될 것으로 전망할 것이다. 어느 쪽으로 전망하느냐의 문제는 아직도 다분히 가치판단의 문제로 남아 있다 할 것이다.19)

---

17) 한승주 교수는 미국이 일방주의적 다자주의(unilateral multilate-ralism)을 통한 외교목표를 추구하지 않도록 국제사회가 노력해야 할 필요가 있다고 강조하였다. Han Sung-joo, "Impact of War against Terrorism on the Korean Peninsula," *Korea Focus*, May-June 2002, p. 54.

18) Samuel Huntington은 양극 구조의 냉전체제가 끝난 뒤 국제체제는 걸프전 시기 동안 잠시 단일체제의 형태를 유지하다가 바야흐로 '단일-다극체제(uni-multipolar system)'로 바뀌었으며, 이러한 단일-다극체제는 10~20년 정도 유지되고 결국 그후에는 국제체제가 다극체제로 변할 것으로 전망하고 있다. Samuel P. Huntington, <The Lonely Super-power>, *Foreign Affairs*, 78-2(March/April 1999), pp.35~37.

19) 김구섭, <9.11 테러리즘의 안보적 의의와 국제질서 동향 및 전망>, ≪한반도 군비통제≫, 2002. 6., pp.4~24.

Ⅲ. 9.11 테러와 동북아

1. 9.11 테러사건이 동북아 및 한반도에 미치는 영향

뉴욕 테러사건은 세계 최강대국인 미국에 직접적으로 감행된 테러라는 점에서 미국에 가해진 충격과 여파는 물론 향후의 국제정세에도 막대한 영향을 끼치게 되었다. 특히, 주한미군이 주둔해 있고, 미국 주도의 국제정세에 제동을 걸거나 이를 견제해 왔던 중국과 러시아, 그리고 미국의 파트너 일본이 포진해 있는 동북아는 새로운 국제질서의 형성에 매우 중대한 역할을 하게 될 것이 자명하다. 미국의 국익에 따라 명분과 실리의 양극단에서 국제질서를 주도해 오던 미국에 정면으로 가해진 테러라는 점에서 당연히 '반테러'가 국제질서의 재편을 위한 가치기준으로 등장하게 되었다.

따라서 테러문제를 해결하기 위해 국제경찰의 역할을 더욱 강화하려는 미국의 주도하에 국제질서의 새로운 틀이 결정되는 것은 거역할 수 없는 현실이다. 동시에 이러한 현실적 구조와 추세를 자국 국익의 극대화로 연결시키려는 각국의 이해관계가 상호 교차하면서 테러사태 이후의 국제정세의 내용이 결정될 것이다.

9.11 테러가 초래할 국제정치상의 변화와 국제안보환경에의 파급 효과는 동북아지역의 국제환경에도 중장기적으로 상당한 정도로 영향을 미치게 될 것으로 보인다.

비록 9.11 사태 이후 한반도를 둘러싼 중국, 러시아, 일본 등 주요 국가들이 미국과 반테러 국제연대를 형성하고 미국에 협력하고 있다는 점에서 동북아지역에의 파급적 효과가 단기적인 차원에서 크게 나타나리라고는 예상되지 않는다. 그러나 국제안보환경의 가장 큰 축을 형성하는 미국의 안보전략이 변화하는 가운데, 강대국의 전략적 의미를 반영하는 반테러전이 지속될 경우,

중장기적으로는 동북아지역의 안보환경도 영향을 받지 않을 수 없을 것이다.

특히 한반도와 관련, 북한이 대량파괴무기를 개발하고 있고, 미국의 테러지원국 명단에 계속 등재되어 있다는 점과, 일본이 9.11 테러사태 이후 자위대의 역할을 세계적 차원으로 확대시키면서 보통국가로의 전환을 추진해 나간다는 점 등은 동북아 안보환경의 중·장기적 변화에 중요한 변수로 작용할 것이다. 이러한 기본 시각에 입각하여 9.11 테러사태가 동북아안보 환경에 미칠 파급 효과를 예상하여 보면 다음과 같다.

첫째, 테러 관련 대량파괴무기 개발 저지가 주요 관심사로 부각될 것이라는 점이다. 9.11 사태가 테러를 전쟁행위로 규정하는 바탕 위에서 미국의 안보전략이 반테러전을 중요 요소로 수렴하여 변화하게 됨에 따라, 대량파괴무기가 테러에 악용될 수 있는 소지를 근절시키기 위하여 대량파괴무기의 개발·생산·수출 능력을 가진 국가들에 대한 제재가 강화될 수밖에 없다는 것이다.

미국은 냉전 이후 시대 국가안보의 주요과제로 대량파괴무기의 확산을 억제하려는 국제적 노력을 꾸준히 전개해 왔는데, 금번 테러사태로 대량파괴무기가 앞으로의 테러에 사용될 가능성이 커짐으로써, 그간 핵·생화학무기 및 미사일 등 대량파괴무기 또는 이의 투발 수단을 개발, 보유하거나 이를 수출하는 국가에 대한 제재를 더욱 강력히 해야 할 당위성을 반테러의 차원에서 확보하게 되었다.20) 이에 따라 미국이 반테러 차원에서 대량파괴무기의 확산을 억제한다는 정책을 강력히 추진할 경우 이미 대량파괴무기와 관련하여 불량국가(rogue state) 또는 우려대상국가(state

---

20) 미국이 사담 후세인 정권을 전복하려는 계획은 이라크가 보유하고 있는 대량파괴무기 자체보다는 이라크가 대량파괴무기를 사용하거나 테러리스트들에게 제공하는 것을 우려하기 때문이다. Johgnna McGeary, <What does Saddam have?> *Time*, September 6, 2002. p.26.

of concern)로 분류되어 왔던 북한이 그 대상으로 당연히 지목되고, 그 결과 한반도에서의 불안정성 증가도 충분히 예상될 수 있을 것이다.

둘째, 군비증강 또는 군비경쟁의 가능성 증대이다. 9.11 사태로 테러가 다른 안보 위협과 연계될 가능성이 커짐에 따라 복합전에 대한 대비가 군사안보전략의 중요 초점으로 부각되어 미국은 물론 여타 주요국들이 군사력을 조정해 나가는 과제를 안게 되었다. 이에 따라, 각국은 다양한 형태의 위협에 동시에 대처할 수 있는 군사력의 구비에 착수케 되고, 이에 따르는 군사비 지출의 증대는 불가피할 것으로 보인다. 이 경우 동북아 국가들의 경제 발전은 군비지출로 연계되어 군사력의 증강을 초래하게 되고, 이는 다시 관련국의 안보 딜레마를 고조시킴으로서 지역 불안정성을 증대시키는 계기로 작용할 수 있다.

셋째, 한반도 주변국의 위상 및 전략 변화 가능성이다. 9.11 사태 이후 주요 국가들의 반테러 연대 참여는 테러 응징의 근본적 목적 외에도 각국의 전략적인 이해관계를 반영하는 방향에서 이루어지게 됨으로써 강대국간 관계 재조정의 계기가 되고 있다. 즉, 미국과 일본, 중국, 러시아 등은 세계차원에서의 반테러 연대를 구성하는 주요 국가들이므로 이들간의 관계 재조정은 한반도와 그 주변 환경에도 직접적인 파급 효과를 가져오게 될 것이다.

특히, 미국과의 협력에서 러시아는 미·러 관계의 구조적 변화의 계기라고 할 만큼, 9.11 사태 이후 미·러 협력을 한 차원 향상시킨 협력관계로 전환시켰다고 평가되고 있으며, 일본 또한 9.11 사태를 계기로 보통국가화를 추진한다는 차원에서 1996년 미·일 신안보공동선언 이래 추구하여 왔던 미·일동맹 강화 노력을 반테러 협력의 차원에서 더욱 강화한 바 있다. 일본은 9.11 이후 미국 주도의 대테러전쟁에 적극적인 참여를 통해 일본의 군사적인 위상 변화를 시도하고 있다. 2001년 10월 대테러법의 제정으로 해상자위대의 활동범위를 일본영해 이원지역의 비전투지역으로 확대하고 2002년 1월 아프가니스탄 재건지원 각료회의를 동경에서 개최하여 대테러전쟁 관련 비군사 부문에 있어서 적극적인 역할을 확대하였다.[21]

9.11 테러 이후 중국은 미국 주도의 대테러전에 대한 지지를 표명하였다. 또한 중국은 9.11 테러를 반문명적인 행동으로 규정하고 세계무역기구(WTO) 가입과 2008년 올림픽게임 개최국가로서 대외적인 이미지 개선을 위해 노력하였다.[22]

중국으로서는 미국의 일방주의적 행보를 경계하면서도 중국 내의 회교세력인 신장지역 내 소수민족의 분리·독립을 위한 테러행위를 진압함에 있어 국제적인 명분을 얻음으로써 아프가니스탄과의 경계지역의 안정과 이 지역의 테러진압에 대한 인권문제 제기에 보다 자유로울 수 있는 입장에 있게 되었다. 테러에 대한 미·중 간의 부분적 공조는 미국의 주도를 견제하려는 중국과 중국의 원칙적 지지를 총체적 지지로 이끌어내려는 미국 간의 갈등과 협력이 제한적인 범위 내에서 반복될 것이다.[23] 9.11 테러 이후 중국과 미국 간의 관계는 안정적이고 우호적인 분위기를 유지하고 있고 현재의 안정적인 관계는 양국이 서로의 안보이익을 위협

---

21) Bates Gill, <September 11 and Northeast Asia-Change and Uncertainty in Regional Security>, *The Brookings Review*, Summer 2002, Vol. 20. No. 3. pp.43~44.

22) Han Dong-man, op. cit., pp.61~62.

23) 9.11 테러사건 이후 중국은 미 연방수사국(FBI) 대테러요원이 북경에 체류하는 것을 허용하고 아시아 내 이슬람 과격단체에 대해 미국과 정보를 공유하였다. 2002년 8월 중국은 북한, 이라크, 이란, 리비아, 시리아 등 미국이 테러배후국으로 지목한 국가들에 대해 미사일기술 수출을 제한하는 새로운 규정을 만들었으며, 미국은 신장지역의 이슬람 독립세력을 테러단체로 규정하는 등 미국과 중국은 대테러 협력을 유지하고 있다. James Dao, <Closer Ties with China may help U.S on Iraq>, *The New York Times*, October 4, 2002.

하지 않는 한 앞으로 상당 기간 지속될 것으로 보인다. 그러나 중국과 미국 간 관계는 대만문제와 비확산의 문제, 미사일방어계획 및 아시아에서의 미군주둔 문제 등 잠재적인 갈등요인이 내재하고 있다.24)

이와 같이 지역 강국들의 미국과의 반테러 국제협력은 원칙적인 차원에서는 이루어지고 있으나, 그 협력의 강도와 방식은 일정 수준의 차이를 내포하고 있어, 향후 이러한 협력의 차이가 동북아에서 이들 관련국들의 위상과 전략을 변화시킬 가능성이 크며, 그 결과 동북아 안보환경의 변화 또는 그 가능성이 증대된다고 하겠다.25)

2. 9.11 테러 이후 미국의 대한반도정책 변화

지금까지 미국 대외정책의 기본지침은 대략 ① 외교 및 군사적 수단을 활용한 안보 증진 ② 경제적 번영 ③ 전세계적으로 민주주의 확산 등으로 요약되어 왔으나,26) 테러사건은 미국의 외교정책상 새로운 가이드라인을 첨가하는 계기가 되었다. 곧 세계국가들에 대해 테러를 지원하는가의 여부에 따라 적과 동지를 구분하는 새로운 대외정책기준이 제시되게 된 것이다.

테러사건 이후 테러는 악(惡)으로 규정지어졌고 '반테러'가 도덕성(morality)을 구성하는 새로운 요인으로 첨가되었다.27) 새

---

24) David Shambaugh, <Sino-American relations since September 11, Can the new stability last?>, *Current History*, September 2002, 참조.

25) 이동휘, <9.11 테러사태 이후 국제환경의 변화와 한반도>, 외교안보연구원 정책연구시리즈 2001-12, pp.25~28에서 재인용.

26) 홍관희, <한반도 급변 사태시 미국의 대한반도정책> 한국정치학회, 1997. 11.

27) 2002년 6월 1일 부시 대통령은 악에 대응하는 도덕적 의지를 재천명하고, 자신의 '악의 축' 발언과 관련, "선과 악을 구분한 용어가 비외교

로운 시대에 미국의 외교정책은 ① 테러조직과 전제적 지도자들의 위협으로부터 평화를 수호하고, ② 강대국간의 우호관계 수립을 통해 평화를 유지하며, ③ 전세계에 자유롭고 개방적인 사회 건설을 지원해 평화를 확대하는 3대 목표가 제시되었다.[28]

냉전시대에 공격을 받을 경우 대량보복 위협으로 안보를 유지했던 봉쇄(封鎖, containment)와 억지(抑止, deterrence)의 논리는 대량파괴무기로 무장된 테러조직들에게는 무의미한 대응 전략임이 지적되었고, 새 시대에 테러위협을 사전에 막기 위해서는 선제조치(preemptive action : striking first)와 군사적 적극개입(defensive intervention)의 필요성이 아울러 제기되었다.[29]

9.11 테러 이후 미국의 대한반도 정책 변화의 주요 특징 중의 하나는 핵·미사일 등 북한의 대량파괴무기 개발에 대한 확고한 억지의지라고 할 수 있을 것이다. 테러사건 이후 미국은 옛 소련과의 냉전시대에 비해 핵무기와 생화학무기 등 대량파괴무기를

적이거나 무례하다는 우려에 동의하지 않는다"고 밝혔다. 그는 냉전시대 미국이 외교·군사·경제적 수단을 동원해 공산주의 세력에 대항해 승리할 수 있었던 핵심요인은 도덕적 명징성이었다고 지적하고, 도덕적 진실은 시대와 장소를 초월해 동일하다고 강조했다. 그는 사악하고 무법적인 체제에 대항해 문제를 밝혀낼 것이라고 다짐하면서, 악에 대항해 세계를 이끌겠다고 밝혔다. 부시 대통령은 또 미국의 의무는 세계 60개 국 이상에 퍼진 테러조직을 색출해내는 것이라고 규정했다.

28) 조선일보, 2002년 6월 3일
29) Thomas E. Ricks and Vernon Loeb, <Bush Developing Military Policy of Striking First>, *Washington Post* (June 10, 2002), 럼프펠드(Rumsfeld) 미 국방장관은 '이라크, 북한, 이란 등의 대량파괴무기를 제거하기 위한 방안으로 억지나 제재외교는 더 이상 부적절하므로 선제군사공격이 필요하다'는 내용의 기고문을 2002.9.8. 워싱턴 포스트에 게재할 예정이었으나 백악관의 반대로 9월 6일 밤 회수했다고 워싱턴 포스트가 9월 7일 보도했다. 조선일보, 2002년 9월 9일

미사일에 적재하여 공격받을 위험이 더 높다고 판단하고 있다.30)

1994년의 '제네바 핵합의'에 따라 북한이 핵동결을 약속하였음에도 불구하고, 이후 지속적인 핵개발 노력을 경주하고 있다는 정황(情況)은 여러 군데서 포착되어 온 바 있다.31) 북한은 2002년 10월 켈리 미 국무부 동아·태 차관보가 북한을 방문하였을 때 고농축우라늄 핵개발 프로그램을 시인함으로써 세계를 놀라게 했다. 이는 한반도 비핵화선언, 제네바합의(AF), 국제원자력기구(IAEA) 안전조치 규정, 핵비확산체제(NPT)를 위반하는 것으로 큰 우려사항이 되고 있다.

부시 행정부는 미 의회가 대북 중유 제공을 위한 2002년 예산 9,050만 달러를 승인하기에 앞서 ① 남북 비핵화 진전 ② 북한의 제네바 핵합의 준수 ③ 북한의 탄도미사일 위협과 수출 감소 등 3개 항의 인증을 행정부에 요구한 데 대해, "사상 처음으로 모든 항(項)의 유보(waiver)를 결정했다"고 밝힘으로써, 북한의 핵합의 준수 여부에 강한 회의감을 나타냈다.32) 이는 북한에 대해 국제원자력기구(IAEA)에 의한 추가 사찰을 조속히 수용할 것을 촉구하는 강력한 메시지라고 볼 수 있다. 한편, 허바드 주한미국

---

30) 로버트 윌폴 참 전략·핵문제담당관은 2002년 3월 12일 상원 정무위
    원회에서 "대량파괴무기를 적재한 미사일이 미군이나 중요 시설을 공격
    할 가능성이 냉전시대에 비해 더 높으며, 잠재적인 적들의 역량 증대로
    그 가능성은 계속 높아질 것"이라고 증언한 바 있다.

31) 북한은 1983년부터 고성능 폭발실험을 70여 차례 실시했고,
    1993~1998년 핵실험의 전단계인 완제품 고폭장치실험까지 했으며,
    핵폭탄 1개의 제조가 가능한 10~12kg의 핵물질(플루토늄)을 추출한
    것으로 추정된다. 상세한 사항은 2001년 국방부 발간 ≪대량파괴무기
    문답백과≫, p.93. 참조

32) 애리 플라이셔(Fleischer) 백악관 대변인은 2005년 경수로 핵심부품
    을 북한에 인도하기 전 제네바 핵합의에 따라 북한의 과거 핵활동에 대
    한 IAEA 특별사찰이 이루어져야 하는데, 이를 위해서는 3~4년 정도가
    걸린다는 점을 강조하면서, "2005년의 마감시한을 맞추기 위해서는 북한
    이 사찰수용을 시작해야 한다"며 시간의 촉박함을 강조한 바 있다.

대사는 2002년 1월 북한의 미사일 프로그램 재개와 군사력 태세, 제네바 기본합의의 이행개선과 인도주의 차원의 우려사항 등을 북한과 논의하고자 하는 의사를 이미 피력했다고 밝혔다.[33]

또한 허바드 대사는 2002년 3월 21일 "북한이 국제원자력기구(IAEA)가 제시하는 요건을 채우지 못한다면 경수로는 건설되지 않을 것"이라고 말함으로써 한층 더 강경한 미 행정부의 입장을 밝혔다.[34]

2002년 1월 8일 미국 국방부는 '핵태세 검토(Nuclear Posture Review)'라는 제목의 비밀보고서를 의회에 제출하였다.[35] 로스앤젤레스 타임스에 유출, 공개된 이 보고서의 핵심내용은 부시 행정부가 북한·이라크·이란·리비아·시리아·중국·러시아 등 적어도 7개국에 대해 긴급시 핵무기를 사용할 수 있는 대책을 마련하였다는 점과, 핵 사용이 가능한 특정한 전장(戰場)상황에 북한의 '남한 침공' 경우가 포함되었다는 점이다.[36]

이 보고서는 미국이 종래 '위험용 억지력으로서의 핵군사력 사용'이라는 핵억지 전략으로부터 '비상사태 발생시 핵무기 사용 가능성을 천명'한 것이라는 점에서 중요한 정책 변화를 시사하고 있

---

33) Thomas Hubbard, <The U.S. War Against Terrorism : Consequences for Security on the Korean Peninsula>, 《한국군사》 제14권 특별기고문, 2002.1., p.6.

34) 허버드(Thomas Hubbard) 주한 미 대사, 2002년 3월 21일 미국 하와이대 동서문화센터 한국동문회 초청강연 "북한이 제네바 핵합의를 준수하는 한 미국도 이를 지킬 것이며, 매년 50만에 이르는 대북 중유 지원도 계속되겠지만, IAEA가 제시하는 의무를 이행해야 한다"고 강조하였다. 그는 또 북한이 비난하고 있는 한·미 군사훈련에 대해 "북한이 비무장지대에 병력을 배치하고 있는 상황에서 한·미 군사훈련을 중단할 수는 없으며, 앞으로도 계속될 것"이라고 반박했다.

35) *Los Angeles Times*는 9일, *New York Times*와 *Washington Post* 등 주요 신문들도 10일에 일제히 보도

36) Rodica Butescu, "The New review," Harvard International Review, Fall 2002, p. 8.

다. 이는 또한 북한의 대량파괴무기 개발을 결코 허용하지 않겠다는 미국의 결의 표명이라고 볼 수 있다.37)

이 시점에서 우려되는 점은 미국이 우선적으로 추진하고 있는 핵확산금지계획에 북한이 어떻게 반응할 것인가 하는 것이다. 경수로의 핵심부품이 인도되기 전에 국제원자력기구(IAEA)의 핵사찰을 완수하려면 2~3년이 소요되므로 북한이 진정으로 핵무기를 포기할 의사가 있다면 그 사찰을 수용함으로써 비핵화약속을 이행해야 한다고 부시 행정부는 판단하고 있다. 만약 북한이 IAEA 사찰을 수용하지 않는다면 미국은 경수로사업과 중유 제공을 약속한 한반도에너지개발기구(KEDO) 협정도 재고하겠다는 입장을 갖고 있고, 이 경우 미·북 관계 악화와 한반도 긴장 상태의 고조는 충분히 예상할 수 있는 시나리오이기 때문이다.38)

제네바 핵합의에 미사일개발 억제에 대한 규정이 없다는 점과 북한 특유의 '자주권'의 논리를 활용하여, 북한이 수년간 장거리 미사일을 개발하여 동북아의 안정에 커다란 위협이 되어왔음은 주지하는 바와 같다. 9.11 테러 이후 미사일 문제가 특히 더 강조된 것은 미사일이 테러국가에 의해 악용될 가능성이 크기 때문이다.

존 볼턴(John Bolton) 미국 국무부차관은 2001년 11월 19일 제네바에서 개막된 생물무기협약 제5차 평가회의 기조연설에서 "북한은 세균전 무기를 계속 개발·생산하고 있으며, 군사적인 목적으로 사용할 수 있는 생물무기의 대량생산 능력을 갖고 있다"고 경고했다. 북한이 생물무기 개발을 규제하는 협약(BWC)에 가입했으면서도 세균무기를 계속 개발하고 있다는 사실은 국제안

---

37) 헤리티지 재단의 잭 스펜서(Spencer)는 "미국은 국제테러와 대량파괴무기를 개발하는 국가들에 대해 믿을 만한 억지력을 가질 필요가 있다"고 말하고, "보고서의 내용은 탈냉전시대의 바람직한 핵개발 내용"이라고 옹호했다.

38) Kim Sung-han, op. cit., pp. 121-123.

보 뿐만 아니라 우리의 안보에도 크게 위협적이다.[39]

2002년 1월 29일 조지 W. 부시 미 대통령의 연두교서를 필두로 나타난 미국의 대북 강경정책 선회는 '불량국가' 및 '테러지원국'으로서의 북한에 대하여 최근 수년간 행해졌던 가장 강력한 경고 메시지로 풀이된다.

먼저 연두교서를 중심으로 미국의 대북정책 변화의 주요내용을 살펴보면, 첫째, 테러를 지원하는 이른바 '불량국가(rogue states)', 곧 북한, 이란, 이라크의 대량파괴무기 개발 위협을 방지하는데 미 외교정책의 초점이 두어지고 있음을 알 수 있다. 부시행정부는 이들 국가들이 대량파괴무기에 의한 무장을 통해 세계평화를 위협하면서, '악의 축(an axis of evil)'을 형성하고 있다고 보고 있다. 특히 북한을 지목, "주민들을 굶주리게 하면서, 미사일과 대량파괴무기로 무장"하고 있다고 비난한 것이 종래의 미국의 대북정책과 차별화되는 점이고 또한 주목되는 부분이다. 즉, 테러리즘과 대량파괴무기에 대한 미국의 확고한 입장을 감안시, 북한의 실질적 변화 없이는 미국이 북한을 신뢰하지 않을 것으로 보인다.[40] 둘째, 테러지원국에 대해 미국은 필요한 모든 조치를 취할 것임을 천명하고 있다. 특히 효율적인 미사일 방어망

---

39) Bolton 차관은 2002년 11월 11일 워싱턴 소재 The Hudson Institute 주최 <The Second Global Conference on Nuclear, Bio/Chem Terrorism> 주제발표를 통해 미국 정보기관 평가에 의하면 북한은 최소한 1~2개의 핵무기를 생산할 수 있는 플루토늄을 생산했으며, 미사일 기술·장비 수출국이고 생·화학무기를 상당수 보유하고 있다고 언급하였다. 생물무기, 특히 탄저균 1kg은 핵폭탄 1kg의 치사력과 유사하며, 도심 1평방킬로미터를 파괴하는데 비행기 폭격은 2천 달러가 들지만 핵무기는 8백 달러, 화학무기는 6백달러가 들지만 생물무기는 단 1달러면 충분하다고 한다. 북한은 약 5천 톤의 생·화학무기를 생산, 보유하고 있는 것으로 알려져 있다. 김태준, <북한의 테러와 테러리즘>, ≪국방연구≫ 제45권 제1호, 2002년 7월, p.204.

40) Bates Gill, op. cit, pp.44~45.

(MD)을 개발·배치할 의도를 분명히 하고 있다. 셋째, 북한에 대해 ① 휴전선 배치 재래식무기 철수 ② 평화의지 선언 ③ 대량파괴무기 수출 중단 등을 요구하며, "모든 대안 검토"를 언급하면서, 무기수출을 중단할 경우 대화할 용의가 있음을 표명하였다.

부시 대통령이 취한 일련의 정책방향을 평가해 보면, 첫째, 대북강경정책은 테러사건으로 갑자기 생겨난 것이라기보다는 취임 이래 일관된 북한에 대한 부정적 인식, 곧 '북한주민의 인권을 억압하고, 대량파괴무기를 개발하는 독재국가' 이미지에서 출발한 대북정책 기조가 한 단계 강화된 것임을 발견할 수 있다. 이는 취임 이전(1999)부터 형성된 공화당 보수진영의 일관된 대북 인식이었고, 다만, 9.11 테러 이후 보다 확고해지고 강경화된 것에 불과하다고 볼 수 있다.

둘째, 강경책의 초점은 북한의 미사일 수출에 두고 있으며, 미사일 수출을 북한과 테러리스트들의 연결고리로 파악하고 있다는 점이다. 그리하여 미국은 북한의 미사일 개발 및 수출을 결코 용인할 수 없다는 기본인식을 확고히 한 것으로 파악된다. 물론 현재로서는 수사적인 압박, 곧 국제 비(非)확산통제 장치 강화, 중국과 러시아의 협조방안 등 군사적 조치를 배제한 외교제재 수단에 의존하고자 하는 의도를 읽을 수 있다.

그러나 보다 중장기적으로는 군사행동 가능성을 배제할 수 없는 상황이다. 라이스(Condoleezza Rice) 백악관 보좌관이 "3개국의 위협을 저지하기 위해 동원 가능한 모든 수단을 사용"할 것을 강조하였고, 럼스펠드(Donald H. Rumsfeld) 미 국방장관이 "공격이 최선의 방어"라고 언급한 데서 이러한 가능성을 예단할 수 있다. 더욱이 아미티지(Richard Armitage) 미 국무부 부장관은 자신이 쓴 1998년 <아미티지 보고서>에서 미사일 수출 선박의 나포 등 제재방안을 권고한 바 있음을 상기시켰다. 미국은 테러사건 직후 북한의 미사일 개발 및 수출활동에 대한 총체적 감시체제에 돌입한 바 있다.

셋째, 미국은 한국정부의 대북포용정책(햇볕정책)의 원칙은 이해하나, 대량파괴무기에 대한 북한의 태도 변화가 없는 데 대해 회의적인 입장을 나타냈다. 그러나 미국은 "남북간 화해·협력이 한반도 안정에 필요하다"는 한국정부의 주장에 대한 이해와 지지를 표명하였다. 이는 부시 대통령의 연두교서 연설 이후 한국 내 반미정서 파급을 불식하고, 전통적인 한·미공조를 재확인하려는 미국측의 외교적 행동으로 판단된다.[41]

Ⅳ. 9.11 테러와 한반도

1. 한국의 대테러공조와 반테러정책

가. 국내 조치

9.11 테러 이후 한국은 국제평화와 인류의 안전을 위하여 테러리즘이 근절되어야 한다는 입장을 일관되게 천명하였다.[42] 이를 위한 국제사회의 반테러 노력에 적극 참여한다는 방침하에 유엔 안전보장이사회 결의 1373호의 이행을 위해 최대한의 노력을 경주하고 있다. 2001년 12월 외교통상부 내 대테러 및 아프간 문제담당 대사직을 신설하였으며, 현재 테러대응체제를 강화하기 위하여 테러문제에 대한 총괄적인 법률인 '테러방지법'(가칭)의

---

41) 홍관희, <9.11 테러이후 한반도 안보정세 변화와 대북정책 방향>, 《통일정책연구》 제11권 1호, 2002, pp.145~174.에서 재인용

42) 9.11 테러가 발생하자 김대중 대통령은 9월 12일 '미국사태에 대한 특별담화문' 발표를 통해, 인류의 생명과 안전을 위협하는 테러행위를 강력히 규탄하면서 테러로부터 인류를 자유롭게 하기 위한 모든 노력에 동참할 것이라고 언급하고 비상경계령을 지시하였다.

제정을 추진중에 있다.

한국정부는 2001년 10월 9일 유엔의 '테러자금 조달억제협약'에 서명하고 '탈레반 관계자 등에 대한 영수허가 지침'의 시행을 통해 유엔안보리 결의 1267호와 관련하여 안보리 대테러위원회가 발표한 테러리스트 명단에 대하여 자금동결조치를 시행하고 있다.43)

테러범 처벌을 위해서 '국제형사사법공조법'에 근거하여, 형사사법 공조조약이 체결된 국가와는 동 조약에 의해, 조약이 체결되어 있지 않은 국가와는 상호주의(reciprocity)에 의해 테러범죄 관련 정보·자료에 대해 국가간 교류 및 수사공조·지원 등을 시행하고 있으며, 각국과 체결한 범죄인 인도조약을 통하여 테러행위를 사전 억제하거나 사후 처벌을 하고 있다.

또한 2001년 11월 28일 '특정금융거래 정보의 보고 및 이용 등에 관한 법률' 시행과 동시에 설립된 금융정보분석원(Korea Financial Intelligence Unit)을 통해 범죄자금과 관련한 혐의거래(suspicious transactions) 정보를 외국의 금융정보분석기구와 교환하고 있다.44)

---

43) 테러자금 유통 차단을 위한 국제적인 노력은 ① 유엔안보리 결의 1373호의 이행 등 테러단체 자금원동결, ② 유엔 테러자금 조달억제협약과 초국경 조직범죄방지협약 비준 및 국제금융체제 오용 방지를 위한 국제기준 채택, ③ 세계 각국의 금융정보분석원 설립 등을 통해 정보교환, ④ 자금세탁방지기구(FATF)의 활동에 있어 테러자금 차단을 위한 구체적 방향 설정 및 세부지침 작성, ⑤ 테러자금 차단 및 자금세탁을 위한 기술원조 제공 등의 방향으로 추진되고 있다.

44) 우리나라는 유엔 및 자금세탁방지기구(FATF)에 테러자금 유통차단 관련 이행보고서를 제출하고 있으며, 2002년 3월 벨기에 금융정보분석원과 테러혐의 정보교환에 대해 양해각서를 체결하였다.

나. 대테러 국제공조 참여

한국은 아세안지역안보포럼(ARF) 의장 명의 반테러선언(2001.10.15.), 제9차 및 제10차 아·태경제공동체(APEC) 정상회의 반테러선언(2001.10.21. 및 2002.10.26.), 아세안과 한·중·일(ASEAN+3) 정상회의시 반테러 관련 의장언론성명, 제4차 ASEM 정상회의시 반테러선언(2002.9.23.), 민주주의공동체 서울회의시 반테러성명(2002.11.12.)을 발표하는 데 적극적인 역할을 담당하였으며, 2001년 유엔총회 의장국으로서 유엔총회 및 안보리에서 대테러 관련 결의안 채택에 주도적인 역할을 하였다.

한국은 총 12개의 테러 관련 국제협약 중 아래 8개의 국제협약 및 의정서의 당사국이다.

- 항공기 내에서 행한 범죄 및 기타 행위에 관한 협약 (1971.2.19. 가입)
- 항공기의 불법납치 억제를 위한 협약(1973.1.18. 가입)
- 민간항공의 안전에 대한 불법적 행위의 억제를 위한 협약 (1973.8.2. 가입)
- 국제민간항공에 사용되는 공항에서의 불법적 폭력행위의 억제를 위한 의정서(1990.6.27. 가입)
- 외교관 등 국제적 보호인물에 대한 범죄의 예방 및 처벌에 관한 협약(1983.5.25. 가입)
- 인질억류 방지에 관한 국제협약(1983.5.4. 가입)
- 핵물질의 방호에 관한 협약(1982.4.7. 가입)
- 가소성 폭약의 탐지를 위한 식별조치에 관한 협약 (2001.12.31. 가입)

또한 항해 안전에 대한 불법적 행위의 억제를 위한 협약과 대륙붕상에 고정된 플랫폼의 안전에 대한 불법적 행위의 억제를 위한 의정서는 지난 9월 25일 국회에 가입동의안을 제출하였으며, 폭탄테러의 억제를 위한 국제협약 및 테러자금 조달억제에 관한 국제협약은 비준을 위해 관계부처와 협의중에 있다.

한국정부는 미국의 대테러전 관련, 해·공군 수송지원단과 육군 의료지원단 등 450명 규모의 비전투원 및 수송수단을 지원하였다. 즉, 해군은 상륙함인 향로봉함(4,300t급)을 포함한 170명 규모의 해군 수송지원단이 인도양 지역에서 군수품 수송업무를 담당케 하였다. 공군은 C130 수송기 4대를 포함, 조종사와 정비사 및 지원요원 150명이 김해에 주둔하면서 김해-디에고가르시아 간 물자공수를 담당하였다. 130명(현재 89명) 규모의 육군의료지원단은 아프가니스탄과 이웃하고 있는 키르키즈스탄에 배치되어 다국적군에 대한 의료지원과 전쟁난민 및 지역 내 민간인에 대한 구호활동을 담당하고 있다.[45]

이와 별도로 아프가니스탄 난민구호 및 주변국들에 대한 경제지원을 위한 총 1,200만 불 규모의 긴급지원을 제공(난민지원 600만 불, 주변국 지원 600만 불)하였고, 2002년 1월 동경에서 개최된 아프가니스탄 재건회의에서 2년 반 동안 4,500만 불의 지원을 공약하였다.

한국정부는 대테러 관련 국제회의에 적극 참가하여 우리의 대테러정책을 설명하고 국제공조에 참여하고 있다. 일본 외무성과 경찰청 주관으로 2002년 3월 19일부터 22일까지 동경에서 개최된 '아시아 대테러회의'에 참가하였고, 미국과 말레이시아 공동주최로 2002년 3월 25일부터 26일까지 하와이에서 개최된 '테러자금 차단 관련 아세안 지역안보포럼(ARF) 워크숍'에 참가하여

---

45) 김대중 대통령은 2001년 10월 8일 '미국의 아프가니스탄 공격 관련 특별담화문'을 통해, 테러는 그 어떠한 명분으로도 용납할 수 없는 인류 공동의 적이라고 하고 테러에 대한 미국의 행동을 지지하며 의료지원단 파견, 수송자산 제공, 반테러 국제연대 적극 참여 등 협력 조치를 발표하였다.

테러 예방 및 장기적 차원의 테러 근절책을 논의하였다.

2002년 4월 17일부터 19일까지 태국과 호주가 공동주최로 방콕에서 개최된 '제1차 ARF 테러예방워크숍'에 참석하여 우리의 대테러 국제협조사항과 2002 월드컵 개최 관련 테러 예방과 대책에 관해 설명하였다. 그리고 2001년 11월 아세안+한·중·일 정상회의시 합의에 따라 2002년 4월 23일 서울에서 경찰청 주관으로 한·중·일 경찰당국자간 제1차 회의를 개최하여 2002 월드컵 관련 국제범죄 공동대응방안과 마약조직범죄 및 신종 범죄 공조수사체제 강화방안, 그리고 한·중·일 경찰협의회 운영방안을 논의하였다. 또한 2002년 5월 14일 서울에서 한·일 대테러 대사회의를 개최하여 테러대책에 관한 한·일 간 협력을 강화하고 테러문제에 보다 효율적으로 대응하기 위한 방안과 월드컵 관련 테러 대책, 유엔 및 ARF 등에서의 테러방지대책, G-8 국가간 테러대책협력 동향 등에 대하여 의견을 교환하였다.

2002년 5월 17일 브루나이에서 개최된 제9차 ARF 고위관리회의(SOM)에서 사이버 테러리즘에 대한 보고서(Concept paper)를 제출한 데 이어 2002년 6월 20일부터 21까지 방콕에서 개최된 '유럽안보협력기구(OSCE)와 태국간 인간안보회의'에 참석하여 <사이버테러리즘 위협과 OSCE의 역할>이라는 제목의 발표를 통하여 사이버 테러의 위험성을 제기하고 유럽과 아시아 간의 대테러 협력방안에 대하여 설명하였다.

또한 2002년 10월 1일부터 2일까지 동경에서 일본, 싱가포르와 함께 "제2차 ARF 테러 예방 워크숍"을 공동주최하여, 2002년 월드컵의 성공적인 개최경험을 참가국과 공유하고, 대규모 국제행사의 성공적인 개최를 위한 출입국 협력방안 등에 대해 의견을 교환하였다.

다. 한국의 반테러정책

한국은 북한의 테러리즘[46]에 대해서만 군사적으로 대처해 오다가 1981년 88 올림픽 개최 확정을 계기로 1982년 대통령 훈령 제47호를 통하여 대테러리즘 활동이 마련되어 9.11 테러 이전까지 운용되어 왔다. 9.11 이전의 대테러기구는 위원회 형식으로 조직되었기 때문에 사태 발생시에만 편성·운용되고, 법적·제도적 기반이 미구축되어 구속력을 발휘할 수가 없었다. 또한 생·화학, 방사능, 사이버 등의 '뉴테러리즘'에 대한 대비태세가 부족한 것이 사실이었다.[47]

그러나 9.11 테러 이후 한국도 서둘러 대비태세를 정비한 결과 국무총리를 의장으로 하는 대테러대책회의 산하에 탐지, 조기경보, 정보수집, 수사 등 대테러활동에 관한 기획·조정업무를 총괄하는 대테러센터를 두고, 생·화학, 방사능, 사이버 등의 분야별 대책본부로 구성되는 체계를 구축하고 있으며, 지역 및 공항·항만에 대한 효과적인 활동을 위하여 지역별로 대테러대책협의회를 두기로 하였다.

거시적인 반테러정책의 기본전략을 토대로 국내에서 발생 가능성이 높은 테러리즘에 실질적으로 대응하기 위한 대테러정책의 추진방향은 '테러 발생의 최소화'와 '테러 피해의 최소화'를 지향하는 것이다. 즉, 한국의 대테러리즘 정책의 기조는 사전적 예방이다.[48] 이러한 기조 위에 다음과 같이 대테러리즘정책의 개선 방

---

46) 국가정보원 홈페이지(www.nis.or.kr)에 따르면 북한은 테러를 한반도 적화통일을 위한 혁명적 행위로 미화하여, 1968년 청와대 습격사건과 울진·삼척 무장공비 습격사건, 1983년 미얀마 아웅산 묘소 요인암살 폭파테러, 1987년 대한항공 858기 폭파사건 등 국내외에서 총 550여 건의 각종 대남테러를 자행하였다.

47) 윤우주, <한국의 대테러 대비태세와 발전방향>, ≪테러리즘과 문명 공존≫(한국국방연구원 테러관련 학술회의 보고서), 2002.3.5., pp.89-125.

향을 수립해야 한다.

첫째, 조직면에서 보면 대테러리즘조직은 테러를 예방하고, 조직간의 유기적인 협조체계를 구축하는 총괄적인 기구이어야 한다. 미국의 '본토안보국'과 같이 우리도 보다 강력한 리더십과 통제력을 발휘할 수 있고, 상황별·기관별로 분산된 체제를 통합하는 효율적인 총괄기구 설치가 추진되어야 한다.

둘째, 수행체제면에서는 단기적으로 국내·외 관련 작전·정보·연구기관을 연결하는 대테러리즘 네트워크를 구축하여 테러리스트 활동을 감시하고, 테러 및 대테러 관련 기술동향 등의 정보교류가 원활히 이루어질 수 있도록 하여야 한다.

마지막으로 수행수단면에서는 대량파괴무기(WMD)를 포함한 현실적인 위협 시나리오를 개발하여 훈련을 하여야 한다. 또한 연합방위체제에 대테러전 협력 및 대응을 제도화하여 대량파괴무기를 이용한 슈퍼 테러와 사이버 테러 공격에 대한 대비책도 마련하여야 한다.

이와 함께 테러리즘 발생 이후의 사후적 정책인 대응시의 능력 제고를 위해 대응체계와 전략 및 대응 프로그램을 개발해야 하며, 신속한 복구 및 보상 시스템을 통하여 국민들이 테러사태 이후에도 안심하고 피해를 극복하고 수습하는 데 최선을 다할 수 있도록 보장해 주어야 한다.

테러리즘이 국제질서와 평화는 물론 인류의 기본 인권까지 위협하게 되면서 국제사회는 대응책 수립에 고심해 왔지만 완벽한 대처방안은 존재하지 않는 것이 현실이다. 대테러리즘정책의 주목적은 자유민주주의체제의 보호와 법질서의 유지이다. 이러한 목적을 달성하기 위해서는 지속적으로 대테러리즘에 대한 정책 발전과 단호한 실천의지가 필요하며, 이와 함께 국민 모두의 동참과 협조가 요망된다.49)

---

48) 조성권, 앞의 글, p.243.

앞으로 對테러 국제협력이 성공을 거두기 위해서는 첫번째로 테러와의 전쟁을 중단없이 수행할 수 있는 정치적 의지가 유지되어야 하며, 두 번째로는 법적·제도적 측면에서의 능력 보강을 통하여 국제공조 및 협력을 강화해 나감으로써 대테러전의 수행 능력을 증대시켜야 한다.

특히, 대규모의 살상이 가능한 대량파괴무기를 이용한 테러의 방지를 위해서는 현행 핵무기 및 생·화학무기의 비확산 체제를 더욱 강화하고, 이들 대량파괴무기의 운반수단인 미사일, 특히 장거리미사일의 확산 방지에 기여할 수 있는 효과적인 국제적 체제가 조속히 마련되어야 할 것이다.

국제테러는 최근 국제범죄조직을 통한 마약, 무기밀매, 불법이민 등 여타 초국가적 범죄와도 밀접한 연계하에서 발생하고 있으며, 이러한 초국가적 범죄의 확산은 개인의 안전과 건전한 경제성장, 그리고 국가안보를 위협하고 있다.

특히, 이러한 초국가적 범죄행위는 또한 개인의 인권, 자유, 법치주의 및 사회적 형평성을 파괴하는 범죄행위로서 이러한 범죄의 기저에 깔려 있는 빈곤 등 사회·경제적 문제의 해결은 인간안보의 차원에서도 중요하다. 다시 말하면, 초국가적 범죄에 효과적으로 대처하기 위해서는 일방주의, 양자주의보다는 다자협력이 중요하다.

테러리즘 발생 및 확산의 근본원인을 제거하지 않는다면, 비록 테러집단의 퇴치에 성공한다고 할지라도, 인류가 테러의 위협으로부터 완전히 자유로울 수는 없을 것이다. 따라서 군사적 수단뿐만 아니라 외교적·경제적 수단을 통해 테러리즘의 발생원인을 제거하기 위한 협력을 병행해 나가야 하며, 테러 확산 차단의 방안 중 하나로서 빈부격차, 정보격차(Digital Divide)가 해소되도록 노력해야 한다. 또한, 전인류적인 가치와 민주주의의 확산을

---

49) 문광건·이준호, 앞의 글, pp.9~12.에서 재인용

통해 테러리즘의 지지기반에 대한 종교적, 정치적 지지를 약화시켜 나아가는 등 테러 근원의 해소를 위해 국제협력을 강화해야 한다.[50]

구체적으로 관련국간 사법공조와 함께 사법체계 조화 등 국제적인 대처가 필요하며, 빈곤의 탈피, 지역 균형개발 및 삶의 질 개선과 같은 사회적, 경제적 기반 마련을 위한 협력도 병행해야 한다. 이러한 과정에서 일반 국민들의 지지와 협력을 확보하도록 대중홍보외교(public diplomacy)도 강화해 나가야 한다.

2. 9.11 테러사건 이후 북한의 주요 반응

북한은 테러에 반대한다는 원칙적인 입장을 여러 차례 표명하였다. 북한의 조명록 국방위원회 부위원장이 2000년 10월 미국 방문시 미·북 공동 커뮤니케에서 테러행위를 반대한다는 성명과 함께 테러에 대한 모든 국제협약에 가입할 뜻을 밝혔다.[51]

초기에 북한은 미국 주도의 대테러전쟁 수행을 또 다른 국가테러라고 공격하는 등 부정적인 입장을 취하였다. 미국의 테러 관련 정보제공 요청에 대해서도 북한은 소극적인 태도로 일관했

---

50) 김대중 대통령은 2001년 12월 6일 노르웨이에서 개최된 노벨평화상 100주년 기념 심포지움 주제 발표를 통해 오늘날 지식경제시대에 있어서 국가간의 정보격차는 급격한 소득격차를 유발하여 파괴적인 원리주의나 반세계화운동을 초래하였으며, 빈부격차의 해결 없이는 21세기의 세계평화를 보장할 수 없다고 강조하였다. 하버드 대학의 Stanley Hoffmann 교수는 2002년 7/8월호 Foreign Affairs지에 게재한 <세계화의 충돌(Clash of Globalizations)> 제하의 논문에서 빈부격차를 심화시키고 테러행위의 발생 가능성을 증대시킨 세계화의 문제점을 해결하기 위해서는 미국이 일방주의적인 노선을 탈피하고 국제기구와 레짐을 활용하는 것이 필요하다고 강조하였다.

51) 전정환, <미국의 對테러전쟁과 한반도>, ≪북한≫ 2001년 11월호, p.22.

다.

9.11 테러가 발생하자 북한은 미국과의 관계개선을 위해 테러리즘을 비난하고 희생자에 대해 조의를 표하는 동시에 미국 주도의 아프간 공격을 비난하는 이중적인 태도를 보였다.52) 북한은 곧바로 다음 날인 9월 12일 외무성 대변인의 조선중앙통신과의 기자회견을 통해 깊은 유감의 뜻을 표명하면서 "유엔회원국으로서 온갖 형태의 테러와 그에 대한 어떠한 지원도 반대한다"는 입장을 천명하였고, 테러 직후 평양주재 스웨덴 대사관을 통해 미국정부에 미국 내 테러사건에 유감을 표시하고 자신들은 이 사건과 아무런 관련이 없음을 밝힌 것으로 알려지고 있다.

그후 10월 5일 리형철 유엔주재 북한대표부 대사는 '국제테러리즘 근절을 위한 조치'를 논의하기 위해 열린 유엔총회 본회의에서 기조발언('유엔의 역할 제고와 주권침해·무력개입 반대')을 통해 북한이 "모든 형태의 테러리즘과 이에 대한 지원을 반대하는 입장을 유지해 왔다"라고 밝혔다. 그러나 미국이 아프가니스탄을 공격한 직후인 10월 9일 북한 외무성 대변인은 "미국의 이번 행동이 세계를 전쟁의 참화 속에 몰아넣을 수 있는 테러 보복의 악순환을 초래해서는 안 된다"면서 미국의 아프가니스탄 공격에 대해 비판적인 태도를 보였다. 그러나 10월 11일에는 리형철 대사를 통해 "미국에서 발생한 대규모 테러사건은 매우 유감스럽고 비극적인 것이라고 대테러전쟁에 대해 변화된 태도를 보였다.

이 같은 북한의 태도는 9.11 테러참사로 미국이 입은 피해가 대규모적인 것이었고 테러수법이 너무나도 비인간적이고 반문명적이었던 데 대해 대다수의 국가들이 경악하고 있고, 국제사회에서 강력한 반테러여론이 광범위하게 형성되고 있었던 사실을 염

---

52) Choi Young-jin, <September 11 Terrorism and the World Order : A Korean perspective,> *Korean observations on Foreign Relations*, Vol. 4, No. 1, June 2002, p. 101.

두에 둔 것으로 분석된다.

그러면서도 북한은 국제테러의 근절은 어디까지나 유엔을 통해 이루어져야 한다는 입장을 밝힘으로써 미국 주도의 대테러전쟁에 대해 반대한다는 뜻을 분명히 하였다.53)

이러한 입장은 미국 주도하에 수행되고 있는 대테러전쟁을 또 다른 국가테러로 매도한 것으로서, '개별 국가에 의한 반테러 명분의 무력사용'에 정면 반대한다는 것이라고 볼 수 있다.

이밖에 북한은 일본에 대해서는, 미국의 테러 보복공격 지원을 위한 '테러대책 특별조치법' 제정과 주일미군기지 등에 대한 자위대의 경비를 허용하는 '자위대법' 개정 움직임을 집중 비난하고 나섰다.

이상과 같은 발언과 논평 등은, 첫째 북한이 제3세계 국가들과 마찬가지로 이번 대참사가 미국의 패권주의적인 세계전략, 특히 편향적인 대중동정책에서 기인된 것으로 파악하고 있음을 암시하고 있으며, 둘째 개별 국가(특히 미국과 같은 초강대국)가 자위권 행사를 명분으로 대테러전쟁을 수행하는 선례를 남길 경우, 국제사회의 무력사용이 남용될 가능성이 있다는 데 대한 우려를 표시한 것이라고 볼 수 있고, 셋째 현재 미국이 북한을 테러지원국으로 분류하고 있으므로 언젠가는 미국이 대테러전쟁의 화살을 북한 쪽으로 겨냥할지도 모른다는 우려와 불안심리를 간접적으로 표출한 것으로 풀이된다.54)

---

53) 리형철 대사는 10월 5일의 기조발언에서 "국제관계에서 주권평등을 주장하는 독립국가에 테러국가라는 낙인을 찍어 군사적 개입과 점령, 일방적 압력 및 제재조치 등을 통해 주권을 유린하고 고통을 주는 행위는 국가테러행위로 마땅히 비난받아야 한다"고 주장하였다.

54) 북한은 2002년 제57차 유엔총회 제6위원회 기조연설을 통해 "테러리즘 억제를 위한 투쟁이 일부 국가의 전략적 목적으로 인해 왜곡되어서는 안 되며, 정당한 이유없는 반테러전쟁 확산기도는 세계를 더욱 불안정하게 만든 것이며, 반테러를 구실로 타국가에서 악의 축 또는 테러지원국의 오명을 씌워 군사적 개입을 공공연히 기도하는 행위 그리고 핵 선제

9.11 테러 대참사 직후 북한은 내부적으로 9월 13일 전방부대에 대하여 경계태세 강화조치를 취하였다. 이후 북한은 우리측의 '비상경계조치'(10.8.)와 전력 공백을 우려한 미 공군력 증강 배치에 대해 경계심을 표시하였다.[55]

즉, 북한은 미국의 아프가니스탄 공격과 우리측의 비상경계조치에 때를 맞추어 10월 9일 경계태세 강화조치를 전군으로 확대하였다. 그리고 당·정 조직들에 긴장된 근무태세와 검문·검색 강화 지시 등 내부단속을 강화하였다.

그리고 미국에 대해서는 한반도에 대한 미군의 전투기 추가 배치가 한반도 긴장을 더욱 악화시키고 있다고 비난하는 한편,[56] 우리측의 대테러 경계태세 강화조치에 대해 강력하게 비난하고, 특히 2001년 11월 9일부터 13일까지 금강산에서 열린 6차 남북장관급회담에서 한국의 대테러 경계태세 강화조치가 그들을 겨냥한 것이라고 하면서 강하게 반발하였다.

북한측은 또 이 회담에서 각종 정례적인 군사훈련과 미 공군력 증강 등이 6.15 공동선언 정신을 위반한 중대한 도발행위로서 그들을 자극하며, 남북관계를 경색시키는 한편, 남북 합의사항 이행에 장애를 조성했다고 주장하기도 했으며, 경계강화조치와 군사훈련이 결국 한국이 그들을 '주적'으로 보기 때문이라고 강조하면서, 우리측에 대해 '주적' 표현 철폐를 강력하게 요구하였다.

3. 북한의 반테러협약 가입 의도와 그 정치적 의미

2001년 11월 3일 북한 외무성 대변인은 조선중앙통신과의 기

공격 대상지정 등은 실제로 국가 테러리즘을 상정하는 것"이라고 언급하였다.

55) 제성호, <북한의 반테러 협약 가입, 무엇을 의미하나>, ≪북한≫ 2002년 1월호, pp.64~75에서 재인용

56) 2001년 10월 21일자 노동신문 사설

자회견을 통해 '테러자금조달억제를 위한 국제협약'에 서명하고, '인질억류방지에 관한 국제협약'에 가입하기로 결정한 사실을 발표하였다. 이후 북한은 11월 12일 이 두 협약에 각각 서명하고 가입하였다.

지금까지 국제사회에서는 모두 12개의 반테러협약이 체결되었다. 그것은 ① 항공기 내에서 범한 범죄 및 기타 행위에 관한 협약(일명 동경협약, 1963년), ② 항공기 불법납치 억제를 위한 협약(일명 헤이그협약, 1970년), ③ 민간항공의 안전에 대한 불법적 행위의 억제를 위한 협약(일명 몬트리올협약, 1971년), ④ 국제민간항공에 복무하는 공항에서의 불법적 폭력행위의 억제를 위한 몬트리올협약 추가의정서(일명 몬트리올의정서, 1988년), ⑤ 외교관 등 국제적 보호인물에 대한 범죄의 방지 및 처벌에 관한 협약(일명 뉴욕협약, 1973년), ⑥ 인질억류방지에 관한 국제협약(일명 인질협약, 1979년), ⑦ 핵물질의 방호에 관한 협약(일명 핵물질협약, 1979년), ⑧ 항해의 안전에 대한 불법적 행위의 억제를 위한 협약(일명 로마협약, 1988년), ⑨ 대륙붕상에 고정된 플랫폼의 안전에 대한 불법적 행위의 억제를 위한 의정서(1988년), ⑩ 가소성 폭약의 탐지용 식별조치에 관한 협약(1991년), ⑪ 폭탄테러 억제를 위한 국제협약(1997년), ⑫ 테러자금조달 억제를 위한 국제협약(1999년)이다.[57]

북한의 백남순 외무상과 최수헌 외무성 부상은 2001년 12월 1일부터 4일간 방북한 스웨덴 특별사절단(단장 : 보리에 융그렌 외무부 아시아국장)과의 면담시 '폭탄테러 억제를 위한 국제협약' 등 아직까지 가입하지 않은 5개 협약(⑦~⑪)에 대한 가입의사를 표명했다.

북한의 반테러협약 추가 가입의사 표명은 무엇보다 테러 억제를 위한 국제협력의 공동전선에 동참한다는 의미를 가지며,[58] 향

---

57) Han Dong-man, op. cit., p.70.

후 북한이 미국의 대테러전쟁 표적이 될 가능성을 사전에 차단하기 위한 목적도 있는 것으로 보인다.

한편, 미국은 1999년 테러 관련 연례보고서에서 "북한이 빈라덴 및 그의 조직과 연계를 유지하고 있다"고 지적한 데 이어 2000년도 연례보고서에서 북한·쿠바·이란·이라크 등 7개국을 테러 지원국으로 지정하였으며, "북한이 테러조직들과 연계를 유지하고 있고, 테러조직들에게 직·간접적으로 무기를 판매한 증거가 있다"고 밝혔다. 북한은 1987년 11월 대한항공 여객기(KAL 858기) 폭파사건으로 이듬해 테러지원국 명단에 포함된 이래 지금까지 계속해서 매년 미국에 의해 테러지원국으로 지정되고 있는 실정이다.

미국이 북한을 테러지원국으로 재지정한 것은 북한이 1970년 일본 요도호를 납치한 적군파 요원에 대해 은신처를 계속 제공하고 있고, 필리핀 이슬람교 테러조직과도 무기거래를 한 의혹이 있다는 것이 그 이유였다.59)

그 동안 미국은 북한과 개최했던 수차례의 테러회담에서 북한이 테러지원국 명단에서 제외되기 위해서는 ① 현재 및 장래에 테러를 하지 않겠다는 입장표명, ② 최근 6개월간 테러를 지원하지 않았다는 사실의 확인, ③ 테러방지 국제협약의 추가적 가입,

---

58) 허바드 주한 미국대사는 북한이 국제테러자금 지원억제협약에 서명한 것을 환영하며 다른 국가들과 마찬가지로 북한이 구체적이고 긍정적인 조치를 통해 테러에 맞선 국제적 노력에 동참함으로써 세계의 안보와 안정에 기여할 수 있는 중요한 기회를 맞고 있다고 밝혔다. Thomas Hubbard, <The U.S War against Terrorism : Consequences for Security on the Korean Peninsula>, ≪한국군사≫ 제14권 특별기고문, 2002.1, p.6.

59) 일부 학자들은 북한이 테러리즘을 전쟁으로 반대한다면 억류중인 487명의 납북자들을 즉각 모두 돌려보내야 하고 일본 적군파들을 추방해야 한다고 주장한다. 어영무, <테러와의 전쟁후 국제정치 어떻게 변할 것인가>, ≪북한≫ 2001년 11월호, p.51.

④ 과거의 테러행위에 대해 필요한 조치(1970년 일본항공 요도호 납치범의 일본송환 등) 등 4가지 조건을 충족시켜야 한다는 입장을 강조해 왔다.

북한의 반테러협약 추가가입 의사표명은 바로 위의 세 번째 요구사항을 전면 수용한다는 의미를 갖는다고 하겠다.

이번에 북한이 추가 가입의사를 표명한 반테러협약 중 특히 폭탄테러 억제를 위한 협약과 핵물질방호에 관한 협약은 국제테러의 지원과 밀접한 관련을 갖는 것이다. 따라서 북한이 이러한 반테러협약 규정들을 성실하게 실천할 경우, 장차 테러 지원 가능성은 현저하게 줄어들 것이다.

북한은 이미 미국으로부터 테러지원국으로 지정되어 ① 무기수출 금지, ② 테러에 사용될 가능성이 있는 이중용도 품목의 수출통제, ③ 대외원조 금지, ④ 무역제재 등의 강력한 경제제재를 받고 있다. 테러지원국 지정의 족쇄는 북한의 체제 생존 및 대외개발 노력에 장애가 되고 있다.

북한이 테러지원국의 멍에를 벗지 못하는 한, 국제통화기금(IMF)과 세계은행(IBRD) 등 국제금융기관의 자금을 지원받을 수 없다. 이들 기관의 대주주는 미국인데, 미 국내법은 재무부의 자원이 테러지원국으로 유입되는 것을 금지하고 있는 까닭이다.

이렇게 볼 때 북한이 경제난으로부터 숨통을 트고 체제 생존을 확보하기 위해서는 무엇보다 테러지원국 내지 불량국가의 오명을 벗어나는 것이라고 하겠다. 북한이 반테러연대에 참여하고 미사일기술, 장비수출과 생화학무기의 해외수출을 중단하는 경우 미·북 관계의 큰 진전을 기대할 수 있다.

9.11 테러참사 이후 형성된 반테러리즘의 국제적 분위기와 미국의 테러리즘 응징 등을 감안할 때 북한이 테러리즘을 그들의 전략·전술로 활용하는 데는 신중해질 것으로 판단된다. 그러나 우리 정부의 일관된 대북 화해·협력정책에도 불구하고 북한의 태

도는 여전히 이중적이라고 할 수 있다. 북한이 그 동안 수없이 자행한 테러리즘에 대한 공식적인 사과와 테러리즘을 사용하지 않겠다는 포기선언과 생·화학무기에 대한 완전 제거 등 행동의 변화를 보여주기 전까지는 모든 유형의 테러리즘 가능성을 제거할 수가 없을 것이다.[60]

60) 김태준, <북한의 테러와 테러리즘>, ≪국방연구≫ 제45권 제1호, 2002년 7월, p.205.

참 고 문 헌

1) 여영무, <테러와의 전쟁 후 국제정치 어떻게 변화할 것인가?> ≪북한
≫ 2001년 11월호

2) 주미영, <반테러 전쟁 수행을 위한 미국의 외교정책>, ≪아·태 평화포
럼≫, 통권 제56호, 2001년 12월호

3) 문광건·이준호, <對테러리즘 정책방향에 관한 소고>, ≪주간국방 논단
≫, 제904호(02-33)

4) 유제갑, <테러리즘과 국제관계, 그리고 미래문명>, 한국국방연구원 테
러관련학술회의(2002년 1.29)

5) 최운도, <9.11 테러사건의 원인 분석과 미국의 세계전략 변화전망>.
한국정치학회 2001년도 연례학술대회 발표논문, 2001년 12.14~15

6) 이상현, <미국의 반테러 전쟁과 군사 안보전략>, 한국정치학회 2001
년도 연례학술대회 발표논문, 2001년 12.14~15

7) 김세걸, <테러전쟁 이후의 국제질서>, ≪아태평화포럼≫, 통권 제56
호, 2001년 12월호

8) 송대성, <미국의 반테러전쟁 평가와 향후 전망>, ≪정세와 정책≫, 세
종연구소 2002-2 (통권 67호), <미국 반테러전쟁 1년 조치사항, 교
훈, 향후질서>, ≪정세와 정책≫, 세종연구소, 2002-09(통권74호)

9) 이동휘, <9.11테러사태이후 국제환경의 변화와 한반도>, 외교안보 연
구원 정책연구 시리즈 2001-12

10) Samuel P. Huntingtion 교수의 신년대담, 조선일보, 2002년 1월
1일자

11) Joseph Nye, Jr.의 신년대담, 조선일보, 2002년 1월 4일자

12) 한승주 교수, 신년대담, 조선일보, 2002년 1월 3일자

13) 김구섭, <9.11 테러리즘의 안보적 의미와 국제질서 동향 및 전망>,
≪한반도 군비통제≫, 2002년 6월

14) 김태준, <북한의 테러와 테러리즘>, ≪국방연구≫ 제45권 제1호,
2002년 6월

15) 홍관희, <한반도 급변 사태시 미국의 대한반도정책>, (한국정치학회

: 1997.11), <9.11 테러이후 한반도 안보정세 변화와 대북정책 방향
>, 《통일정책연구》」 제11권 1호, 2002

16) 윤우주, <한국의 대테러 대비태세와 발전방향>, 《테러리즘과 문명
공존》 (한국국방연구원 테러관련 학술회의보고서), 2002년 3월 5일자

17) 전정환, <미국의 對테러전쟁과 한반도>, 《북한》 2001년 11월호

18) 제성호, <북한의 반테러 협약 가입, 무엇을 의미하나>, 《북한》
2002년 1월호

19) 국방부 발간 대량살상무기(WMD) 문답백과, 2001년

20) Thomas Hubbard, <The U.S. Against Terrorism :
Consequences for Security on the Korean Peninsula>, 《한국
군사》 제14권 특별기고문, 2002.1.

21) Roland Bleiker, <Globalization, Identity and Prospects for
Peace>, Paper Presented for the International Conference on
World Order and Peace in the New Millenium, held by KAIS,
Seoul, May 26~27, 2000.

22) Byung-joon Ahn, <Terrorism as Non-State Threat to Global
Security and Civilization>, *Korea and World Affairs*, Vol. 25,
No.1 Winter 2001.

23) Han Dong-man, <Terrorism and its impact on East Asian
Security : A Korean Perspective>, *IFANS Review*, Vol. 10.
No. 1. July 2002.

24) Larry A. Niksch, <The U.S. Anti-Terrorism Campaign and
Its Impact on East Asian Security>, Paper for a Speaking
Program in South Korea Sponsored by the Office of
Information Programs.

25) Ralph Cossa, <Ushering in the Post-Cold war Era>, Pacific
Forum CSIS, Comparative Connections(An E-journal on East
Asian Bilateral Relations), 3rd Quarter, 2001.

26) Johgnna McGeary, <What does Saddam have?>, *Time*,
September 6. 2002.

27) Rodica Butescu, <The New review>, *Harvard International
Review*, Fall 2002.

28) Thomas E. Ricks and Vernon Loeb, <Bush Developing
Military Policy of Striking First>, *Washington Post*, June

10, 2002.

29) Paul Kennedy, <Maintaing American Power : From injury to recovery>, *The Age of Terror-America and the World After September 11*, Edited by Strobe Talbott and Nayan Chanda, 2001.

30) Samuel P. Hungtington, <The Lonely Superpower>, *Foreign Affairs*, March-April 1999

31) Choi, Young-jin, <September 11 Terrorism and the World Order : a Korean Perspective>, *Korean Observations on Foreign Relations*, Vol. 4, No. 1, June 2002.

32) Kim, Sung-han, <US War against Terrorism and the Korean Peninsula>, *Korean Observations on Foreign Relations*, Vol. 4, No. 1, June 2002.

33) David E. Sanger, <Bush to Outline Doctrine of Striking Foes First>, *The New York Times*, 20 September 2002.

34) David Shambaugh, <Sino-American Relations Since September 11, Can the new Stability Last?>, *Current History*, September 2002.

35) Lee Chang-hee, <A Commentary on East Asia's Emerging Security Environment>, *Korean Observations on Foreign Relations*, Vol. 4, No. 1, June 2002.

36) James Dao, <Closer Ties with China may help U.S on Iraq>, *The New York Times*, October 4, 2002.

37) Han Sung-joo, <Impact of War against Terrorism on the Korean Peninsula>, *Korea Focus*, May-June, 2002

38) Bates Gill, <September 11 and Northeast Asia-Change and Uncertainty in Regional Security>, *The Brookings Review*, Summer 2002. Vol. 20. No. 3

제2장. 동북아 안보환경 변화와 우리의 안보정책

동북아 안보환경 변화와 우리의 안보정책

여 운 기

I. 서 론

동북아지역의 독특한 전략적, 지정학적 성격은 동 지역 내 특이하고 복잡한 안보환경을 제공한다. 20세기 초엽의 서구 제국주의세력이 원거리 식민지경영에 열을 올리고 있을 때 역내의 제국주의 식민세력은 이웃 국가들을 침략하여 식민지화함으로써 역사적 구원(仇怨)의 골을 깊게 한 바 있고, 제2차 세계대전 이후 냉전시대에는 북방의 공산진영과 남방의 민주진영 간에 한반도에서 한 차례 열전(熱戰, hot war)을 치르면서 첨예한 대립과 갈등이 한반도 주변 전지역에 긴장과 분쟁의 안보환경을 제공해 왔다. 그런가 하면 탈냉전 이후 동북아지역은 미국의 절대적인 권력적 우위를 바탕으로 역내 4강을 포함한 전지역에 시장경제체제의 확산에 따른 상호의존과 협력 관계가 증진되면서 비교적 안정적인 안보 상황을 유지해 오고 있다.

뿐만 아니라 9·11 테러사태 이후에는 미국을 중심으로 한 4강간의 전략적 협력관계가 형성되면서 소위 'concert of powers'라는 말이 어색하지 않을 정도로 강국간의 협조가 이루어지고 있다. 인류역사상 근대국가 형성 이후 주요 4강의 이해관계가 항상 첨예하게 대립,교차되어 오던 동북아지역이 21세기 들어 국지적 갈등과 불안요소들이 내재되어 있기는 하나 대체로 협력과 안정의 시기를 맞고 있는 것이다.

이 글에서는 오늘날 동북아지역 내에 복합적인 안보문제와 미·일·중·러 4강 상호간의 갈등관계가 상존하면서도 탈냉전 이후 비교적 안정적인 안보환경이 유지되는 이유는 무엇이며 안보환경을 결정짓는 요인들에는 어떤 것이 있는지 살펴보고 우리의 안보정책 방향을 제안코자 한다.

II. 동북아 안보환경 결정요인

1. 동북아지역 내 주요 행위자들(main actors)

동북아지역 내 국제사회의 행위자수는 방대한 지리적 공간을 감안하면 비교적 그 수가 적은 편이다. 달리 표현하면 몇 안 되는 큰 덩치의 국가들이 동북아지역 내에 자리잡고 있다고 볼 수 있다. 따라서 역내에 존재하는 모든 국가들은 나름대로 동북아지역 안보환경 형성에 일정한 영향을 줄 수 있는 주요 행위자(main actors)들이며 미·일·중·러 4강과 남·북한 등 6개국은 지역 정세 흐름에 중요한 역할을 하고 있는 유력한 행위자들(powerful actors)이다. 특히 한반도 내의 남·북한 관계는 동북아지역의 안보환경에 중대한 변수이며 핵심이다. 미국은 한·미 및 미·일 동맹관계를 주도하면서 중국과 러시아와의 새로운 전략적 협력관계를 설정하고 지역 내 총체적인 안보상황을 이끌어가고 있다고 볼 수 있다.

과거 냉전시대의 동북아 안보환경은 이데올로기에 의해 그 기반이 특징지워짐으로 해서 미·소 양국의 영향력이 가장 큰 비중을 차지하였으나, 탈냉전시대에는 한반도의 분단상황이 냉전시대의 유일한 유산으로 남아 동북아지역의 안보환경에 중요한 병화를 가져오는 요소가 되었다. 이에 따라 남북관계의 진전 여부가 주변 행위자들의 행위를 제약하는 경우가 나타나고 경제문제가 중요시되면서 중국과 일본의 영향력이 증가하여 역내 역학관계가 다원화 경향을 보이고 있다. 그 결과 남·북한이 지역 내에 더욱 중요한 행위자로 인식되게 되었으며, 중국은 증대되는 경제력을 바탕으로 꾸준히 영향력을 확보하면서 대외적인 협력과 교류를 넓혀가고 있다. 미국은 한국과 일본과의 안보동맹관계를 기반으로 지역 내 균형자로서의 역할을 수행함으로써 군사적 충돌의 가능성을 크게 감소시키는 역할을 하고 있다. 한편, 러시아는 유럽 및 미주지역과의 관계에서는 G-8 가입, 미국과의 전략핵무기 감축 합의, 북대서양조약기구-러시아 협의회(NATO-Russia Council) 구성 등을 통한 친미·친서구화를 통한 안정적인 발전 기반을 다져가면서 동북아지역에서는 북한과의 신조약 체결을 통하여 관계 정상화를 모색하고 경제 및 군사협력을 증가시키는 한편 최근 일본의 6자회담 제의에 적극적으로 나서면서 한반도 문제 등 안보문제에 대한 영향력을 회복코자 하는 움직임을 보이고 있다.

한편 동북아지역 내에는 아직 이렇다 할 다자간 안보협의체가 존재치 않고 있어 국가 이외에 크게 영향을 줄 만한 행위자가 없다고 할 수 있으나 국제연합(UN), 아세안지역안보포럼(ARF), 아·태경제협력체(APEC) 등 보다 광범위한 차원의 국제기구 또는 다자포럼과, 동북아협력대화(NEACD), 아·태안보협력이사회(CSCAP) 등과 같은 비정부간 다자포럼이 간접적으로 지역내 안보환경 형성에 영향을 주고 있다.

그밖에 9.11 테러사태 이후 주목을 끌고 있는 새로운 안보 위협 제공자인 테러분자 또는 테러조직이라는 비국가적 행위자들(non-state actors)의 움직임도 21세기 국제안보 질서환경에 중요한 요소로 등장하였다. 다행히 동북아지역은 이러한 비국가적 행위자들의 안보적 위협이 아직 크지는 않으나 중국 '신장'지역의 일부 테러조직 활동과 인도네시아, 말레이시아, 필리핀 등 동남아지역 테러조직들의 동향을 예의 주시해야 할 것이다.

2. 행위자들의 이익(interests)과 목표(objectives)

국제사회의 행위자들이 무엇보다도 그들의 이익과 목표에 따라 행동하는 것은 철칙이자 냉혹한 현실이다. 각종 논리와 사상을 내세워 각자의 행위를 윤색한다 하더라도 내면에는 각자의 국가 이익과 목표가 항상 도사리고 있으며 국제사회에 절대적인 공동의 선(善)이 존재할 수 없다.

동북아지역의 안보환경을 결정짓는 남·북한, 미, 일, 중, 러 등 6자 간의 이해관계는 한국전쟁 이후 항상 갈등과 타협의 곡예를 반복하면서 균형을 유지해 왔다. 과거 냉전시대의 동북아지역 사회구성원의 이익과 목표는 비교적 단순하였으나 탈냉전시대를 맞이하여 국제사회가 다원화됨에 따라 매우 복잡다기해졌다. 그 중에서도 두드러진 현상은 경제적 이익의 추구가 각국의 공통된 최우선 과제가 되어가고 있으며, 경제적 요인의 고려가 안보환경에 중요한 변수로 작용하고 있다는 점이다. 1980년대 말 냉전이 종언을 고할 무렵 북한의 극렬한 반대에도 불구하고 중국과 소련이 우리나라와 외교관계를 수립한 것은 대표적인 예라고 볼 수 있으며, 최근 북한이 남북관계 진전에 적극적으로 나서면서 한반도 내 긴장이 완화되고 기초적인 신뢰구축이 진행되고 있는 것과 북·일 간 수교교섭이 이루어지고 있는 현상에서도 볼 수 있다.

또 한 가지 각국이 지니는 공통의 이익과 목표는 9·11 테러 사태 이후 등장한 테러 위협에 대처하는 반테러정책이다. 테러리즘이라는 비대칭적 위협의 등장은 미·일·중·러 4강의 협력관계를 촉진시키는 역할을 함으로써 전반적인 지역 안정에 기여한 측면이 있다. 그럼에도 불구하고 각 국가별 역내 이해관계를 살펴보면 서로간에 갈등과 분쟁의 근원이 내재하고 있음을 알 수 있다.

미국은 우선 동북아지역에서 미국에 대항할 만한 패권국가의 출현을 저지하고 세계 다른 지역에서와 마찬가지로 역내 안정 확보를 위한 안정자로서의 역할을 수행하면서 민주주의와 시장경제 이념의 확산을 통한 국가이익과 위신의 제고를 추구한다. 이는 한반도의 통일 이후에도 크게 바뀔 것으로 보이지 않는다.

중국은 국가경제 발전을 최우선과제로 추진해 오고 있으며 WTO 가입을 계기로 시장경제체제에 진입하면서 세계경제에서 적극적 역할을 추구하고 있다. 특히 2001년 10월 상해에서 개최된 APEC 정상회의를 성공적으로 이끌고 동 회의에서 반테러선언이 채택되어 아태지역 경제 활성화와 새로운 안보문제에 주도적 역할을 수행함으로써 국제적 이미지 개선에 성공하였다. 중국은 상당히 현실적이고 실리적인 목표를 추구한다고 볼 수 있는데, 우선 중·단기적으로는 과거 반세기 동안 낙후된 국가경제발전을 통한 국력의 신장을 도모하고, 장기적으로는 그 신장된 국력을 바탕으로 미국과 견줄 만한 세계 지도국가로의 등장을 추구하고 있는 것으로 보인다. 최근 미국과의 여러 가지 갈등요소가 존재하고 있음에도 불구하고 가급적 미국과의 마찰을 피하고 건설적 협력관계를 추구하고 있는 것은 지속적인 경제발전에 안정적인 안보환경이 필수적이기 때문이다.

러시아 역시 동북아지역에서 추구하고 있는 최대의 이익과 목표는 경제적 실리의 극대화에 있음에는 이론의 여지가 없는 것으로 보인다. 특히 러시아가 한반도와 시베리아를 잇는 철도연결(TKR-TSR)사업에 지대한 관심을 갖고 있는 것은 러시아의 오랜 숙원사업인 시베리아와 극동지방의 개발에 한국과 일본의 기업과 자본을 끌어들이려는 노력의 일환이라고 볼 수 있다. 나아가 러시아는 유럽과 아시아를 연결하는 대륙간 상권의 중계자 역할을 통하여 경제적 실리를 추구할 것으로 예상된다. 따라서 안정적인 한반도 상황을 바라고 있으며, 남북관계의 긍정적인 발전에 커다란 이해관계가 놓여 있다고 볼 수 있다. 아울러 러시아는 6자회담 논의에서 보듯이 한반도문제 등 지역안보문제에서 그 동안 소외되어 온 점을 상기하고 일정한 영향력을 회복코자 적극적인 자세로 임하고 있다.

일본은 전후 국제사회에서 그 경제력에 비하여 누리지 못한 정치적 영향력과 위상을 확보하는 것이 당면과제인 것으로 보인다. 전후 평화헌법과 미·일 안보동맹체제에 묶이어 국제사회의 정상적인 행위자로서 제약을 받아온 일본은 9·11 테러사태를 계기로 미국의 요청을 받아들여 '대테러지원특별법'을 제정하고 이에 근거하여 전후 최초로 자위대를 해외에 파병하고 유사법제 정비를 추구함으로써 '보통국가화'를 서두르고 있다. 또한 일본 역시 그 동안 한반도 문제를 비롯한 지역안보문제 해결논의에서 느껴온 소외감을 떨쳐버리고 PKO활동 및 해양안보문제 등에 적극적으로 나서고 있으며, 북한과의 수교협상을 서두르면서 한반도문제 논의를 위한 6자회담을 제의하는 등 적극적인 자세를 보이고 있다.

북한은 과거 냉전시대와는 달리 체제안보의 확보와 경제개발이 급선무인 상황이다. 이를 위하여 경제관리 개선조치1), 대외관계 확대, 남북관계 개선, 신의주 특구지정, 북·일 수교교섭, 미국과의 대화재개 움직임 등 신속한 변화를 보이고 있다. 과거 남조선혁명 및 적화통일이라는 전통적인 목표는 이제 현실성을 잃어가고 있는 것으로 보이며, 당장 피폐된 경제의 회생이 체제유지와 직결되는 최대의 당면과제가 되고 있는 것으로 관측된다. 또한 체제안보를 위하여 시작한 핵개발과 미사일의 개발은 경제적 이

---

1) 북한당국은 2002. 7. 1. 자로 자본주의 경제요소를 가미한 대폭적인 경제관리방식 변경조치를 단행하였다.

익을 확보하기 위한 수단으로 변질되었으며, 이를 빌미로 국제적
공갈(恐喝)을 자행하고 있는 상황이다.

우리나라는 북한의 점진적인 개혁과 개방을 성공적으로 이끌어
북한의 연착륙을 유도하여 통일비용을 최소화한 가운데 평화적인
통일의 길을 닦아 나아가는 것이 우리 시대의 최대 목표임에 틀
림없다. 이를 위한 우리의 당면 목표는 남북관계의 다방면에 걸
친 심화 발전과 신뢰구축이며 북한이 최후의 공갈 수단으로 활용
하고 있는 대량파괴무기(WMD) 문제의 조속한 평화적 해결이다.

이밖에 대만과 몽골은 동북아 안보환경에 주도적인 영향력은
없으나 각각의 전략적 위치와 특성상 주변 강대국의 영향권하에
서 주권의 독립을 유지하고 국제사회에 자존(identity)을 확보하
고 알리는 것이 현실적 목표라고 볼 수 있다. 특히 대만문제는
미·중 관계의 틀 속에서 항상 갈등의 소지를 제공해 오고 있어
동북아지역의 안보환경에 한 요소로 자리잡고 있다.

3. 동북아지역 내 안보문제들(regional security issues)

상기와 같이 역내 행위자들이 각자의 이익과 목표 성취를 위하
여 행동하고 반응함으로써 동북아지역의 안보환경은 결정지워지
고, 이러한 환경 속에서 행위자들의 총체적인 반응 행태(行態)가
정세의 흐름을 형성하게 된다. 역내 행위자들이 관여하고 반응하
며 역할을 담당하는 안보문제에는 여러 가지가 있으나 가장 큰
비중과 가장 많은 관여자를 갖는 것은 역시 한반도문제일 것이다.
그리고 양안관계, 북방도서문제, 남지나해 도서영유권문제, 중·
러 간 국경지대 유민문제, 북한의 WMD문제 등 전통적인 안보문
제가 있으며 아울러 여타 지역에서와 마찬가지로 동북아지역에서
도 비국가적 행위자들(non-state actors)에 의해 초래되고 있는
반테러문제, 해양안보(해적)문제, 마약·인신매매·불법이민·불법

무기거래 등 비전통적 안보문제가 새로운 도전으로 등장하고 있다.

Ⅲ. 21세기 동북아 안보환경 변화 전망

1. 동북아 전략환경의 변화

동북아지역에는 다자주의적 안보협력기구가 부재한 가운데 탈냉전시대를 맞이하여 미·일·중·러 4개국 간에 쌍무적 차원의 관계 재정립이 이루지고 있다. 유동적이고 불안정한 탈냉전의 국제 정세 속에서 한반도문제, 양안관계, 남사군도와 북방도서 귀속문제 등 지역분쟁 가능성의 상존으로 전략적 중요성을 내포하고 있는 동북아지역은 미·일·중·러 4강 관계가 여전히 그 중요변수가 되고 있다. 앞으로 동북아지역 정세는 이 지역 힘의 실체인 미·일·중·러 4대 강국의 국내정치·경제적 변화와 이들 강대국 상호간의 역학관계에 따라 큰 흐름이 결정될 것이다. 동맹관계에 있는 미·일관계가 재정의되고 미·중, 미·러 관계가 과거 대립·갈등관계에서 전략적 동반자관계로 발전된 것은 다자간 협력안보의 중요성이 증대되고 있는 이유이다. 특히 9·11 테러사태 이후 4강 간의 협력관계 발전은 괄목할 만한 변화가 아닐 수 없다. 이러한 변화는 미국의 우월한 국력을 배경으로 가능하였다는 점도 주목해야 한다. 만일에 미·일·중·러 4강국의 국력이 비슷한 상황이었다면 그러한 변화는 기대하기 어려웠을 것이다.

아직까지 동북아지역에서는 미국의 헤게모니를 대체할 만한 강력한 세력이 부상하지도 못했으며, 앞으로 상당 기간은 등장하기 어렵다는 점을 고려할 때 역내 국제질서는 정치적인 의미에서 미국의 패권적 질서가 유지되는 일강삼중(一强三中) 체제가 최소한

10년 이상은 지속될 것으로 보인다.

동북아지역의 일강삼중(一强三中) 체제는 현실적으로 첫째, 한·미 및 미·일 간 안보동맹이라는 공고한 기반 위에 형성된 한·미·일 3국 간의 공조체제와, 둘째, 미·중, 미·러 간의 전략적 협력관계, 셋째, 국제적 고립 탈피와 경제적 회생에 안간힘을 쓰는 북한체제 등을 주 원동력으로 하여 작동되고 있으며 이를 오늘날 동북아 안보환경을 구성하는 3대 주류라고 정의할 수 있을 것이다. 여기에 최근 6자회담 논의에 즈음하여(직접적인 동기는 아니지만) 급격히 가까워진 일·러 간의 관계 발전도 주목해야할 안보환경 변화의 동인(動因)이다. 이는 냉전시대의 단순했던 우적(友敵)의 경계와 구분이 모호해지고 국가간의 이해관계가 복잡해졌음을 의미하며, 특히 미국이 탈냉전 직후 일방주의적 세계전략에 다자적인 협력을 가미한 결과로 해석할 수 있다.

동북아 안보환경에서 또 한 가지 간과할 수 없는 중요한 요소는 북·미 간의 관계이다. 북한이 탈냉전 이후 국제적 고립에서 오는 위협으로부터 체제안보를 위해 개발을 시도해 온 WMD와 미사일문제가 경제적 이익추구를 위한 수단으로 변질되고 9·11 테러사태 이후 WMD와 미사일 확산문제가 북미 간에 초미의 관심사가 되면서 북·미관계가 한반도 안정의 새로운 불안요소로 자리잡고 있다.

2. 동북아지역 안보구도 전망

가. 주요 국가간 관계 전망

미국은 지금까지 동북아에서 패권적인 지위를 유지해 오는 데 핵심적인 틀을 제공했던 미·일방위동맹과 한·미방위동맹을 계속 유지하는 것이 미국의 국익에 도움이 되고 있음을 잘 알고 있다.

또한 일본도 미국과의 동맹관계가 안보 위협에 대한 우려 없이 경제발전에 가용자원을 배분할 수 있는 유익한 관계라는 것을 잘 이해하고 있다. 그러나 1991년 걸프전쟁의 결과 확인된 국제정치적, 안보적 측면에서의 발언권 결여에 대한 불만은 일본이 미·일방위동맹의 틀 안에서라도 국제적 활동의 역할을 최대한 확대하고자 하는 의욕을 부추겼으며, 그 경험은 9·11 테러사태 이후 미국 주도의 대테러전에 신속한 군사적 협력조치를 가능토록 하였다. 미국은 앞으로도 일본의 지역 내 안보적 역할을 확대토록 함으로써 자국의 부담을 줄여 나아가는 방향으로 미·일안보동맹과 한·미안보동맹의 틀을 조정해 나아갈 것으로 보인다.

동북아에서 잠재적으로 가장 큰 위험을 내포하고 있는 것은 미·중 간의 관계이다. 미·중 관계는 대만문제, 인권문제, 무역마찰 등 앞으로 상당 기간 갈등·대립과 협력이 혼재할 것으로 보이나 현재 중국은 국가경제발전과 2008년 북경올림픽의 성공적 개최를 계기로 한 국제적 위상 확보를 추구하고 있으며, 미국은 대테러전쟁 및 대이라크전쟁 대비를 위한 국제적 협조를 필요로 하고 있어 양국 사이에는 동북아지역의 안정 유지라는 공통의 이해관계가 존재한다. 따라서 양국은 갈등·대립보다는 협력의 방향으로 나아갈 것으로 예상된다. 아울러 중국은 신장(新疆)지역의 테러 문제를 안고 있어 미국의 대테러전쟁을 지지하고 있는 점도 양국 간 관계를 긍정적으로 발전시키는 한 요소가 되고 있다. 앞으로 미·중 양국은 상호 이질적인 가치와 제도에 기인, 해결이 쉽지 않은 쟁점들을 덮어두거나 이들 요인 등이 상호관계에 미치는 영향을 최소화하면서 보다 큰 틀 속에서 상호 공동이익을 적극 모색해 나갈 것으로 전망된다.[2]

'하나의 중국' 원칙을 고수하고 있는 중국은 대만의 독립선포가

---

2) 박두복, <중국의 대한반도정책의 신추세와 한·중 관계 발전 방향> 외교안보연구원 정책연구 시리즈(200-5), 2001.1., pp.22~23.

없는 한 미국과의 관계 및 국내경제의 지속적인 발전을 위하여 대만과 현상태를 유지할 것이나 대만이 독립의 길로 나아갈 경우에는 무력을 사용하지 않을 수 없을 것이고, 이는 미국의 개입을 불러들이게 될 것이다. 미국은 대만에 대한 무기판매를 통해서 대만의 자위능력을 강화시키면서 독립의 선포보다는 현상태의 유지로 실질적인 경제적 이득을 취하도록 권장할 것이다.

미·러 관계는 1999년 북대서양조약기구(NATO)의 유고슬라비아 공습 이후 불신관계로 발전하여 미국은 러시아 내부의 민주주의와 인권 개선 및 시장경제체제의 발달 지연을 비난하고, 러시아는 미국의 패권주의와 일극체제의 국제질서 및 국가미사일방어체제(NMD) 개발을 비난해 왔으나, 푸틴 대통령 집권 이후 러시아는 급속히 서구화를 추진하면서 시장경제로의 편입을 서두르고 친서구 및 친미적인 정책을 추구함으로써 낙후된 경제재건에 총력을 기울이고 있다. 특히 9·11 테러사태 이후 러시아는 미국의 아프간 내 대탈리반전쟁과 대테러전쟁을 지지하고 적극적인 협조를 제공하였으며, 미·러 간에는 전략적 협력관계가 성립하였다. 2002년 양국 정상은 전략핵무기의 단계적 감축안에 합의하는 한편 NATO-러시아협의회가 출범하여 러시아는 NATO의 협력 파트너로 변신하였다. 이러한 미·러 간의 협력관계 발전은 향후 상당 기간 동북아지역의 안보환경에도 긍정적인 영향을 끼칠 것으로 보인다.

탈냉전시대를 맞아 중·일 양국의 관계는 정치·경제·문화 등 영역에서의 교류 확대로 상호의존성이 심화되어 온 반면에 양국 간에는 과거사문제·신사참배문제 등 쟁점 외에도 일본의 정치대국화, 중국의 경제대국화 등 양국의 관계 정상화와 평화조약체결 당시와는 근본적으로 다른 대내외 환경을 맞게 됨으로서 중·일 관계에 미묘한 파장이 일고 있다.

일본측은 중국과의 관계발전을 도모해 가는 것이 자국의 이익에 부합된다고 인식하고 있기 때문에, 양국간에 발생하는 정치문제가 양국관계 발전에 미치는 영향을 최소화해 가는 노력을 경주해 갈 것이다. 중국 역시 지금까지 대만·티벳 등 인권이나 국가주권 및 역사문제에 대해 보다 강경한 입장을 견지해 왔으나 아태지역경제 발전 속에서 자국의 고도 경제성장 목표를 달성해 가야 하기 때문에 이러한 문제들로 인해 자국의 고립화를 자초하거나 중·일 간의 정상적 외교관계를 악화시키는 행동을 취하지는 않을 것이다.

따라서 앞으로 중·일 간에는 과거사문제 및 신사참배문제 등 상호관계에 작용하는 갈등요인이나 쟁점들이 장기간 미해결의 상태로 계속 남아 있을 것이나, 이러한 갈등요인들이 상호간의 정상적 관계 유지나 안정적 관계 발전에 미치는 영향은 심각하지 않을 것으로 전망된다.

일본과 중국은 해양세력과 대륙세력 간의 관계로서 역사적으로 경쟁관계에 있으며 앞으로도 전략적 경쟁관계를 벗어나지 못할 것이다. 중국은 계속적인 경제성장과 함께 군대혁신(RMA)을 통해서 군의 현대화를 추구하고 있으며, 일본은 중국 군사력의 증강을 자위대의 증강과 역할 확대를 위한 근거로 삼고 있다. 2010년에는 구매효과 측면에서 본 중국의 군비가 일본의 6배에 달하리라는 RAND연구소의 분석은 일본으로 하여금 국내 우익세력의 증대와 더불어 군비증강을 더욱 추구하게 하고 있다. 현재 중·일 간에는 수교 30주년에도 불구하고 과거사문제와 총리 신사참배문제로 인하여 불편한 관계를 유지하고 있다.

중국은 러시아와 전략적 동반자관계를 구축하고 러시아와 함께 국경을 같이하는 카자흐스탄, 키르키스탄, 타지키스탄 등 CIS국과 변경지역에 있어서 군사적 신뢰구축을 위한 협정을 체결하였으며, 이들 5개국 간 협력을 다자협력체제로 발전시켜 갈 수 있는 기반을 구축함으로써 북방으로부터 초래되었던 위협에서 완전

탈피, 보다 폭넓은 행동공간을 확보할 수 있게 되었다.

중·러 관계가 건설적 동반자관계로부터 전략적 동반자관계로 발전된 것은 1995년을 전후로 한 국제정세 발전[3]으로부터 상당히 영향을 받은 면이 없지 않기 때문에 중·러 간의 전략적 동반자관계의 발전 방향이나 내용은 앞으로 이러한 국제정세나 주변 상황의 변화로부터도 영향을 받게 될 것이다. 다시 말하면 앞으로 국제정세 변화에 따라 중·러 간의 전략적 동반자관계는 협력과 경쟁을 거듭하면서 각자의 실리를 추구하는 가운데 균형을 유지하며 발전해 갈 것으로 예상된다.

일본과 러시아는 전후처리문제 및 북방의 4개 도서 반환문제라는 갈등요소를 지니고 있으나 2002년 10월 가와구치 요리코 일 외상의 방러시 양국은 평화조약 체결문제가 포함된 '일·러 간 전략관계 발전을 위한 행동계획(안)'에 합의하고 고이즈미 총리의 2003년 1월 초 방러 양국 정상회담 개최에도 합의하였다. 동 정상회담을 계기로 일·러는 전후 관계정상화에 박차를 가할 것으로 보이며 북방도서문제에 대하여도 합의점을 모색할 수 있을 것으로 보인다.

남·북한 관계는 2000년 6·15 정상회담 이후 큰 진전이 없었으나 2002년도에는 서해교전사태 발생에도 불구하고 괄목할 만한 발전이 이루어져 남북철도·도로 연결사업 착공, 이산가족 상봉 및 면회소 설치, 대북식량 및 비료지원, 개성공단 건설사업 등 실질적이고 가시적인 관계 발전이 현실화되었다. 이러한 가운데 북한의 핵개발 시인으로 인하여 북·미 간의 새로운 긴장관계가 형성되고 있어 핵문제의 조속한 해결이 필요한 실정이다. 새

---

3) 1994년에는 아태지역 최초의 다자안보포럼인 ARF가 출범하고 북한의 핵문제 대두로 미·북간에 제네바 합의가 이루어졌다. 1995년에는 제네바 합의 이행문제가 대두되었고 프랑스는 핵비확산 조약(NPT)의 무기한 연장 합의에도 불구하고 핵실험을 재개하였고 1996년에는 중국이 주도하는 상해협력기구가 출범하였다.

로이 불거진 북한 핵개발문제가 장기간 미해결 상태로 남아 있을 경우 남·북한 관계는 이에 영향을 받을 수밖에 없을 것이다.

나. 중장기 동북아 안보구도

앞으로 상당 기간 동북아지역의 안보구도는 한반도의 분단상황과 중국의 사회주의 정치체제 존속 등으로 인하여 과거의 냉전적 요소가 혼합된 다원적인 구도로 전개될 것으로 보인다. 구소련을 공동의 적(敵)으로 상정했던 미국과 일본의 동맹관계가 그대로 존속하고 있으며, 소련의 뒤를 이은 러시아는 탈냉전 직후 상실했던 동북아지역에서의 영향력을 회복코자 노력하고 있다. 중국은 사회주의 경제체제를 점차 벗어나고 있으나 정치체제는 공산주의 체제를 그대로 유지함으로써 미국과의 관계에 항상 불안요소를 내포하고 있다. 중국과 러시아는 전략적 제휴를 통해서 지속적인 대미(對美) 견제를 가함으로써 미국 중심의 국제질서를 다원화시키고자 할 것이며, 이에 따라 역내 세력균형이 유지되는 불완전한 안정구도가 계속될 것으로 전망된다. 이와 같은 구조적 불안정성 때문에 상황에 따라 국가간 전략적 협력을 하거나 서로 경쟁하는 양상이 반복되어 나타날 것이다. 이들간의 관계에서 특히 일본과 중국은 그들의 역사적 경쟁의식으로 인하여 상대방의 군비에 지대한 관심을 갖게 되고, 양국간의 군비경쟁은 불가피하게 될 것이다.[4] 따라서 가능한 빠른 시일 내에 동북아지역의 전반적인 안보문제와 군사적 긴장완화 및 신뢰구축 문제를 논의할

---

[4] 현실주의자들과는 달리 자유주의자들은 비록 느리기는 하지만 동북아지역에도 조만간에 다자간 안보협력체가 등장하여 지속적인 평화체제가 구축될 수 있을 것으로 보고 있다. 즉, 그들은 다자주의 협력체가 회원국의 지도자와 대표들 간의 의사소통을 원활히 하며, 경쟁과 대결보다는 교섭과 협력에 의한 문제해결을 보다 자주 시도할 것으로 보고 있다. 안청시, <21세기 동북아 안보질서>, ≪21세기 동아시아와 한국-부상하는 새지역질서≫ 이상우 편저(오름출판사, pp.284~285, 1998)

수 있는 제도적 장치가 마련될 필요가 있다고 본다(동북아 다자 안보문제는 별도의 장에서 다루어질 것임).

동북아지역의 국가들은 초강대국인 미국의 힘에 비하여 자국의 국력이 열세하기 때문에 일반적으로 미국이 주도하는 동북아의 질서를 수용하는 추세이며, 앞으로도 10년 동안에 이와 같은 현상이 변화될 징후는 별로 없다. 일반적으로 미국에 대하여 대결적인 태도를 취하는 것보다는 협력을 통한 안정과 자국의 경제발전에 힘쓰는 것이 유익하기 때문에 동북아지역에 있어서 상당 기간 동안 미국 주도의 국제질서가 지속될 가능성은 농후하다. 그러나 중국과 러시아는 이와 같은 안정적 질서하에서 미국이 지역 내의 일국이나 소지역을 독점적으로 지배하는 것을 받아들이지 않을 것이며 이를 견제하려 들 것이다. 또한 이 지역의 중위권 국가들에 속하는 한국이나 아세안 국가들은 그들의 국가경제가 발전함에 따라서 점차 대내외 문제처리의 자율성을 획득하게 되고 대외협상능력이 증대될 것이다.

이러한 가운데 동북아 안보에 있어서 장기적으로 가장 큰 변수는 한반도의 통일이다. 21세기 내에 한반도가 하나의 공동체를 이룩할 가능성은 지금과 같은 남북한 간의 관계 발전을 감안할 때 상당히 현실성이 있다고 볼 수 있다. 통일한국의 등장은 불가피하게 동북아 안보질서의 재편을 초래하게 되고, 주한 및 주일 미군의 주둔문제를 비롯하여 역내 안보동맹관계를 재검토케 할 것이며, 한·중·일 3국의 역할이 증대되면서 상대적으로 미국의 역할이 상당 부분 감소하게 될 것으로 전망된다.

Ⅳ. 우리의 안보정책 방향

1. 4강과의 협력 및 한·미·일 공조의 긴밀화

우리의 안보정책 목표에는 남북평화체제 구축과 평화통일이라는 추가 목표가 항상 따라붙는다. 이는 국가와 주권의 안위를 보장하고 국익과 제반 추구가치를 보호하는 일반적인 안보정책 목표에 우리가 추가로 부담해야 할 역사적, 숙명적 과업이며 우리나라 홀로 해결키 어려운 국제적 성격을 지닌 문제이다. 즉, 한반도내 평화체제 구축과 분단 상태의 해소라는 과제는 우리의 불행한 역사적 교훈인 동시에 미·일·중·러 등 주변 4강과의 협조를 바탕으로 남·북한이 함께 풀어가야 할 숙제이다. 그리고 동북아지역의 냉엄한 현실에서 우리나라의 안보를 확보하고 경제적 번영을 계속 유지해 나아가기 위하여는 한·미·일 3국 간의 굳건한 공조체제를 기초로 북한의 핵개발문제 해결, 대남 도발욕구 분쇄, 여타 외부위협으로부터의 안전 확보 등을 성취함으로써 안정적이고 지속적인 경제성장 환경을 유지시켜 나아가야 하는 것이다.

냉전과 탈냉전시대를 통털어 우리가 한반도의 안정과 평화를 유지하고 고도성장과 번영의 길을 걸어올 수 있었던 것은 한·미 방위동맹과 미·일방위동맹을 양축으로 하는 동북아지역 내 미국 중심의 국제안보 질서였다. 북한이 아직까지 군대 위주의 소위 선군(先軍)정치를 표방하면서 무시할 수 없는 재래식 군사력과 대량살상무기를 보유하고 이를 체제 유지의 마지막 보루로 붙잡고 있는 현실은 비록 북한이 변화의 움직임을 보이고 있다고 하더라도 우리 우방과의 단합된 방위태세를 늦출 수 없도록 하고 있다. 따라서 우리가 추구하는 평화적 통일과 현실적인 안보를 확보하는 데 필요한 우리 안보정책의 근간은 한·미·일 간의 변

함없는 대북공조체제 유지와 남북관계 발전을 통한 신뢰구축과
함께 북한의 후방세력인 중국과 러시아의 적극적인 협조를 확보
하는 것이다.

2. 한반도 문제의 해결 방향

한반도 문제의 해결은 결국 전쟁위험 해소, 군사적 위협 제거
및 신뢰 구축, 평화체제 구축 등의 노력이 이루어져야 하는데, 이
는 추진과정에서 상황에 따라 연계되거나 병행되어 추진됨으로써
상호 보완과 촉진 효과를 기대할 수 있다.

오늘날 한반도 주변 정세는 북한이 점진적인 대외개방을 추진
하면서 피폐된 경제의 회생 발전을 위한 강렬한 의지를 보이고
있고 남북한 간에도 2000년 6.15. 정상회담 이후 다소의 굴곡이
있기는 하였으나 꾸준히 대화를 통하여 교류와 협력이 증진되어
서서히 신뢰를 구축해 가고 있는 상황이다.[5] 또한, 일·북 간에
정상 회담(2002.9.17.) 및 수교교섭이 진행되는 등 한반도를 중
심으로 동북아지역에 협력과 화해의 기류가 형성되고 있었다. 북
한이 새로이 핵개발문제를 내놓음으로써 미·북 관계가 그 동안
에 조성된 긍정적 분위기를 해칠 가능성이 대두되고 있으나, 북
한이 핵개발문제와 WMD문제를 빌미로 소위 '벼랑끝 전술
(brinkmanship)'을 펴는 우(愚)를 범하지 않는다면 심화되는
남북관계 발전을 원동력으로 하여 북·일 수교교섭이 다시 탄력

---

5) 2002년 6월 29일 서해교전사태 이후 다시 경색되었던 남북관계가 8
   월 12일~14일간 서울에서 개최된 제7차 남북장관급회담, 8월 27
   일~30일간 서울에서 개최된 제2차 남북경제협력추진위원회 등 남북한
   당국자 간의 일련의 중요 회의와 합의사항 실천을 위한 실무자간의 접촉
   을 통하여 실질적인 남북교류와 협력사업이 실천되고 있다. 특히 남북철
   도 및 도로연결공사 착공과 관련하여 군사적 보장조치를 위한 남북군사
   당국자간의 접촉도 이루어져 양측이 보장합의서에 서명한 바 있다.

을 받고 빠른 속도로 진전되고 북·미 관계도 다시 호전되어 역
내 분쟁의 가능성은 현저히 감소될 것으로 기대된다. 이러한 한
반도 주변의 안보환경의 변화를 맞이할 경우 한반도문제 해결을
위한 평화체제로 가는 과정에서 군사적 위협의 해소를 위한 노력
이 우선 이루어져야 할 과제로 떠오르게 될 것이다. 즉, 남북 모
두에게 불필요한 경제적 부담을 주는 막대한 재래식 군비의 유지
는 당연히 개선되어져야 하고, 적정 수준으로 감축되어야 하며,
군비감축 노력을 통하여 한반도 평화정착의 기틀을 조성해 나아
가야 하는 것이다.

한반도의 군비통제 또는 군비감축을 통한 군사적 위협의 해소
는 한반도 평화체제 구축논의를 구체화시킬 수 있는 중요한 요인
중의 하나라고 볼 수 있는 바, 평화체제 구축방안에 대한 검토와
연구는 우리의 군사적 위협 해소 노력과 병행하여 이루어지는 것
이 바람직하다. 왜냐하면 한반도의 군비감축에 따른 군사적 위협
해소만으로는 통일된 한반도 전체의 항구적인 평화와 안전을 담
보하기 어렵고, 한반도 분단의 국제적 성격상 주변 국가들의 참
여를 전제로 한 평화체제 구축이 효과적이고 보다 현실적이기 때
문이다.

한국전쟁은 초기 남북한 간 내전이 유엔군과 중·소의 개입으
로 국제분쟁화되었고, 1953년 정전협정 이후 한반도는 약 반세
기 이상을 중무장한 한·미연합군과 북한군 간의 기술적인 휴전
상태의 불안정한 평화를 유지해 오고 있는 것이다. 1953년 이후
의 정전협정체제를 보다 안정적인 평화체제로 전환시키기 위해서
는 평화협정 체결에 따른 평화협정체제의 구축이 필요한 바, 우
여곡절 끝에 1997년 12월 한반도 평화문제를 논의하기 위해서
개최된 제네바 4자회담은 그 역사적인 의미가 무색하게 아무런
진전 없이 평행선을 긋다가 이듬해 8월 3차 회의에서 '평화체제
구축 분과위'와 '긴장완화 분과위' 구성을 끝으로 별다른 진전이나

성과없이 오늘에 이르고 있다. 이는 문제해결의 핵심인 남북한 당사자간 그리고 미·북 간 신뢰구축작업이 거의 전무한 상태에서 이루어진 정치적 회동의 예상된 결과라고 생각된다.

이제 한반도를 중심으로 주변 환경이 바뀌고 있고 무엇보다도 그 동안 전혀 바뀌지 않을 것 같던 북한도 변하고 있으며÷ 남북한간에도 신뢰구축의 조짐이 서서히 현시되고 있음을 감안할 때 군사적 위협의 감소 노력과 함께 평화체제 구축을 위한 논의를 다시 활성화하여 다가올 그날에 대비해야 할 것이다.

그러면 한반도의 평화체제 구축을 위한 평화협정의 체결의 목적 내지 방향은 어떤 것일까? 다음과 같이 정리할 수 있을 것이다.6)

1) 한반도 내 무력충돌(armed conflict)의 법적 종결
2) 남북한 간 화해 공존의 제도화
3) 1953년 정전협정의 당사자를 포함한 관련 주변 국가들이 동 평화체제를 보장할 수 있는 국제적 보장조치 구비

상기 목표달성을 위하여 그 동안 여러 가지 방안이 제기된 바, 각각의 구체적 방안에 대한 검토는 차치하고 어떤 방안을 택하든지 우선은 남북한 당사자의 평화보장(또는 불가침)에 대한 실천적 의지가 담긴 양 당사자 간의 합의가 선행되어야 함을 강조코자 한다. 따라서 평화체제의 형식은 남북이 먼저 평화보장을 위한 합의 내지 협정을 체결하고 이를 여타 국가가 보장 또는 지지하는 2+4(남·북+남·북·미·중) 또는 2+6(남·북+남·북·미·중·일·러) 등의 방안이 바람직하다고 본다.

---

6) 윤덕민, <한반도 평화협정에 관한 연구>, 《국제문제》 2000. 12. p.45

3. 북한의 WMD 및 미사일 위협의 통제

미국의 대테러전이 본격화하면서 WMD를 이용한 테러공격으로부터 미국 본토를 보호해야 한다는 미국정부의 안보정책 목표는 미국 대외정책의 근간을 수정함으로써 대한반도정책에도 '선제공격(preemptive strike) 가능성'이라는 새로운 위험 요소를 가미하게 되었다.

미국은 북한을 '테러지원국'의 하나로 지목하고 북한의 WMD 및 미사일의 개발, 수출을 중단할 것과 중단치 않을 경우 예방적 군사조치도 불사할 뜻을 수차 밝혀 왔다. 이는 1994년 핵위기이후 가장 위험한 전쟁위험 요소가 한반도에 존재하게 된 것이다. 다행히도 2002년 8월 남북대화 재개 이후 일·북한 간 수교교섭과 미·북 관계에 진전이 이루어져 한반도를 중심으로 화해와 대화의 분위기가 조성되어 가면서 한반도 내 WMD문제의 평화적 해결 가능성이 높아지는 듯하였으나, 전술한 바와 같이 최근 북한의 우라늄을 이용한 핵개발 의혹이 드러나면서 다시 미북 간에 긴장이 고조되고 제네바합의가 폐기될 위험에 직면해 있는 상황이다.

문제는 무엇보다도 북한의 WMD 및 미사일 확산문제가 이라크 사태가 해결되기 이전까지도 별다른 해결의 실마리를 찾지 못할 경우, 미국의 대북 강경기조가 어떠한 분위기를 이끌어갈 것인가 하는 것이다. 미국의 이라크사태 해결 이후 제2의 목표물은 북한의 WMD와 미사일 확산문제라는 것이 국제사회의 적지않은 시각인 만큼 우리는 조속한 문제해결을 위한 외교적 노력을 경주해야만 한다. 한·미·일 3자 간의 긴밀한 대북공조와 함께 다각적인 외교 노력을 통한 대북 압력을 가함으로써 WMD 및 미사일 개발의 포기와 전면적인 개혁과 개방을 통한 국제협력 및 경제개발이 국가이익의 증대와 정권유지에 유리함을 깨닫고 실천할 수 있도록 하는 한편, 미국에 대하여는 페리보고서가 시사하는 바[7]를 재검토하여 가능한 어떤 상황에서도 북한의 WMD문제와 미사일 확산문제가 평화적으로 해결될 수 있도록 보다 긴밀한 협조를 확보해야 할 것이다.

중국과 러시아에 대하여는 대북한 건설적 관여를 통하여 북한이 핵개발 프로그램과 미사일 수출에 대한 진실을 밝히고, 북한 스스로가 대화로 문제를 풀어나갈 것을 설득토록 함으로써 한반도의 안정 유지에 일정한 역할을 담당하도록 요청해야 한다. 그리고 북한에 대하여는 남북의 대화채널을 통하여 직접적으로 핵개발 및 WMD문제 해결을 요청하면서 남북관계 발전을 더욱 가속화하여 심화, 발전시킴으로써 상호의존도를 높이고 북한의 정책결정자가 합리적인 사고와 판단으로 정책선택에 임하도록 유도해 나가야 할 것이다. 그리고 향후 남북관계에 있어서 경우에 따라서는 진행중인 남북경제 협력사업과 식량 및 비료지원 등 우리의 대북지원 및 협력사업을 우리가 추구하는 목적의 성취와 연계시켜 협상 또는 압박하는 방안도 고려할 필요가 있다고 본다.

---

7) 미 클린턴 행정부 말기에 제출된 페리보고서는 미국의 대북 정치적, 경제적 인센티브만으로 충분히 북한의 핵 및 미사일개발 야심의 포기를 이끌어낼 수 있다고 주장하면서 미·북 관계 정상화와 5개년 경제원조 프로그램을 건의한 바 있다.

참 고 문 헌

1) 외교통상부 외교정책실, ≪아세안 지역안보포럼 개황≫(2002)

2) 박두복, 외교안보연구원, <중국의 대한반도 정책의 신추세와 한·중 관계 발전 방향>, ≪정책연구시리즈≫(2001)

3) 외교안보연구원, <일본정부의 유사법제 추진현황과 전망>, ≪주요 국제문제분석≫(2002.10.5)

4) 국방대학교 안보문제연구소, ≪세계안보정세 종합분석(上)≫(2000/2001)

5) 이태환, 세종연구소, ≪미·중관계의 변화와 한반도≫(2002)

6) 임수환, <국제정치 경제질서와 동북아 안보환경 : 경쟁인가? 협력인가?>, ≪정책연구≫ 2000, 가을/겨울호

7) 홍현익, <동북아 정치정세와 통일한국의 안보전략>, ≪외교≫ (2001. 1)

8) 윤덕민, <한반도 평화협정에 관한 연구>, ≪국제문제≫(2000.12, 2001.1)

9) 이헌경, 통일연구원, ≪북한의 대량살상무기 실태와 미국의 대응 : 전략과 시뮬레이션≫(2001)

10) 한국전략문제연구소, ≪동북아 전략균형≫(2001)

11) Selig S. Harrison, Princeton University Press, ≪KOREAN END GAME≫(2002)

12) Don Oberdorfer, Basic Books, ≪THE TWO KOREAS≫(2001)

13) Michael Barletta, Monterey Institute of International Studies, <WMD Threats 2001 : Critical Choices for the Bush Administration>, Occasional Paper, No. 6(2001)

제3장. 국제정치에서의 안보개념의 변화

국제정치에서의 안보개념의 변화

한 동 만

Ⅰ. 서 론

국제관계가 변화함에 따라 안보의 개념도 종래의 정치적·군사적 개념(high politics) 중심에서 비정치적·비군사적 개념(low politics)을 포함하는 복합적이고 다변적인 개념으로 재정립되고 있다. 냉전 종식 이후 국가간 전쟁보다는 종족 및 종교갈등, 이로 인한 난민 발생, 경제적 고통 및 인권침해 등의 문제가 관심의 초점으로 떠오르면서 전통적 의미의 군사안보 이외에 인권·마약·테러·환경·난민 등과 같은 '비전통적 안보'(non-traditional security) 문제에 대한 대처방안이 마련되어야 한다는 의견이 대두되었다.[1]

---

1) 국제정치학파 중 신자유주의자(neo-liberalists)들은 국제정치에 있어서 비정부 행위자(non-state actors), 비안보적 이슈(non-security issues), 특히 경제적 상호의존(economic interdependence)을 중시한다. 그러나 신현실주의자들(neo-realists)은 국가의 역할, 국가간 권력관계를 중시한다. 신자유주의와 신현실주의의 차이점은 David A. Baldwin, ed., *Neorealism and Neoliberalism : The Contemporary Debate* (New York : Columbia University Press, 1993) ; Peter J. Katzenstein 편저, <국가안보에 대한 새로운 시각>, ≪안보총서 85≫, 국방대학원 안보문제연구소, 1999년 11월, pp.243~252 ; Kim Tae-hyo, <Limits and Possibilities of ROK-U.S.-Japan Security Cooperation: Balancing Strategic Interests and Perceptions>, *The Korean Peninsula and*

그 결과, 유엔을 비롯한 정부 및 비정부기구들은 이러한 비전통적 안보 이슈들로부터 야기되는 위협을 전통적 군사안보 위협과 더불어 '포괄적 안보(comprehensive security)'문제로 파악함과 동시에 인간의 복지(welfare) 및 안위(well-being)에 대한 위협이라는 측면에서 '인간안보'에 대한 도전으로 간주하게 되었다. 현재의 국제환경하에서 안보는 "군사·비군사를 불문하고 국내외로부터 기인하는 각종 각양의 위협으로부터 국가가 보유하고 추구하는 제반가치를 보전하는 것"이라 정의할 수 있으며, 따라서 안보를 국가 및 그 구성원의 총체적 안위보장으로 파악하고 대처하는 총체적 접근법(holistic approach)이 등장하게 되었다.

한국의 안보정책은 지금까지 주로 전통적 의미의 군사안보에 치중되어 왔으나, 다자외교의 장에서 인간안보 이슈들이 활발히 논의되기 시작함에 따라 여러 이슈에 대한 우리의 입장 정립 및 적극적인 의견 개진의 필요성이 대두되고 있다. 특히 아시아 금융위기와 9.11 테러 이후 경제안보와 테러 등 비전통적인 안보에 효과적으로 대처하기 위해 협력안보의 중요성이 점증하고 있음을 인식하고 있다.

이 글에서는 전통적 의미의 안보개념, 즉 동맹과 집단안보, 집단방위개념과 함께 탈냉전 이후 등장한 공동안보, 포괄적 안보, 협력안보, 그리고 인간안보의 개념 변화와 의미를 알아보고 안보개념의 변화가 한반도 안보에 미치는 영향과 이에 따른 우리의 안보정책 방향에 대해 알아보고자 한다.

Security Cooperation After Terrorism, *IFANS Review*, Vol. 10, No. 1, July 2002, pp.35~36. 참조

Ⅱ. 안보개념의 재정립

1. 안보개념의 변화

안보(Security)라는 개념은 라틴어의 'securitas'에서 유래한 것으로 'se'는 '어떤 상태로부터 벗어나거나 자유롭게 된다', 또는 '어떤 것에서 풀려난다'라는 의미를 가지고 있고, 'curitas'의 어원인 'cura'는 공포·불안·근심을 뜻한다. 그러므로 이러한 어원에 기초해서 보면 안보란 "위협이라든가 위협으로부터 자기의 안전을 지키고, 공포·불안·근심걱정이 없도록 하는 것"으로서의 의미를 지닌다. 안보를 뜻하는 security라는 용어가 국제정치적 차원에서 처음 사용된 것은 제1차 세계대전 직후에 창설된 국제연맹 규약의 전문에서였던 것으로 알려지고 있다. 이 전문에는 "to achieve international peace and security"라는 구절이 들어 있었는데, 이 'security'라는 말을 당시 국제연맹에 참가했던 5대 강국들 중 하나였던 일본의 외무성이 안전보장(安全保障) 이라는 한자어로 번역한 것으로 알려지고 있다.[2]

일반적으로 국가안보의 개념은 "외부의 위협으로부터 자국의 핵심적인 가치를 보호하기 위한 국가의 능력"이라고 정의되고 있으며, 여기서 핵심적인 가치란 "해당 국민이 수락할 수 있으며 동시에 다른 국가의 필요와 합법적 욕구와 양립할 수 있는 삶의 방식을 유지하는 것"으로 보고 있다.[3]

---

2) 김명섭, <국가안보, 인간안보, 민족안보 : 남북한 화해·협력시대를 위한 새로운 안보패러다임의 모색>, ≪정책연구≫ 통권 제137호, 2001년 봄·겨울 합본호, pp.3~4에서 재인용. 자세한 것은 최경락, 정준호, 황병무, ≪국가안전보장 서론 : 존립과 발전을 위한 대전략≫(서울 : 법문사, 1989) 참조

3) ≪National Security≫, in *International Encyclopedia of the Social Sciences*, ed. by David L. Sills(The Macmillan

현실주의자들은 '국가안보'를 권력정치의 부산물로 생각하여 힘의 극대화를 통해 가능하다고 주장하나 이들의 주장은 국가간에 무한경쟁을 유발시켜, 곧 국제 무정부 상태를 초래하며 안보 위기를 조장할 수 있다. 한편, 이상주의자들은 '국가안보'를 평화를 추구하는 국가간의 노력의 결과로 파악한다. 따라서 평화를 추구하는 국가 행위자들이 형성하는 평화적 구도만이 모든 국가의 안보를 보장할 수 있다고 믿는다. 이상주의자들은 세계평화를 위해 국가행위자들의 '평화를 위한 노력'을 강조했다는 점에서 중요한 기여를 했다고 생각할 수 있지만, 국가간에 힘 또는 권력이 작용하는 국제적 현실을 너무 쉽게 간과했다는 이론적 취약점을 지니고 있다.

따라서 오늘날의 안보개념은 기본적으로 현실주의자들과 이상주의자들이 제기하는 권력과 평화개념을 종합적으로 상호보완적으로 고려해야 할 것이다. 그리고 오늘날의 국제정치적 발전과 안보환경 변화를 고려하여 탄력적이고 통찰력 있는 유용한 분석적 개념으로 정의해야 할 것이다.4)

전통적 협의의 안보개념은 단순히 국가의 힘을 극대화하기 위한 국가 중심과 군사전략 중심의 안보개념으로 정의하고 있다. 이러한 안보개념은 주로 군사전략가들을 중심으로 정의된 안보개념이다. 이러한 안보개념은 국가안보에 대한 위협 근원을 외부 또는 타국가로부터 오는 위협만으로 지나치게 단순화하여 인식하게 되어 이러한 안보 위협에 군사적 대응전략만을 유일하게 생각하기 쉽다.

그럼에도 전통적 협의의 안보개념은 비록 오늘날의 안보개념이 크게 확대되었다고 하지만-국가안보의 핵심 부분이 된다는 것은

Company & The Free Press, 1980), pp.40~44.
4) 조명현, <현대국가안보개념과 체계적 안보분석틀>, 《충남대학교 사회과학논총》 제7권, 1996.12., pp.7~8.

부정할 수 없다. 즉, 냉전시대의 집단안보 또는 집단방위는 그 의미가 퇴색하였지만 아직도 냉전시대의 동맹은 전통적 의미의 안보개념으로 그 유용성이 계속 유지되고 있다.

냉전 종식 후 복잡한 상호의존적 세계에서 국가안보에 대한 위협의 근원은 국제체제(international system) 또는 지역체제(regional system)의 불안은 물론 국내의 심각한 정치적 불안과 경제불황, 사회적 갈등, 사회범죄의 확산, 마약 및 테러의 확산, 심지어 심각한 환경오염까지도 국가안보 위협요인으로 제기될 수 있다. 또한 냉전 후 급속해진 국가 해체 현상들은 부동의 주체이자 객체였던 국가(state)를 중심으로 발전된 냉전시대의 국가안보개념이 개인(individual) 혹은 인류(human beings)라는 새로운 단위를 중심으로 재구성해야 한다는 요구로 이어지고 있다.5)

특히 9.11 테러사태 이후에는 테러가 국가안보뿐만 아니라 국제안보, 그리고 인간안보에도 중대한 영향을 주는 것으로 판명되었다.6)

따라서 오늘날 현대 산업사회의 복잡성과 예측하기 어렵게 신속하게 변화하는 국제 변화에 대응하기 위해서는 전통적 국가 중심, 군사전략 중심의 안보개념을 가지고 모든 안보문제를 다루기에는 적합하지 않는 것 같다. 즉, 오늘날의 안보문제는 군사력 증강이나 군사전략만으로 해결되지 않는다. 오늘날 국제사회의 상

---

5) David A. Baldwin, "The Concept of Security," *Review of International Studies*(1997), pp. 5-15.

6) 테러가 안보에 미치는 영향과 테러리즘과 초국가적 범죄(마약 및 소형 무기 불법거래, 해적, 돈세탁, 위조, 사이버 범죄)와의 상관관계에 대해서는 Han Dong-man, <Terrorism and its impact on East Asian Security: A Korean Perspective>, *The Korean Peninsula and Security Cooperation After Terrorism, IFANS Review*, Vol. 10, No. 1, July 2002, pp.51~58. 참조

호의존적 관계가 복잡화·다변화되고, 첨단 과학기술의 발달과 신무기의 개발, 지구적 차원의 경제교류와 협력이 확대되면서 제기되는 제반 안보문제와 그리고 민주복지국가를 지향하기 위해 안보개념도 이에 부응할 수 있는 개념으로 재정의되어야 한다.

안보개념은 상당한 정도로 확대되고 군사, 정치, 경제, 사회, 환경적 차원을 포괄하는 개념으로 확대되고 있는 상황이다. 군사안보(military security)란 한 국가의 시민, 영토, 자원 등을 외부의 적으로부터 보호하는 것이라고 할 수 있다. 한편 정치안보(political security)란 국가조직, 정부체계 그리고 이념체계 등을 보호하는 것이다. 경제안보(economic security)는 자원·금융·시장에의 접근을 통해 기존의 경제적 복지수준을 유지하는 것이라고 할 수 있으며, 사회안보(societal security)란 언어·문화·종교·사회질서·공동체의식의 전통적 양태를 유지하는 것이다. 그리고 환경안보(environmental security)는 자연적 생태체계의 지속가능성(sustainability)을 뜻한다고 하겠다.[7]

그러나 이러한 안보개념들은 상호 중첩되는 영역이 존재함과 동시에 상호 충돌하는 모습을 띠기도 한다. 예를 들어 경제안보를 위해서는 경제성장이 필요하나 이는 환경안보를 침해할 수 있다. 그 결과 이러한 안보문제를 별도의 문제로 접근하기보다는 '총체적(holistic) 차원에서 접근해야 할 필요성이 대두된다. 이러한 총체적 접근이 심화될수록 국내정치와 국제정치의 경계선은 모호해지게 되고, 결국 가장 중요한 문제는 국가를 외부의 군사적 위협으로부터 보호한다는 것이라기보다는 국내경제와 국제경제 및 국가안보와 국제안보 질서 간의 '적절한 접합양식'(optimal mode of articulation)을 찾아내야 한다.[8]

---

7) Barry Buzan, <New Patterns of Global Security in the Twenty-first Century>, *International Affairs*, July 1991, p.433.

2. 안보 고려요소의 확대

안보를 포괄적으로 접근하는 시각에 의하면 다음과 같은 사항이 핵심적 안보 고려요소(국익)로 논의되고 있다.

(1) 외국의 침략으로부터 영토 및 국민의 안전을 보호하는 국가방위, (2) 상호의존 현상에 따라 발생할 수 있는 외부로부터의 침해를 최소화하고 국가의 정치적 자결권의 핵심을 확보하는 정치적 주권의 확보, (3) 국제수지의 안정성 유지, 경제성장, 국내산업의 보호, 수출시장의 확보, 실업률 및 물가상승률의 조절 등을 통해 국민의 전반적인 경제생활을 풍요롭게 유지하는 경제적 번영, (4) 자국의 정체(政體)에 대한 국민의 지지 및 국민 상호간의 강한 통합력을 유지하는 정치적 통합의 유지, (5) 경제생활 유지에 긴요한 식량, 에너지, 기타 원자재의 안정적 수급을 확보하는 전략자원의 확보, (6) 깨끗한 환경보호, 외래문화의 유입에 따른 충격 최소화, 마약 또는 범죄의 유입 억지, 노동인구의 대량 이동에 따른 사회적 혼란 방지 등을 통해 국민의 삶의 질을 높이는 국민의 행복추구권 보장 등이 그것이다.

이러한 사항은 대부분의 국가에 공통적으로 적용되는 일반적인 국익에 해당하며, 개별 국가의 특수한 사정에 따라서는 국익간의 우선순위가 상이하거나 별도의 핵심적 국가이익(종교 등 특정 국가 지도이념의 수호 등)이 제시될 수 있을 것이다. [9]

---

8) 현인택, <인간안보와 한국외교: 인간안보의 쟁점과 인간안보 외교의 모색>, 외교통상부 연구용역 보고서, 1999년 12월, p.4.

9) <21세기 아·태지역의 안보환경과 새로운 안보위협>, 외교통상부 안보정책과 연구보고서, 1999년 8월, pp.5~6.

3. 고전적 의미의 안보개념

가. 동맹(Alliance)

동맹이란 국가의 생존을 보장하기 위한 가장 고전적인 수단의 하나로서, 어떠한 국가가 이해관계가 일치하는 타국과 군사력을 중심으로 한 결합관계를 맺음으로써 적대국으로부터의 침략을 방지하거나 특정 사안에 있어서 자국의 외교적 입지를 강화하려는 외교적 행위를 말한다. 현재의 유엔체제하에서 동맹관계의 설정은 원칙적으로 금지되어 있으나 유엔헌장 51조상의 집단적 자위권(collective self -defense;침략행위의 발생시 안보리가 집단안보조치를 취하기 전까지 무력을 사용할 수 있다는 것으로 국가의 생존을 위한 고유의 권리로 인정됨) 규정을 통해 변형된 형식의 동맹관계(과거의 공격 또는 공수동맹은 불가)가 유지되고 있다.

동맹은 일반적으로 공동의 가상적이 설정되어 있는 경우에 체결되며, 동맹에 참가하는 국가의 수에 따라 양자동맹, 다자동맹으로 구분할 수 있다. 또한 동맹으로 인해 얻는 이익의 종류에 따라 동종이익동맹(同種利益同盟 identical;2차대전 이전의 영·미동맹은 독일의 견제를 통해 동일한 군사적, 경제적 이익을 추구했다는 점에서 대표적 예라 할 수 있음), 이종이익동맹(異種利益同盟 complementary;현재의 한·미동맹은 한국에게는 국가 존립, 미국에게는 동북아의 질서유지라는 다른 종류의 이익을 제공한다는 점에서 대표적 예라 할 수 있음)으로 구별할 수 있다.

동맹의 성공조건으로는 아래dml 네 가지 원칙을 들 수 있다. 첫째, 동질성의 원칙(Principles of Homogeneity)으로 동맹은 일반적으로 정치적, 경제적, 문화적으로 동일하거나 유사할수록 더욱 공고히 될 가능성이 높다. 둘째, 호혜의 원칙(Principles of Mutual Benefit)으로 동맹을 통해 얻는 혜택이 참가자 모두에게 돌아갈수록 동맹이 지속될 가능성이 높으며, 동맹을 통해 얻는 혜택이 일방적인 경우 그러한 동맹은 오래 지속되지 못할 가능성이 높으며, 또한 동맹이 호혜적이라 할지라도 일반적으로 동종이익동맹이 이종이익동맹보다 견고하다고 할 수 있다.

셋째, 균등국력의 원칙(Principles of Equal Power)으로 일반적으로 국력이 비슷한 수준의 행위자로 구성된 동맹이 국력이 상이한 행위자로 구성된 동맹보다 공고한다. 강대국과 약소국의 동맹관계에 있어 약소국이 특별한 전략적 가치(군사기지, 해로 등), 경제적 가치(전략물자, 희소자원 등)가 없을 경우, 강대국이 이해관계에 따라 동맹조약상의 의무를 이행하지 않을 가능성이 높다. 마지막으로 동맹국 원조의무(Casus Foederis)이다. 즉, 동맹의 견고성은 유사사태 발생시 원조의무 발생조건에 따라 구분할 수 있으며, 일반적으로 적대국으로부터 무력공격이 발생하였을 경우 자동적으로 원조의무가 발동하는 동맹(NATO)이 자국의 국내적 절차(헌법 규정 등)를 거친 후에야 원조의무가 발동하는 동맹(미·일 및 한·미 상호방위조약)보다 견고하다고 할 수 있다.

나. 집단안보(Collective Security)

발칸반도를 둘러싼 러시아와 오스트리아의 대결은 결국 제1차 세계대전으로 연결되어 유럽의 오랜 관행이었던 세력균형체제는 파국을 맞았으며, 제1차 세계대전 이후 등장한 국제연맹은 집단안보라는 새로운 체제를 구상하게 되었다.

집단안보란 군비 증강이나 타국과의 동맹에 의하지 않고 다수의 나라가 협력하여 압도적인 힘을 바탕으로 소수 국가의 평화파괴행위 또는 무력의 사용을 방지함으로써 국제적인 안전과 평화를 보장하고 궁극적으로는 개별국의 안전을 확보하려는 국제적 안전보장 방식이다.

일반적으로 집단안보는 ① 전 가맹국이 상호불가침을 약속하고 ② 한 가맹국이 이 약속을 깨고 이들 가맹국을 침략했을 경우, 모든 가맹국이 이러한 침략을 저지하기 위해 협력한다는 것을 인식의 출발점으로 하고 있다. 집단안보는 이미 존재하고 있는 평화와 질서의 수호를 위한 현상유지 지향의 안전장치로 새로운 질서를 창출하는 장치가 아니며, 사전에 가상의 적을 상정하지도 않는다.

집단안보의 가능 조건으로는 ① '평화의 불가분성' 즉 세계 어느 곳에서 발생한 전쟁이나 분쟁도 그 지역에 한정된 것만이 아니라 자국과 관련된 것이라고 생각하는 관념과 태도가 확산될 것, ② 어떠한 국가의 평화 교란행위에 대하여도 전세계가 보유하고 있는 자원이 총동원된다는 사실이 인식될 것, ③ 평화 애호 다국적군의 힘이 침략자의 힘보다 월등히 강할 것, ④ 평화 교란 또는 파괴행위에 대해 모든 국가간에 일치된 정의와 견해가 형성될 것, ⑤ 각국이 집단안보의 유지를 위해 자국의 자원을 기꺼이 제공할 용의가 있을 것이 필요하다.

집단안보는 전쟁의 완전한 불법화 및 전체를 위한 개별적 이익의 희생을 전제로 하여 성립된 안보개념으로서, 각국의 이익 추구가 치열하게 전개되고 있는 현 국제상황하에서는 현실을 적절히 반영하지 못한 다소 이상적인 안보개념이라 할 수 있다. 따라서 미·소 간의 이념대결이 치열하였던 냉전시대에 유엔의 집단안보는 본래의 기능을 수행하지 못하고 유엔의 평화유지 기능은 '평화를 위한 단결 결의' 및 예방외교의 형태로 추진되고 있다. 집단안보는 한국전쟁을 계기로 그 한계가 드러났고, 냉전체제가 고착되면서 유명무실해졌다. 결국 제2차 대전 이후 세계평화를 유지한 것은 미국과 소련 사이의 핵균형, 나아가 북대서양조약기구(NATO)와 바르사바조약기구(WTO) 간의 세력균형이었다. 국제사회 전체를 하나의 사회로 규정하고 평화의 파괴를 사회 내부의 문제로 본 집단안보체제와 달리 NATO는 체제 외부에 존재하는 공동의 적에 대한 집단적 방위(Collective defense)였다.[10]

집단안보와 집단적 방위(자위)의 차이점을 비교해 보면 우선 유엔헌장 51조에 규정되어 있는 집단적 자위(Collective Self-Defense)는 집단안보와는 구별되는 개념으로 유엔의 창설을 준비하는 과정에서 많은 중소국들은 새로운 집단안보개념에 의한 안보유지 기능에 의구심을 품게 되었고, 이에 따라 이들의 불안을 해소하여 참가를 확대하기 위해 1945년 샌프란시스코회의에서 기존의 국가생존권 개념에 입각한 개별적 및 집단적 자위권 규정이 명문으로 유엔헌장에 포함되게 되었다.

집단적 자위는 국가간의 군사적 동맹을 의미하는 것이 아니라 지역적 협정 또는 기구에 의한 지역적 수준의 집단안보(OSCE 등)를 의미한다고 해석하는 입장도 있으나, 일반적으로 집단적 자위의 조항은 기존의 군사적인 안보동맹의 지속을 정당화시키기 위한 조항으로 해석된다.

현재의 각종 집단방위조약(NATO조약, 한·미, 미·일 상호방위조약 등)은 그 근거를 유엔헌장 제51조의 집단적 자위 규정에 두고 있으며, 집단안보와는 달리 국제정치에서의 우적(友敵)개념을 전제로 하여 체제 밖의 공동의 적을 가상한 상태에서 체결된다는 점에서 기존의 동맹의 성격을 갖는다고 할 수 있다. 그러나 51조에 이러한 근거한 집단방위조약은 그 발동조건이 침략의 발생시 이에 대응하기 위한 무력의 사용에 국한된다는 점에서 공격 또는 공격과 방어가 모두 가능한 과거의 동맹과는 구별된다.

다. 공동안보(Common Security)

공동안보는 냉전체제하의 유럽에서 기존의 핵억지를 통한 안보

---

10) 김태현, <동북아 다자안보 협력체 구상 : 그 이상과 현실>, ≪국제문제≫ 2002.4., p.53.

전략과 이에 따른 공포의 균형은 오히려 안보 유지에 위협이 된다는 것을 인식하고 이를 타개하기 위한 대안으로 등장하였다. 즉, 군비 증강을 유발하는 기존의 절대안보(자국만의 안보) 개념에 기초한 안정은 지속될 수 없다는 새로운 인식하에 양 진영간의 협력을 통해 공동의 안보를 모색하여야 할 필요성이 제기된 것이다.

공동안보는 안보를 대립과 경쟁이 아닌 협력과 조화를 바탕으로 접근해야 하는 공동의 문제로 인식하며 양 진영 간의 정치·군사 분야의 신뢰 구축, 군비축소문제를 가장 시급한 문제이자 1차적 관심사항으로 다루고 있다. 이 개념은 유럽안보협력회의(CSCE)가 점진적으로 그러나 성공적으로 추진됨으로써 그 유용성을 인정받게 되었으며, 아·태지역에서도 고르바초프 전 소련 대통령(Pacific Ocean Conference, 1986)과 에반스 전 호주 외무장관(Conference on Security Cooperation in Asia, 1990)이 공동안보의 개념에 입각한 CSCE 형태의 다자안보협력 추진을 주장하기도 하였다.

1982년 팔메위원회(Palme Commission)로 통칭되는 '군축과 안보문제에 관한 독립위원회(Independent Commission on Disarmament and Security Issues)'에서는 공동안보의 개념을 처음 도입하면서 공동안보 추진을 위한 원칙으로 1) 모든 국가는 안보에 대한 정당한 권리를 보유하며, 2) 군사력은 국가간 분쟁 해결에 있어 정당한 수단이 아니며, 3) 국가정책의 표출(expression)에는 제약이 필요하며, 4) 안보는 군사적 우위로는 달성할 수 없으며, 5) 군비의 감축과 제한이 공동안보를 위해 필요하며, 군비협상과 정치적 사안의 연계는 지양되어야 한다고 밝히고 있다.11)

---

11) Palme위원회는 공동안보를 "achievement of security not against the adversary but together with him through a

팔메위원회는 공동안보의 추진방식으로 주요 군사훈련에 관한 사전통고 의무, 군사훈련시 옵저버 교환, 대규모 군사이동에 관한 사전통고, 군대표단 교환방문 장려, 군축 조치 등 정치·군사적 신뢰 구축을 우선 추진하고 정치·군사분야 협력을 보완하고 증진시키기 위해 경제·사회·과학·인권 분야의 협력도 추진하는 방식을 제시하고 있다.

공동안보는 핵무기 개발 이후 보편화된 핵전쟁에 대한 공포와 함께 승리자와 패배자가 있을 수 없다는 공멸의 안보적 위협에 그 논리적 근거를 들고 있으며, 이를 해결하기 위한 방법도 군사적 수단보다는 외교적 수단을, 무력적 충돌보다는 정치적 협상을, 양자적 방식보다는 다자적 방식을 선호한다. 1975년 유럽의 안보와 협력을 위한 포럼인 유럽안보협력회의(CSCE)의 창설과 향후 동 회의의 기능 강화에 이론적인 토대를 마련해 준 '공동안보'는 냉전 종식 이후 '협력안보'라는 개념으로 재정의되면서 세력균형을 통한 억지(deterrence)와 전통적 동맹을 통한 안전보장 시스템에 회의를 품은 전문가들 사이에 상호 생존(mutual survival), 상호 의존(interdependence), 상호 협력 (mutual cooperation), 신뢰구축(confidence building), 예방외교 (preventive diplomacy)를 목표로 활발하게 논의되었다.12)

공동안보의 핵심은 공동안보정책이 장래의 적대국가에 대하여 명백한 방어적 의도를 나타내어 안보 딜레마의 특성인 의심과 의혹 및 긴장과 적대감의 악화현상을 피하게 한다는 것이다. 동아시아 차원에서 공동안보 접근의 한계점은 이러한 공동안보가 주

---

non-competitive and non-confrontational commitment to joint survival"이라고 정의하였다. Jong Chul Choi, <Transformation of National Notion of Security in Korea>, *Korea and World Affairs*, Vol. XXV, No. 2, Summer 2001, p.222에서 재인용

12) 이상균, <동북아 다자안보 협력체제 구축방안: 유럽의 경험과 한국의 선택>, ≪국가전략≫, 1997년 봄·여름호, pp.181~182.

로 군사적인 것에 초점을 맞추고 있다는 점이다. 그럼에도 불구하고 냉전 종식 후 전략적 불확실성과 급속한 군비 증강이 가시화되고 있는 동아시아의 경우 안보 딜레마의 현상이 가속화될 수 있다는 점에서 공동안보 접근은 안보 딜레마의 수반되는 제반 위험에 대처할 수 있는 유용한 접근으로 평가된다.13)

Ⅲ. 새로운 안보개념

1. 포괄적 안보(Comprehensive Security)

가. 일반적 개념

공동안보 접근의 강한 군사적 성향과는 대조적으로 포괄적 안보 접근은 안보 확보 및 유지를 위한 비군사적인 수단을 강조한다. 공동안보는 유럽에서 연유된 것인 반면, 포괄적 안보개념은 아시아, 특히 일본과 아세안에 의해서 개발된 것으로 동아시아에서 광범위하게 지지를 받고 있다. 포괄적 안보는 국내외로부터 기인하는 각종각양의 위협으로부터 국가가 보유하고 추구하는 제 가치를 보전하는 것이라 정의할 수 있으며, 이는 전통적인 정치·군사 위주의 안보개념을 비정치적·비군사적 개념까지 포함하는 다변적인 개념으로 재정립함을 의미한다. 이러한 개념은 대량파괴무기의 확산, 경제적 상호 의존의 심화, 환경 파괴의 광역화, 에너지의 전략자원화 현상으로 인해 각국의 안보를 위협하는 국제적 교란요인의 대상과 범위가 확대됨에 따라 대두되었으며, 안보의 의미를 국가 및 국민의 총체적 안위(total well-being)의

---

13) 김국진, <동아시아 평화질서>, ≪21세기 동아시아와 한국-부상하는 새지역질서≫(1998, 오름) p. 204.

확보로 이해하는 시각에서 비롯되었다고 볼 수 있다.14)

포괄적 안보개념은 안보 고려 영역을 경제, 사회, 문화, 환경, 과학기술 등 국가간 관계의 기초를 이루는 다양한 분야로 확대하여 이들과 안보와의 불가분성을 강조하며, 1975년 창설된 유럽안보협력회의(CSCE)가 군사, 경제, 인권을 안보 협력의 3대 테두리(basket)로 설정한 것은 포괄적 안보개념이 지향하는 바를 잘 나타내 주는 예라고 할 수 있다.

동남아국가연합(ASEAN)은 1960년대 말부터 포괄적 안보 시각에 입각한 안전보장론을 거론하였으며, 일본도 1차 석유파동 이후 자원의존국으로서의 취약성을 극복하기 위한 방안으로 '총합안전보장'을 주장하였다. 일본과 아세안의 포괄적 안보 접근은 차이가 있으나 모두 안보정책의 비군사적 수단의 중요성을 강조하고 있다는 점에서 공통점을 갖고 있다. 1994년 창설된 아세안지역안보포럼(ARF;ASEAN Regional Forum)도 포괄적 안보개념에 입각하여 다자안보 협력을 추구하고 있다.

나. 일본의 포괄적 안보(일본 명칭 : 총합안보)

일본에서의 총합안보개념 발전은 미·일 동맹관계의 일방적인 의존에서 탈피하고 전후 일본의 국제적 역할을 강화하는 한편 방위 증강 노력을 합리화하는 정책적 틀을 제시하기 위한 의도에서 비롯된다고 할 수 있다.

1980년 발간된 총합국가안전보장 보고서는 일본의 6대 안보정

---

14) 테러, 환경 악화, 마약 불법거래 등 비전통적 안보위협은 포괄적 안보 개념을 활용하는 다자협력포럼을 통해 대응할 수 있다. Matthew Augustine, <Multilateral Approaches to Regional Security : Prospects for Cooperation in Northeast Asia>, *The Korean Journal of Defence Analysis*, vol. XⅢ, No.1, Autumn 2002. p.309.

책 목표로 미국과의 긴밀한 동맹관계 유지, 자체 방위력 증강, 중·소와의 관계 개선, 에너지 및 식량자원의 안정적 확보, 대규모 지진대책을 설정하였다. 일본은 평화헌법과 관련하여 국가전략 수단으로 군사력을 사용할 수 없기 때문에 정치·외교·경제 등 비군사적 수단을 통해 안보 목표를 추구한다. 따라서 일본은 동아시아 국가 상호 의존성을 창출하는 무역투자정책과 공공차관 공여정책을 바탕으로 한 비군사적 안보 접근을 해왔다. 즉, 일본은 의도적으로 공격용 및 군사력 투자 무기체계를 기피함으로써 주변 지역국가들에 대하여 보장(안심)을 제공하는 '보장(안심)전략 (reassurance strategy)'을 펴고 있다.15) 총합안보는 일본 관료집단 사이에서 국방예산 증액을 위한 수단으로 원용되어 1980년대에 비교적 순조로운 일본의 국방비예산 증가에 일조한 측면이 있다.

다. 아세안의 포괄적 안보

아세안의 포괄적 안보개념은 국가통합에 필요한 모든 분야에서 내적 안정성을 유지하는 것이 국가적, 나아가서는 지역적 안보 유지에 가장 중요하다는 내부 지향적인(inward-looking) 안보 개념이다.

아세안의 포괄안보 접근은 주로 말레이시아와 인도네시아에 의해서 주도되어 왔다. 이들의 포괄안보 개념은 아세안 개별 국가 내, 아세안 국가간 그리고 아세안과 다른 동아시아 국가들과의 관계 등 3개의 수준에서 접근된다. 1차적으로 개별 국가 내에서 포괄적 안보의 목적은 국가사회 내 각종 반정부집단에 대한 통제와 장악이다. 이 과정에서 군의 역할도 있지만 정치·사회·경제정책 등 비군사적 수단이 훨씬 중요한 역할을 수행한다는 것이다.

---

15) 김국진, 앞의 글, pp.206~207.

2차적으로 포괄적 안보는 아세안 국가간 안보를 증진시키는 데 중요한 역할을 한다. 이러한 지역 차원에서도 비군사적인 포괄적 안보 역할의 중요성이 강조된다. 아세안 국가들 상호간 정치관계는 극히 우호적이지만 아직도 미해결의 영토분쟁이 상존하고 있다. 그런데 아세안 국가들은 이러한 민감한 분쟁을 상호 군사안보적 의제로 다루는 것을 극히 자제하여 왔다.

ASEAN 국가들은 민감한 군사안보 이슈에 대한 논의를 기피하는 성향 때문에 서방측의 군사 위주의 접근과는 상이한 포괄적 안보 접근을 선호하는 것이다. 아세안 국가들은 포괄적 안보의 접근을 바탕으로 아세안 국가간 안보의 군사적 역할을 축소시키는 한편, 정치적 대화·경제 협력·상호 의존 등과 같은 비군사적 요인을 강조한다. 아세안의 경우 지난 30여 년 간 이러한 포괄적 안보 접근의 괄목한 만한 성공으로 아직도 과거의 오래된 긴장요인이 상존하지만 이것들은 회원국가간 구축된 공동의 이해관계 및 협력의 유대에 비교하면 상대적으로 주변적인 것이 되었다. 더욱이 아세안 소지역 차원에서 협력과 상호의존이 증대됨에 따라 군사적 갈등으로 인한 증대로 더욱 군사적 갈등을 피해야 한다는 인센티브를 제공하게 된 것이다. 16)

인도네시아의 수하르토 전대통령은 "진정한 국가안보란 외부와의 군사동맹 또는 강대국에 대한 의존에서 얻을 수 있는 것이 아니라 경제·사회 분야의 발전, 정치적 안정, 민족적 의식 등 국내적인 요인에 의해 달성될 수 있는 것"이라 주장하며 "국내적 복원력(national resilience)" 개념을 제창하였다. 인도네시아의 "국내적 복원력" 개념은 결과적으로 아세안 국가들간의 선린우호를 증진시키는 이론적 틀을 마련하였다고 할 수 있다. 즉, 아세안은 포괄적 안보개념을 바탕으로 ① 안정적 국내 안보환경 조성(national resilience)→② 지역 안보환경 개선(regional

---

16) 김국진, 위의 글, p.205.

resilience)→③ 점차적 역외 확산이라는 다자안보 협력 접근틀을 채택하였다.[17]

라. 한국의 포괄적 안보

한국 안보정책의 기본과제의 하나는 한반도 평화체제를 구축함으로써 남북대결 구조를 평화공존 구조로 전환하여 남북한 관계의 정상화를 달성하는 데에 있다. 북한의 군사위협이 상존하고 있는 현단계에서 한국은 정치, 경제, 외교, 안보, 군사 등 다차원적인 '포괄적 안보' 개념을 바탕으로 한반도 평화체제 구축을 위한 제반 조치를 강구해야 한다.

포괄적 안보의 성공적인 구현을 위해서는 이중궤도접근(two track approach) 전략에 따라 한·미 동맹 관계 강화와 군사적 대비 태세를 유지하면서 대북 교류·협력을 통한 긴장 완화와 신뢰 구축과 함께 동북아시아의 새로운 평화질서 창출을 위한 가교역할을 모색해야 하며, 이를 위해 한국과 미국 간에 민주주의와 시장경제체제 등 가치관을 공유하면서 긴밀히 협력해 나가야 한다.[18]

2. 협력안보(Cooperative Security)

가. 성격 및 등장배경

협력안보론은 현재로서는 정리된 이론체계라기보다는 냉전 종식 이후 아시아·태평양지역의 변화된 안보환경을 반영한 다자안보 협력의 실천적 행동지침으로서의 성격이 강하다. 아시아·태평양 지역에서는 냉전 종식 이후 기존의 양극체제를 대체할 새로운

---

17) 한동만, <동북아 다자안보 협력의 현황과 전망>, 외교통상부 집무자료(98-2), 1998, pp.244~246.
18) 김국진, <포괄적 안보개념과 한·미 유대 강화를 위한 정책방향>, 외교안보연구원 정책연구시리즈(90-04), 1990.

질서를 모색함에 있어 미국과의 양자적 동맹체제와 배치되지 않으면서도 억지(deterrence)보다는 상호 보장(reassurance)을 기초로 하고 비군사적 분야의 협력까지도 포괄할 수 있는 다자협력 촉진방안이 필요하였다.

이러한 배경하에 캐나다의 클라크(Joe Clark) 외무장관은 1990년 유엔총회에서 북태평양협력안보대화(North Pacific Cooperative Security Dialogue: NPCSD)의 창설을 주장하면서 협력적 안보개념을 소개하였다. 협력안보는 적과의 협력을 통한 안보목표 달성을 출발점으로 하고 있는 면에서 공동안보와 많은 유사점을 보이고 있으나, 아시아·태평양지역의 다양성을 감안하여 점진적이고 비제도적인 접근을 선호하며, 비정부간 대화(track-Ⅱ)를 중요시하고, 양자적 동맹관계의 역내 안보 유지 기능을 인정한다는 점에서 공동안보와 다른 시각을 제시한다고 볼 수 있다.19)

나. 가정 및 전제

협력안보는 아래와 같은 가정과 전제조건이 충족되어야 한다. 즉, 국제사회는 제로섬(zero-sum) 사회가 아니라 협력의 유인이 존재하며, 국익의 우선성과 영토고권의 절대성 등 전통적인 국제관계의 일반원칙을 존중해야 하고 헤게모니국이 존재해야만 국제 안정이 유지되는 것은 아니다. 또한 군사력이 최고·최선의 안보 유지수단이 아닐 뿐만 아니라 군사적 충돌만이 안보에 대한 유일한 도전은 아니며, 다자안보 협력을 위해서는 비동질국가(non

---

19) 협력안보에 대해서는 B. Carter. W.J. Perry and J.D. Steinbunner, *A New Concept of Cooperative Security*(Washington D.C: The Brookings Institution, 1992)와 C.M. Kelleher, < Cooperative Security in Europe>, J.E. Nolan ed., *Global Engagement: Cooperation and Security in the 21st Century*(Washington D.C: The Brookings Institution, 1994) 참조

like-minded state)와의 협력이 중요하고, 비국가 행위자도 안보와 관련하여 중요한 역할을 담당하며 안보 협력은 견고한 제도적 장치 없이도 가능할 수 있어야 한다.

다. 협력안보개념

집단안보(collective security)가 침략행위에 대해 무력을 사용하는 대응개념인 데 반해 협력안보(cooperative security)는 관련 국가들간에 정치·군사적 신뢰를 다져 분쟁을 사전에 예방하고자 하는 예방외교(preventive diplomacy)의 성격이 강하다. 예방외교는 상호간에 일어날 수 있는 분규(disputes)의 소지를 사전에 방지하고 기존 분규가 더 큰 분쟁(conflicts)으로 발전되는 것을 막는 한편, 분쟁이 이미 발생한 경우 이의 확산을 막기 위한 외교적 행동들을 의미하는 것으로 정의되고 있다.

협력안보는 냉전시대에 양극 세력 간 분쟁을 방지하기 위해 강조 되었던 억지(deterrence)나 봉쇄(containment)보다는 상호 안심(reassurance)을 추구하고 있으며, 양자간 군사동맹에 의해 유지되어 온 기존의 세력 균형체제를 보완하거나 장기적으로는 이를 대체하고자 하는 개념이다. 또한 협력안보는 전통적인 군사적 위협뿐만 아니라 비군사적 안보 위협요인도 포괄적(comprehensive approach)으로 다룬다는 데서 과거의 안보개념과는 차이가 있다. 따라서 협력안보는 분쟁의 예방을 위하여 관련 국들간 대화의 습관화와 협의과정의 개설을 권장하고 지역안보의 확립을 위하여 다자간 대화가 제도화될 수 있는 방향을 모색한다.

협력안보는 추구하는 목표에 있어서 불완전성을 인정한다는 특징을 갖고 있다. 즉, 협력안보는 세계정부의 설립과 같은 거대한 목표를 추구하지 않으며, 모든 종류의 무기를 제거하려 하지도 않고, 모든 형태의 폭력을 방지할 수 있다거나 모든 분쟁을 해결할 수 있다고 보지 않으며, 또한 역내의 다양한 정치적 규범의 차별성을 인정하고 있다. 협력안보의 목표는 대화를 통해 투명성을 증대시키고 협력을 확산시킴으로로써 분쟁을 사전에 방지하는 데 있다.[20]

라. 협력안보개념과 다자안보 대화

협력안보개념을 근거로 한 다자간 안보 대화는 개개의 국가가 동등한 권리를 갖고 모여 상호 이익의 차원에서 공동규칙 및 제도를 창출하는 협의체로서 대화를 습관화하는 데 우선적 목표를 두고 있다. 이러한 대화의 습관화를 통해 신뢰를 구축하고, 국제적 갈등을 평화적으로 해결하며 안보위협 해결에 있어서 민주적인 협의과정을 거친다면 각 국가들간 상충된 이해를 조정할 수 있는 규범을 창출할 수 있다고 보는 것이다.

협력안보는 모든 분야를 포괄적으로 다루는 하나의 국제제도 또는 합의(a single all-encompassing regimes or agreements)에 의하지 않고 다각적인 경로를 통해 점진적으로 안보목표를 달성하려 한다는 데 가장 큰 특징이 있다. 따라서 협력 안보에 바탕을 둔 다자안보 협력은 ① 점진적이고 유연한 접근방식을 유지하며 ② 역내 국가들간에 대화의 습관을 확립하는 데 초기의 초점을 두고 ③ 안보에 영향을 미치는 제반요소를 협의 의

---

20) Gareth Evans 전 호주 외무장관은 1993년 9월 유엔총회에서 협력안보(cooperative security)를 다음과 같이 묘사하였다: an approach which emphasizes reassurances rather than deterrence; it is inclusive rather than exclusive; favours multilateralism over unilateralism or bilateralism; does not rank military solutions over non-military ones; assumes that states are the principal actors in the security system but accepts that non-state actors have an important role to play; does not particularly emphasizes the creation of formal security institutions, but does not reject them either; and which, above all, stresses the values of creating habits of dialogue.

제에 포함시키며 ④ 잠재 적대국까지 협의대상으로 포함하면서 가능한 한 참여의 폭을 확대한다. 또한 ⑤ 비정부 차원(track-II)의 안보협의를 적극 장려하고 정부 차원의 협의와 효율적인 연계를 유지하며 ⑥ 신뢰구축에 중점을 두면서 예방외교를 통한 위기관리 능력을 중요시한다.

마. 협력안보를 바탕으로 한 유럽안보협력기구(OSCE) 발전

협력안보의 개념을 바탕으로 유럽안보협력기구(1995년 CSCE에서 OSCE로 명칭 변경)는 모든 유럽국가들을 평등한 동반자로 포용하여 상호 의존적이고 수평적인 위계질서를 기초로 지역안보협력체를 구성했다. 유럽안보협력기구는 지역적 보편성을 바탕으로 역내 분쟁을 정치적이고 평화적인 방식을 통해 해결하는 것을 목표로 하고, 갈등의 발생 여지를 사전에 예방하고자 하는 예방외교 그리고 분쟁 발생시 이를 보다 효율적으로 관리하고자 하는 위기관리(crisis management)에 비중을 두고 발전되어 왔다.

유럽안보협력기구(OSCE)는 분쟁없는 유럽의 안정적 안보환경을 확보하고 유럽과 대서양지역 간에 최대한의 안보협력을 보장하기 위한 체제를 건설하고자 하는 데 그 목적이 있다. 1970년대 유럽안보협력회의(CSCE)의 출범목적은 전후 유럽의 기존 질서를 인정한다는 전제하에 적대적 관계를 협력적 관계로 전환시킴으로써 국가간 신뢰를 구축하고, 이를 통해 유럽의 평화와 안정을 창출해낸다는 데 있었다. 그러나 유럽안보협력기구(OSCE)는 구성원간에 복잡한 이해관계가 존재하고 있고 다루는 의제도 다양한데다 컨센서스에 따라 의사결정 방식을 채택하고 있기 때문에 신속하고 효율적인 합의토론이, 어려우며 분쟁이 발생했을 경우 신속하고 체계적인 대응이 어렵다는 제약점이 있다. 또한 OSCE 결정은 구속력을 갖지 못하고 OSCE가 결정을 집행할 수 있는 물리적 수단도 없기 때문에 유럽안보 보장자로서 OSCE의 효율성은 북대서양조약기구(NATO)에 비해서는 미약하다고 볼 수 있다. 그러나 OSCE는 예방외교에 중점을 두고 있는 안보협력체로서 그 가치를 인정받고 있다.

Ⅳ. 인간안보(human security)

1. 인간안보의 개념

인간안보개념은 기존의 전통적 안보의 개념이 국가(state) 또는 국제사회(international community)라는 집단적 실체(entity)를 대상으로 상정하는 것에 의문을 제기하는 데서 출발한다. 즉, 안보의 궁극적 대상을 인간(human being)으로 환원시켜 파악함에 따라 인간의 안위를 위해할 수 있는 모든 사안을 안보 위협요인으로 간주하는 시각으로서, 국가가 개인을 가장 잘 보호할 수 있다는 전제하에 국가에 대한 위협을 개인에 대한 안보위협과 동일시하는 기존의 안보개념과 구별된다.

안보는 원래 외부의 군사적 침입에 대응한 개념이었으나 1970년대 이후 전쟁의 원인으로 사회경제적 요인이 강조되면서 '인간안보(human security)'개념이 등장해 사용하고 있다. 인간안보개념은 현재까지 정치적 자유·경제적 풍요·사회적 안정·환경권·문화권 등 다양한 개념을 포함하는 포괄적 개념으로 활용되고 있으며, 이러한 개념은 '대인지뢰 금지협약' 및 '국제 형사법원 설립조약' 채택 등에서 중요한 역할을 해왔다. 즉, 전통적인 각도에서 군사적 위협으로만 정의되었던 안보개념이 "인간 개개인 차원에 가해지는 위협", 즉 인권침해, 환경파괴, 마약거래, 난민발생, 경제적 고통 등 비전통적 안보까지 포괄하는 개념으로 확대된 것은 군비축소와 같은 이슈뿐만 아니라 인권, 민주주의, 환경

보호, 사회안정 등이 바탕이 되어야 진정한 평화가 가능하다는 인식에서 출발한다. 특히 동아시아의 경우 1997년도에 발생한 경제위기로 인해 인간안보에 대한 관심이 새롭게 조명되게 되었으며, 정치·경제·사회적 차원에서 인간안보에 대한 위협이 여러 가지 양태로 나타났다.[21]

전통적으로 군사적 및 국가적 차원의 개념이었던 '안보'를 인간안보라는 개념으로 확대·변형하여 적용하게 된 이유는 안보문제가 긴급한 대응조치를 필요로 하며, 국가적 개입이 필요하고, 여론의 주목을 받는다는 점에서 비롯된 것이라고 할 수 있다. 한편, 현재의 인간안보개념은 다양한 정치·사회적 세력을 포함시키기 위해 포괄적으로 사용되어 온 측면이 있다. 인간안보는 '비국가적 주체가 받는 비군사적인 위협'의 대응개념으로 적용하는 것이 학문적으로나 현실적으로 보다 타당할 것이다.

인간안보개념은 학문적으로 확립된 개념은 아니며, 현재 호주, 캐나다, 일본 등 전쟁 위협이 희박하고 인권 및 인간복지 향상에 관심을 갖고 있는 일부 선진국 학자 및 안보전문가 집단 사이에서 기초적 의제 설정 등의 논의가 개시되고 있는 단계이다.[22]

---

21) 인간안보는 민주 발전, 인권 및 기본권 자유, 법질서, 선정(善政), 지속개발, 사회평등을 군축 및 군비통제와 같이 세계평화에 있어서 중요하다고 강조한다. Sung-Han Kim, <Human Security and Regional Cooperation in the Asia-Pacific>, *Korea and World Affairs.* Vol. XXII, No. 1, Spring 1999, p.96.

22) 인간안보에 대한 정의는 "빈곤, 질병, 억압으로부터 안전을 의미"한다고 해석하는 등 매우 광범위하게 이루어지고 있으며, 학자마다 정의가 다르다. 자세한 것은 Roland Paris, <Human Security>, *The International Security,* Fall 2001, pp. 31~33; Oliver Richmond, <Human Security, the 'Rule of Law' and NGOs: Potentials and Problems for Humanitarian Intervention>, *Human Rights Review,* Vol. 2, No. 4(July-September 2001); Astri Suhrke, <Human Security and the Interests of States>, *Security Dialogue, Vol. 30, No. 3(September 1999),*

인간안보는 단순히 군사적 위협의 부재만을 의미하지 않는다. 이는 경제적 고통으로부터의 자유, 적절한 수준의 삶의 질, 그리고 인권에 대한 근본적인 보장을 뜻한다. 인간안보는 최소한 인간의 기본적 필요(basic needs)가 충족되는 것을 요구하지만, 동시에 견고한 평화와 안정을 성취하기 위해서는 지속가능한 발전(sustainable development), 인권, 자유, 법치주의, 사회적 형평성이 이루어져야 한다. 23)

인간안보의 핵심은 역시 인권이다. 전략연구에다 규범적 가치를 접목시키는 시도로서 가장 잘 알려져 있는 것이 바로 미국 외교정책의 근간을 이루고 있는 '민주적 평화론'(democratic peace), 즉 민주주의 국가들끼리는 전쟁을 하지 않는다는 가설이며, 이는 곧 국제관계에 있어서 인간안보가 보다 견고해질수록 평화에 접근할 수 있다는 논리와 연결된다고 할 수 있다. 24)

인간안보의 개념이 처음 등장한 것은 1994년 유엔개발 프로그램(UNDP: United Nations Development Programme)의 연례보고서인 '인간개발보고서(Human Development Report)'에서다. 동 보고서는 안보개념을 외부 침략으로부터 영토보존, 외

---

pp.265~276; and Tatsuro Matsumae and l.C. Chen, eds., *Common Security in Asia: New Concept of Human Security*(Tokyo : Tokai University Press, 1995) 참조

23) Lloyd Axworthy, <Canada and Human Security: the Need for Leadership>, http://www.dfait-maeci.gc.ca 참조. 캐나다는 1999년 유엔안보리 의장국으로서 유엔에서 분쟁지역에서의 민간인 보호문제 협의시 인간안보문제를 의제로 설정하는 등 인간안보에 대해 주도적인 노력을 경주하였다.

24) 현인택, 김성한, <인간안보와 한국외교>, IRI 리뷰, 제5권 1호, 2001.3. pp.3~4에서 재인용. 상세한 내용은 Ramesh Thakur, < From National to Human Security> in Stuart Harris & Andrew Mack, eds., *Asia-Pacific Security: The Economics-Politics Nexus*(Allen & Unwin, 1997), p.73.

교정책에 있어서 국가이익 보호, 핵재앙 위협으로부터 지구적 안전보호 등 너무 좁게 해석되어 왔으며 일상생활에 있어서 개인의 안전을 보호하는 것을 등한시해 왔다고 지적하고 있다.25)

1996년 12월에 개최된 유럽안보협력기구(OSCE) 정상회의에서는 유럽을 위한 포괄적 안보체계를 확립하는 작업은 단순히 군사안보뿐만 아니라 그 이상을 염두에 두어야 한다는 데 합의하고, 군사안보 이외의 안보 이슈로서 경제상태, 사회 및 환경문제, 인권, 언론의 자유 등을 언급하였다. 그 결과, 동 정상회의에서 채택된 최종 성명은 "유럽안보에 대한 포괄적인 접근을 위해서는 인간적 차원(human dimension), 특히 인권 및 기본적 자유와 관련한 모든 노력이 경주되어야 한다"고 선언하였다. 2000년 5월 11일부터 12일까지 스위스 루체른에서 개최된 인간안보망(Human Security Network)에 대한 각료회의 후 채택된 의장 요약문에서는 정부와 비정부기구 간 인간안보망 설치를 권유하였다.26)

아난(Annan) 유엔 사무총장이 2000년 9월 유엔총회에서 "국가주권보다 개인주권이 우선"이며, 전세계 모든 사람들은 "공포로

---

25) United Nations Development Programme, Human Development Report, 1994(New York: Oxford University Press, 1994), p.22. 동 보고서 작성자는 인간안보의 구성요인을 "경제안보(빈곤으로부터 자유), 식량안보(식량에 대한 접근 가능), 보건안보(질병으로부텅의 자유 및 의료시설 접근 가능), 환경안보(환경오염으로부터 보호), 개인안보(고문 등으로부터 신체적 안전보호), 공동체 안보(전통문화, 소수민족 보존), 정치안보(정치억압으로부터의 해방 및 정치·시민의 자유 향유)"로 들고 있다.

26) 캐나다, 노르웨이, 오스트리아, 스위스, 네덜란드, 그리스, 아일랜드, 슬로베니아 등이 인간안보의 주창국가들이다. 루체른 개최 '인간안보망' 회의 결과는 <Chairman's Summary," Second Ministerial Meeting of the Human Security Network, Lucerne, Switzerland, May 11-12, 2000, http://www.dfait-marci.gc.ca/foreignp/humansecurity 참조.

부터의 자유(freedom from fear)"와 "궁핍으로부터의 자유
(freedom from want)"를 보장받아야 한다고 천명한 것은, 가장
최소한의 인간안보 요소, 즉 인권을 유린하는 행위를 저지르거나
방관하는 국가들에 대해 국가주권을 이유로 더 이상 국제사회의
개입을 거부할 수는 없다는 단호한 경고를 보낸 것이다.27)

2. 인간안보의 위협요인

인간안보 개념은 전통적 군사적 안보 위협요인 외에 인간 개개
인의 안위에 영향을 미치는 모든 정치 · 경제 · 사회적 사안을 안
보 위협요인으로 파악한다. 정치적 측면의 인간안보에 대한 위협
은 권위주의 통치체제의 지속이며, 정권의 정통성을 경제적 측면
에서만 찾으려고 하는 현상이라고 할 수 있다. 경제적 측면에서
인간안보에 대한 위협은 역시 빈곤의 심화이다. 빈곤으로부터의
탈피가 곧 삶의 질의 향상을 의미했고, 동아시아의 급속한 경제
발전은 경제안보의 급진전을 의미하기도 했으나, 1997년 경제위
기로 중산층이 몰락하고 빈익빈부익부 현상의 심화는 인간안보를
구조적 차원에서 위협하고 있다.

사회적 측면에서 인간안보에 대한 위협은 초국가적 범죄행위의
증가다. 일반적으로 초국가적 범죄(transnational crime)란 국
경을 초월하여 민간조직에 의해 자행되는 모든 범죄라고 할 수
있으며, 이러한 초국가적 범죄는 교통 및 도시의 발달을 통해 국
가간의 교류가 확대됨에 따라 그 형태가 국제화 · 조직화 · 대규모
화하는 양상을 보이고 있으며, 이러한 범죄로 인해 법질서와 사
회적 안정이 파괴되고 인간 개개인의 안전에도 심대한 위협을 가
할 수 있다는 점에서 인간안보에 대한 중대한 위협으로 간주되고

---

27) 이신화, <탈북자와 인간안보>, ≪계간 사상≫ 2001. 여름호, p.218
  에서 재인용

있다. 현재 나타나고 있는 초국가적 범죄의 유형으로는 국제조직 범죄 집단에 의한 불법이민, 마약거래, 조직범죄, 해적행위, 사이버 범죄 등을 들 수 있다. 이중에서 특히 인간안보에 직접적인 위협을 가하는 것은 국제조직범죄 집단이 불법이민이나 마약밀매 등에 조직적으로 개입하여 인간의 신체적, 정신적 안전을 위협하는 문제라고 할 수 있다.

그리고 환경 악화와 자원 부족 현상도 인간안보에 대한 중대한 위협으로 인식하게 되었고 국제적 협력방안을 적극적으로 모색하게 되었다. 과거에는 인간의 복지를 증진시키기 위한 목적에서 기술을 통해 환경을 길들이고 통제하는 "환경으로부터의 안보(security from the environment)"를 추구했었으나 이제는 "환경과 조화를 이루는 안보(security in harmony with the environment)"를 추구하게 되었다. 환경 악화와 자원 부족 등 환경문제는 인간의 생활에 직접적인 영향을 미친다는 점에서 인간안보에 대한 위협이 되며, 동시에 환경문제로 인해 국내적으로나 국제적으로 갈등이 유발될 수 있다는 점에서 국가 및 국제안보에 대한 위협이기도 하다.

마지막으로 대부분의 인간안보문제는 비군사적 문제이나 군사적 측면의 인간안보문제가 없는 것은 아니다. 안보의 개념이 넓게 정의되고, 그 중에서도 인간의 안위에 대한 위협이라는 측면에서 인간안보가 새롭게 강조하자 재래식 무기, 특히 소형무기와 대인지뢰문제가 주요 안보 위협요인으로 등장하게 되었다.28)

3. 인간안보 외교의 방향

아직도 동아시아의 대부분 정책결정자들은 전통적인 군사안보에 주된 관심을 기울이고 있다. 그러나 동아시아 경제위기의 안

---

28) 현인택, 앞의 글, pp.23~30.

보적 함의에 관한 논의를 진행하는 과정에서 경제위기가 단지 경제적 차원의 문제뿐만 아니라 정치, 사회, 군사비지출 등 복합적 차원에서 그 여파가 확산되었다는 데 공감대가 형성되고 있다. 또한 동티모르 독립과정에서 인권유린이 자행되어 인간안보의 중요성이 조명을 받게 되었다.

인간안보의 개념은 우리에게 다소 생소한 개념이나 안보개념의 범위가 더욱 확대되고 있는 추세이고, 기존의 정치·군사적 영역 못지않게 인간안보 문제에 대한 우리의 입장을 적극 개진하여 우리의 외교적 위상을 제고시켜 나갈 필요가 있다. 한국이 인간안보 외교를 수행하는 데 있어서 기본적으로 요구되는 사항은 한국이 경제위기를 극복하고 새롭게 달성하려고 하는 미래의 비전이 어떠한 철학적 기초 위에 설정되어 있는지를 보여주는 작업이 선행되어야 한다.

우리의 안보정책은 현실적으로 남북 대치상황으로 인해 정치·군사안보에 집중되어 있고, 한국에 대한 다른 나라들의 인식도 너무 '강성 권력(hard power)'만을 추구하는 나라라는 인식이 강하다. 북한과의 대결구도가 지속되는 한, 한국의 인간안보외교는 탈북자문제, 북한 내 인권문제 등으로 인해 구조적 한계를 떨쳐버릴 수 없으므로 한반도 냉전구조 해체를 위한 양자적, 국제적인 노력을 강화해야 한다.29)

우리 정부가 남북간 군사적 대결보다는 화해와 협력을 추구하는 대북포용정책을 이행하는 상황이고 '민주주의와 시장경제의 균형 추구' 논리를 실천해 나간다는 견지에서 볼 때, 동아시아 역내의 인간안보 문제에 대한 구체적인 아젠다를 제시하고 역내 협력

---

29) 탈북자 문제에 대해서는 이신화, <탈북자와 인간안보>, ≪계간 사상≫ 2001 여름호, pp.198~218 및 Shin-wha Lee, <Preventing Refugee Crisis : A Challenge to human Security>, *Asian Perspective*, Vol. 23, No. 1, 1999, pp.133~154 참조

분위기를 유도할 경우 국가 이미지를 제고시킬 수 있음은 물론
'연성권력(soft power)'의 추구를 통한 우리의 위상을 제고시킬
수 있을 것이다.30)

V. 안보개념 변화에 따른 우리의 안보정책 방향

1. 안보환경 및 안보개념 변화에 따른 신축적인 안보정책

안보정책을 수립하고 집행하는 데 있어서는 안보의 위협과 안
보의 대상을 우선 파악하는 것이 중요하다. 안보의 대상(objects
of national security)이란 국내외의 위협으로부터 국가가 안전
하게 보호해야 할 대상(가치)이 무엇인가 하는 것이다. 안보의
대상은 일반적으로 국가 목표(national goals)와 국가 이익
(national interests) 및 제반 사회적 가치(societal values)를
의미한다. 일반적으로 국가의 최대의 국익 또는 국가 목표는 국
가의 생존, 국가 영토의 보존, 자주독립주권의 보존, 정치체제와
민족문화 가치의 유지 그리고 국민의 안녕과 행복을 보장하는 것
이라고 말할 수 있다.

---

30) 현인택, 김성한, 앞의 글, p.16에서 재인용. '연성권력외교(soft
power diplomacy)'란 한 국가가 다른 나라로 하여금 유사한 가치와 의
제를 채택할 수 있도록 설득시킬 수 있는 힘을 증대시키기 위한 외교를
뜻한다. Joseph Nye는 그의 저서 ≪Bound to lead : The
Changing Nature of American Power≫ (New York : Basic
Books, 1990)에서 강성권력(hard power)의 중요성이 감소하는 반면
연성권력(soft power)의 중요성은 증가하고 있으며, 강성권력은 유형의
자원들과 군사적 내지 경제적 위협을 혹은 여타 행위자들의 행동에 직접
적으로 영향을 주게 되는 자극에 의존하는 반면, 연성권력은 문화, 이념
을 선별 흡수(Co-opt)시키는 무형의 자원들에 의해 의존한다고 주장하
였다.

그러나 안보환경의 변화에 따라서 국가 목표의 보장과 국가 이익의 추구방법은 탄력적으로 유연하게 가장 효율적인 방법으로 추구할 수도 있다. 오늘날 탈냉전, 탈이념의 화해협력 체제에서는 물론 특정 지역에서 국지적 분쟁이 없는 것은 아니지만 종래 정치, 군사안보에 우선적으로 관심을 집중했던 '상위정치'(high politics)에서 '하위정치'(low politics)로 관심을 돌리고 경제교류와 협력을 강화하는 협력안보의 중요성과 지역주의의 현상이 두드러지고 있다.

안보정책은 국제체제, 지역체제, 국가간의 관계 변화, 다시 말해서 주변 권력구조의 변화와 주변국들의 정책 변화에 따라 융통성 있게 구상되어야 하며, 또한 위협의 강도와 안보의 대상에 따라 탄력적인 대응전략이 적용되어야 한다. 오늘날 안보정책은 광의의 총체적이며 포괄적인 안보개념에 따라 군사정책, 외교안보정책이 고도의 조정과 통합을 통해서 효율적으로 그리고 탄력적으로 수행할 수 있도록 강구되어야 한다.

2. 대북 화해 · 협력정책과 안보개념

김대중 대통령은 출범 직후부터 대북정책 3원칙 가운데 하나로 '안보와 교류 · 협력의 병행'을 내세워 왔다. 서해교전에도 불구하고 금강산 관광사업을 중단시키지 않음으로써 오히려 남북 사이에는 이전보다 더 큰 신뢰가 형성되는 계기로 작용한 것이다. 이는 안보를 넘어서는 측면, 즉 포괄적인 남북관계의 개선이 안보위협을 감소시켰다는 증거가 된다. 안보와 교류 · 협력을 병행한다고 할 때, 정부의 안보개념은 아직 '일방적', '다다익선적' 안보개념에 입각해 있다. 그러나 2000년 6월 남북정상회담에서 군사적 긴장완화와 신뢰 구축이 합의되지 못했고 평화체제 구축은 아직 요원한 현실이라는 점에서 한반도에서 일방적 안보개념을 '협력안보'내지 '공동안보'로 바꾸는 것은 시기상조라 할 수 있다.

남북정상회담 이후 진전된 남북관계에 비추어 볼 때 일방적 안보개념에는 일정한 수정이 불가피하다. 무엇보다도 본격적인 화해·협력시대가 전개될 것을 대비하여 '안보와 교류·협력의 병행' 원칙에서 점진적으로 '안보와 교류·협력의 연계' 원칙으로 전환해 가기 위한 준비가 이루어져야 한다. 즉, '수동적 안보'에서 '능동적 안보'로, '일면적 안보'에서 '양면적 안보'로 이행하는 것이 과도기적인 준비작업에 해당할 수 있다.

안보와 교류·협력의 연계 원칙은 남북한이 상호 신뢰를 확립함으로써 상호 안보를 도모하는 '협력안보'로 나아가기 위한 과도기적 개념이 된다. 이처럼 과도기적인 단계로서 안보개념의 점진적 변화를 통해 장기적 과제로서 일방적, 다다익선적 안보개념이 '협력안보'로 전환될 수 있어야 장차 남북 기본합의서 이행 및 한반도 평화체제 수립 등이 가능해질 것이다. 여기에는 남북한 간 협력안보뿐만 아니라 미국과 북한 간 협력안보도 단계적으로 실현되어야 한다. 협력안보가 실현되어야 북한의 대남 강경자세에 대한 위협 인식은 상당히 해소될 수 있을 것이다.

한국의 대북정책은 보다 미래지향적일 필요가 있다. 안보와 화해 협력의 병행 추진은 '과도기의 이중성'을 고려한 현상유지적 담론이다. 안보의 강조는 북한의 체제 불안감을 자극시키고, 이것이 다시 남북관계 개선을 가로막고 있다. 따라서 경제 협력과 군사력의 압도적인 우위를 보이고 있는 한국이 보다 성숙한 자세로 냉전의 악순환 고리를 끊어야 한다. 비록 남북한의 군사적 긴장구조는 지속되고 있지만 남북한은 새로운 경제적 변화의 기회에 직면하고 있다. 남북한이 함께 번영할 수 있는 상호 호혜적 협력의 출발은 냉전시대의 군사안보 일변도에서 탈냉전시대의 포괄안보개념으로 전환할 때 가능하다.[31]

---

31) 김연철, <안보와 화해협력의 신사고>, 경향신문(2002년 8월 19일)

물론 장기적 과제가 되겠지만 협력안보도 지역 차원에서 실현될 때 가장 이상적이다. 남북한 사이의 협력안보는 미국과 북한 사이의 협력적 안보와 결합되어 남북한, 미국 3자 간의 '공통의 안보'로 이어져야 할 것이며, 여기에는 4자회담을 통해 중국이 포함되고 나아가서 일본, 러시아까지 포괄될 수 있을 것이다. 한반도 평화체제가 공통의 안보를 전제로 실현될 수 있을 때 이는 동북아시아 다자간 안보협력으로 이어질 수 있을 것이다.[32]

3. 남·북한 관계의 변화와 안보개념

포괄적 의미에서 미온적 진영대립을 유지해 왔던 동북아시아는 탈냉전 이후 다원적 국가 경쟁관계로 전환되면서 상호 의존관계가 심화되고 있는 가운데 군사안보정책이 경제적 이익의 향상을 위해 보완적 혹은 대립적이 되어가고 있는 현실이다. 이제 더 이상 안보의 대상이 정치·군사영역에만 국한될 수 없으며, 고도의 정치경제의 통합으로 '경제의 정치군사화' 경향을 띠고 있다.

한반도를 둘러싼 안보환경은 동북아질서 개편의 특징에 따라 안보의 대상과 내용, 폭에 있어서 현격한 변화를 보여주고 있다. 과거 남·북대화에서 현재 남·북 화해·협력과 평화통일로의 진전은 북한만을 안보 위협으로 간주했던 냉전적 사고와 전략에서 탈피하여 동북아 질서의 변화, 새로운 안보환경과 안보개념에 따라 안보정책의 변화가 요구되고 있다.[33]

남북한 화해·협력시대를 위한 새로운 안보 패러다임의 변화는 비군사적 안보 분야를 적극적으로 포괄하는 방향으로 국가안보의

---

32) 서동만, <남북 화해·협력과 안보개념의 변화>, ≪국방저널≫, 2002년 3월, pp.46~49.

33) 김동성, <2000년대를 대비한 국가안보정책 기조>, ≪신국가안보전략의 모색≫, (서울 : 세경사, 1993) pp.195~199.

개념을 변화시켜 나아가되, 결코 기존의 국가안보를 대체하는 것이 아니라 현실주의적 국가안보개념과 이상주의적 민족안보개념의 변증법적 종합을 통해 궁극적으로 인간안보의 실현을 위해 노력하는 것이 필요하다.34)

한반도 안보 상황은 시기별로 달라질 것이기 때문에 해당 시기에 적합한 다양한 안보개념을 요구한다. 특히, 궁극적으로 통일한국을 예상할 경우 안보 추세의 본질적 변화를 야기하기 때문에 현재 대북 중심의 안보정책에 대한 변화를 필요로 한다. 또한, 통일한국의 탄생은 동북아 안보환경의 심각한 변화 중의 하나로 주변국의 안보정책 대상과 내용의 변화를 수반하므로 이에 대한 지혜로운 대처가 요망된다. 또한 안보 요소가 군사적, 비군사적 분야까지 포함하며 상호 복잡하게 연계되어 있으므로, 다양한 안보 요소들을 체계적으로 파악, 대응하기 위한 종합적인 안보정책의 수립이 필요하다.

아울러 안보정책을 수립, 추진함에 있어서 우선 국가안보 목표의 우선순위를 분명히 설정하고 이에 입각하여 정책을 수립·추진해야 한다. 다시 말해서 안보정책은 군사안보와 비군사안보와의 연계성을 고려하여 종합적으로 구상되어야 하지만, 다양한 안보 요소들을 동시에 동등한 정책목표로 설정하여 정책을 추진하기는 어렵다는 것이다. 따라서 통일한국의 경우에도 통일에 따른 안보 요소들의 변화를 고려하되, 안보 위협의 주체, 대상, 긴박성 등을 신중히 평가하여 국가안보에 영향을 미치는 요인들에 대한 우선순위를 설정하고, 이에 따라 국가의 인원과 예산을 집중적으로 배정하는 방향으로 안보정책을 입안, 추진하여야 한다.35)

---

34) 김명섭, 앞의 글, p.43.
35) 박영규, <통일한국의 안보정책 방향>, 통일연구원 연구총서 (01-10), 2001, pp.7~9. 저자는 통일한국의 안보정책 추진 방향으로 ① 동맹 형성을 기축으로 한 안보 확보, ② 한·미동맹의 성격 및 역할 변화 추진, ③ 동북아 다자안보 협력체 형성 적극 추진, ④ 양자간 안보 협

외교력은 총체적인 국가역량의 함수이기 때문에 앞으로 우리나라의 외교역량은 우리의 민주역량과 경제역량에 따라 힘을 발휘하게 될 것이다. 앞으로 우리는 우리의 외교력을 강화하여 주변 4강이 공동의 규범에 충실하고 동아시아의 안정 유지에 협력하며 세계질서 유지를 위하여 경쟁적이나 협력적인 동반자 관계를 유지하도록 최선의 노력을 기울여야 한다.[36]

력 증진, ⑤ 통일한국에 적합한 군사 혁신 추진을 제시하고 있다.

36) 홍순영 전 외교통상부 장관은 독선적인 민족주의를 벗어나 보편적 세계주의를 지향해야 하며 주인의식을 갖고 국가경쟁력 증대를 위한 창조적 외교의 전통을 쌓아야 한국의 외교력이 강화된다고 주장한다(조선일보 2002년 8월 20일자).

참 고 문 헌

1) <21세기 아·태지역의 안보환경과 새로운 안보 위협>, 외교통상부 안보정책과 연구용역보고서, 1999.8.

2) 현인택, <인간안보와 한국 외교: 인간안보의 쟁점과 인간안보 외교의 모색>, 외교통상부 연구용역보고서, 1999.12.

3) 이상균, <동북아 다자안보 협력체제 구축방안: 유럽의 경험과 한국의 선택>, ≪국가전략≫, 1997년 봄·여름호.

4) 한동만, <동북아 다자안보 협력의 현황과 전망>, 외교통상부 집무자료 (98-2), 1998.

5) 서동만, <남북 화해·협력과 안보개념의 변화>, ≪국방저널≫, 2002.3.

6) 김동성, <2000년대를 대비한 국가안보정책기조>, ≪신국가 안보 전략의 모색≫, 세경사, 1993.

7) 박영규, ≪통일한국의 안보정책 방향≫, 통일연구원 연구총서 (01-10), 2001.

8) 김국진, ≪포괄적 안보개념과 한·미 유대강화를 위한 정책 방향≫, 외교안보연구원 정책연구 시리즈(90-04), 1990.

9) 김연철, <안보와 화해협력의 신사고>, 경향신문(2002.8.19.)

10) 조명현, <현대국방안보개념과 체계적 안보 분석틀>, 충남대학교 사회과학논총 제7권, 1996.12.

11) <국가안보에 대한 새로운 시작>, 안보총서 85, 국방대학원 안보문제연구소 1999.11

12) 김태현, <동북아 다자안보협력체 구상 : 그 이상과 현실>, ≪국제안보≫ 2000.4.

13) 김국진, <동아시아의 평화질서>, ≪21세기 동아시아와 한국-부상하는 새지역질서≫(1998년, 여름)

14) 김명섭, <국가안보, 인간안보, 민족안보 : 남북한 화해·협력시대를 위한 새로운 안보 패러다임의 모색>, ≪정책연구≫ 통권 제137호, 2001년 봄·겨울 합본호.

15) 이신화, <탈북자와 인간안보>, ≪사상≫ 49(2001, 여름)

16) 현인택, 김성한, <인간안보와 한국외교>, ≪IRI 리뷰≫, 제5권 1호, 2001.3.

17) Kim Tae-hyo, <Limits and Possibilities of ROK-U.S.-Japan Security Cooperation: Balancing Strategic Interests and Perceptions>, *The Korean Peninsula and Security Cooperation After Terrorism, IFANS Review*, Vol. 10, No. 1, July 2002.

18) ≪National Security≫, in *International Encyclopedia of the Social Sciences*, ed. by David L. Sills(The Macmillan Company & The Free Press, 1980).

19) David A. Baldwin, <The Concept of Security>, *Review of International Studies*(1997).

20) Han Dong-man, <Terrorism and its impact on East Asian Security: A Korean Perspective>, *The Korean Peninsula and Security Cooperation After Terrorism*, IFANS Review, Vol. 10, No. 1, July 2002.

21) Barry Buzan, <New Patterns of Global Security in the Twenty-first Century>, *International Affairs*, July 1991.

22) B. Carter. W.J. Perry and J.D. Steinbunner, A New Concept of Cooperative Security(Washington D.C: The Brookings Institution, 1992) C.M. Kelleher, <Cooperative Security in Europe>, J.E. Nolan ed., *Global Engagement: Cooperation and Security in the 21st Century*(Washington D.C: The Brookings Institution, 1994)

23) Roland Paris, <Human Security>, *The International Security*, Fall 2001.

24) Oliver Richmond, <Human Security, the 'Rule of Law,' and NGOs: Potentials and Problems for Humanitarian Intervention>, *Human Rights Review*, Vol. 2, No. 4, July-September 2001.

25) Astri Suhrke, <Human Security and the Interests of States>, *Security Dialogue*, Vol. 30, No. 3(September 1999).

26) Tatsuro Matsumae and 1.C. Chen, eds., Common Security in Asia: New Concept of Human Security(Tokyo: Tokai University Press, 1995).

27) Lloyd Axworthy, <Canada and Human Security: the Need for Leadership>, http://www.dfait-maeci.gc.ca

28) Ramesh Thakur, <From National to Human Security> in Stuart Harris & Andrew Mack, eds., *Asia-Pacific Security: The Economics-Politics Nexus*(Allen & Unwin, 1997).

29) United Nations Development Programme, *Human Development Report*, 1994(New York: Oxford University Press, 1994).

30) Joseph Nye, Bound to lead : *The Changing Nature of American Power*(New York : Basic Books, 1990)

31) Andrew Mack, <Multilateral Security Dialogue for Northeast Asia : problems and prospects>, a paper presented at the <Forming Multilateral Security Regions in Northeast Asia : Opportunities, Constraints, and Options>, Conference hosted by the Asia-Pacific Peace Foundation in Seoul on October 10, 1994.

32) Sung-Han Kim, <Human Security and Regional Cooperation in the Asia-Pacific>, *Korea and World Affairs*, Vol. XXII, No. 1, Spring 1999.

33) Shin-wha Lee, <Preventing refugee Crisis : A Challenge to Human Security>, *Asian Perspective*, Vol. 23, No. 1, 1999.

34) Jong Chul Choi, <Transformation of National Notion of Security in Korea>, *Korea and World Affairs*, Vol. XXV, No. 2, Summer 2001.

제4장 다자주의와 다자안보 협력

다자주의와 다자안보 협력

한 동 만

I. 서 론

탈냉전시대의 도래에 따른 글로벌 차원의 국제환경의 변화, 즉 세계질서의 다원화 및 국제사회의 다극화, 경제적 비중 및 상호의존 증대, 하이테크 시대의 도래와 첨단기술의 전략적 가치의 제고 등에 따라 안보환경이 변화하고 있다. 탈냉전시대의 도래에 따른 안보환경의 전환기적 변화는 역내 국가들로 하여금 새로운 안보 패러다임을 모색토록 하고 있다.

냉전시대에는 안보의 개념이 통상적으로 군사안보를 지칭하였으나, 냉전 이후 시대에는 군사적 안보뿐만 아니라 정치·경제·사회적 측면을 망라하는 포괄적 안보(Comprehensive Security)개념으로 변하고 있다. 동북아지역에는 한반도 문제, 대량파괴무기 확산문제, 영토 분쟁 가능성 등 불안정 요인이 상존하고 있을 뿐만 아니라, 테러, 환경오염과 같은 새로운 안보 위협 요인이 증가하고 있다.

특히, 9.11 테러 이후 탈-탈냉전(Post Post-Cold War Era)의 시대에 유일한 초강대국인 미국도 불량국가 및 테러집단이 가하는 비대칭적 위협에서 완전히 자유로울 수 없으며, 테러집단이나 불량국가들이 대량파괴무기를 획득하거나 컴퓨터망을 파괴시킬 수 있는 비대칭적 위협에 대응하기 위해 국제공조 필요성이 점증하고 이에 따라 협력안보(Cooperative Security)의 중요성이 증가하고 있다.

냉전 종식 후 동서진영 간의 대결이 해소됨에 따라 양자간 동맹관계의 중요성이 상대적으로 약화되는 가운데 안보, 경제, 환경 등 각 분야의 국가간 협력에 있어서 다자주의(multilateralism) 방식이 크게 증대하고 있다.

이 글에서는 다자주의라는 개념의 구체적인 의미를 알아보고 다자주의를 바탕으로 한 다자 협력의 의미와 논리, 그리고 동아시아지역에서 다자안보 협력의 필요성과 유용성을 유럽의 경우와 비교하여 살펴보고자 한다. 아울러 동북아지역에서 다자안보 협력의 필요성과 역할을 검토한 후, 동북아 및 한반도에서의 다자안보 협력 가능성을 모색해 보고자 한다.

Ⅱ. 다자주의의 본질

1. 양자주의와 다자주의의 의미

양자주의(bilateralism)와 다자주의(multilateralism)는 일반적으로 모두 국제사회에서 국가간 문제를 해결하거나 조정(coordinate)해 나가는 방식을 의미하는데, 양자는 공통적으로 국가간 협력과 조정을 전제로 하지만 여러 가지 측면에서 대조적이다. 양자주의는 다자주의와 달리 일반적으로 ① 차별적(discriminative)이거나 배타적이며, ② 한시적인 경우가 많고, ③ 구체적인 호혜성(specific reciprocity)에 기초를 두고 있다는 특징을 가지고 있다.[1]

---

1) 김용호 <양자주의와 다자주의 : 동아시아의 현황과 전망>, 환동해권 협력의 국제정치경제 세미나보고서, 1998.1. 외교안보연구원, pp.9~10.

한편, 국가간 관계를 조정해 나가는 또 다른 방식인 다자주의
는 일반적으로 두 가지 의미로 사용되고 있다. 첫째, 다자주의란
"3개 이상의 국가들이 집단적으로 국가정책을 조정해 나가는 것"
을 의미하는데, 이를 흔히 명목적 의미의 다자주의라고 한다.[2]

그런데 다자주의를 이러한 측면에서 정의하는 경우 외교나 국
가간 협력의 형태에만 치중하여 다자주의가 가지고 있는 질적인
측면을 간과하게 된다. 따라서 다자주의를 "3개 이상의 국가들이
어떤 원칙, 규범, 또는 국제적인 기준을 만들어 나가면서, 이에
따라 국가정책을 상호 조정하는 것"이라고 정의하는 것이 바람직
하다. 이를 흔히 실질적 의미의 다자주의라고 한다. 이러한 정의
에 입각한 다자주의는 양자주의와 크게 구별된다.[3]

다자주의의 특징은 ①일반화된 비차별성 행위 원칙(gene-
ralized non-discriminatory codes of conduct) ② 관련된 가
치의 불가분성(indivisibility of values) ③ 포괄적 호혜성
(diffuse reciprocity)이라고 할 수 있다. 특히 강조해야 할 사
항은 포괄적 호혜성으로, 흔히 양자주의의 특징이라고 할 수 있
는 구체적 호혜성(specific reciprocity)과 구분된다.

포괄적 호혜성에 대한 기대가 관련 국가간에 공유될 때 협력의
가능성은 크게 높아진다. 다자간 협력은 바로 포괄적 호혜성에

---

2) Robert O. Keohane, <Multilateralism : An Agenda for
Research>, *International Journal*, 45, (Autumn, 1990) p.731
참조

3) James A. Caporaso, <International Relations Theory and
Multilateralism : The Search for Foundations>, John
Ruggie(ed.), *Multilateralism Matters*(New York, Columbia
University Press, 1993), p.53. 러기(John Gerard Ruggie)와 카
포라소(James. A. Carporaso)는 세계 질서의 조직 양태를 크게 제국
주의, 양자주의, 다자주의로 분류하고 있다. 최진우, <다자주의 국제질
서의 형성과 국제정치 연구의 분석 수준>, 정진위 외 ≪새로운 동북아
질서와 한반도≫(서울 : 법문사, 2000), p.54에서 재인용

대한 기대에 기초를 두고 있으므로 다자간의 틀 속에서 여러 가지 의제에 관하여 포괄적 해결이 가능해진다.4)

'다자적 제도(multilateral institutions)'와 '다자주의의 제도(the institution of multilateralism)'란 각기 다른 현상을 지칭하는 것으로, 전자가 공식적인 조직 형태에 주안점을 두는 반면 후자는 국가간의 관계가 어떻게 조직화되는가 하는 좀더 실질적인 맥락을 다루고 있다. 일반적으로 '다자간(multilateral)'이라는 용어는 국제체제 내에서 다수국으로 하여금 특정 문제에 대해 상호 협의 또는 공동 행동을 취하도록 권유·규율하는 공식 또는 비공식적인 약속과 협정의 총체를 뜻한다. 다자주의 실현이란 '불가분성', '일반화된 행위 원칙', 그리고 '포괄적 상호성'이라는 속성이 세계적 또는 지역적으로 공유되고 제도화되어지는 것을 뜻하게 된다.5)

다자주의란 일방주의(unilateralism)와 양자주의(bilateralism)와 대비되어 단순하게 행위자의 수적인 차이를 나타내는 것을 넘어서서 국제정치에 있어서 일정한 이론적 입장을 대변한다고 볼 수 있다. 다자주의의 현실적 형태와 이상적 형태의 논의에 있어 주목해야 할 또 다른 점은 그것이 갖는 패권적 측면이라고

---

4) 김용호, 앞의 글, pp.11~14.

5) 'multilateral'과 'multilateralism'의 차이에 대해서는 Lee Seo-hang, <Security Cooperation in East Asia : Multilateralism vs Bilateralism>, IFANS Review, Vol.7 No.1 June 1999 ; Brian Job, <Matters of Multilateralism : Implications for Regional Conflict Management> In David A. Lake and Patrick M. Morgan, eds., *Regional Orders : Building Security in New World* (University Park, PA : Pennsylvania State University Press, 1997), pp.165~191 ; John G. Ruggie, <Multilateralism : The Autonomy of an Institution>, *International Organizations* 46 (Summer 1992), p.574 참조

할 수 있다. 다자주의적 질서가 그 정의와는 달리 특정한 패권국가의 존재에 의해 규정된다고 보는 입장과 해당 국가들의 직접적인 참여와 이해관계의 다원적인 조정의 결과로 질서가 형성되어야 한다고 보는 입장이 대별되는 것이다.

국가간 체제의 구성 형태나 한 국가의 정책적 목표로서의 다자주의가 얼마만큼의 보편성을 가지고 추진되었는가 하는 점에 대해서도 많은 이견이 대두될 수 있다. 예를 들어 냉전기의 팍스 아메리카나(Pax Americana)에 있어서도 대서양은 다자적 방식으로, 그리고 태평양은 양자적 방식으로 협력 양태가 각기 다르게 구성되었고, 탈냉전기의 다자주의의 세계적 적용에 있어서도 각각의 지역적 수준과 쌍무적(양자적) 수준의 역동성은 아직까지 차별적으로 병존하고 있다. 또한 미국의 대외정책의 전개도 사실상 일방주의, 양자주의, 지역주의, 보편적인 다자주의를 전략적으로 혼용하고 있는 모습을 보여주고 있다.6)

2. 다자안보 협력의 의미와 기능

다자안보 협력의 일반적 의미는 지역 내 다수 국가간 정치·외교·군사· 경제·사회·문화 등 제분야의 현안들을 협의하여 분쟁 요인을 사전에 제거하고 나아가 분쟁 예방과 분쟁의 평화적 해결을 도모하는 협력안보(cooperative security) 논리를 말한다. 다자안보 협력(multilateral security cooperation)의 의미는 다양한 분야를 대상으로 협력을 강조함으로써 기존의 집단안보(collective security), 집단방위(collective defence) 개념과는 차이가 있다.7)

---

6) 신욱희, <다자주의의 동아시아·적용의 문제>, ≪한국과 국제정치≫, 제13권 제1호, 1997. 봄·여름호, pp.243~250.
7) 다자주의에 기초한 집단안보기구 설립의 효시는 제1차 세계대전 이후

집단안보는 참여국의 자격과 범위에 제한이 없고 기존 질서의 고정화·제도화를 목적으로 하는 현상 유지적 성격이 강하며, 조직내 구성원들의 위계질서 또한 수평적인 성격을 띠고 있다는 점에서 지역 차원에서 필요로 하는 실질적인 집단안보기구로서 그 효용성에 한계가 있다. 또한 다자안보 협력은 외부로부터의 무력 공격에 대항하기 위하여 개별적 차원을 넘어 집단적 차원에서 방어동맹을 구성하고자 하는 집단방위(collective defense) 개념과 구별된다.8)

다자안보 협력의 군사 분야인 군비통제(arms control)와 정치 분야인 평화적 해결(peaceful settlement)은 개념상 집단방위로부터 집단안보, 협력안보 전반에 걸쳐 가능하나, 군비통제는 대결 영역이 협력 영역보다 클 때부터 중요시되며, 평화적 해결은 협력 영역이 대결 영역보다 우세할 때 비로소 가능해진다. 아울러 군비통제는 군사적 안정 분야에, 분쟁의 평화적 해결은 정치적 안정 분야에 기여한다.9)

다자간 안보대화 및 협력안보의 가장 중요한 목표는 역내 국가들이 주요 관심사들에 대해 의견을 교환할 수 있는 채널을 확보하는 것이며, 상호 안심(mutual reassurance)의 정도를 증대시켜 나가는 것이다. 각국 대표들이 모여 안보대화체제를 통해 정보 교환 및 상대방의 의도를 명확하게 파악할 수 있다면 그것은 국가활동의 투명성 증대와 분쟁 발생을 사전에 방지하는 예방외교의 차원에서도 매우 중요한 의미를 갖는 것이다. 다자안보는 분쟁 발발 후의 대처보다는 예방외교에 중점을 두며, 침략행위를

세력균형(balance of power)으로 상징되는 구질서를 대체하기 위해 고안된 집단안보라고 할 수 있다.
8) 이상균, <동북아 다자안보 협력체제 구축방안 : 유럽의 경험과 한국의 선택>, ≪국가전략≫, 1997년 봄·여름호, p.181
9) 이원우, <지역다자안보협력 현황과 우리의 대응방향>, ≪한반도 군비통제≫, 1998.8. 국방부. pp.161~162.

규제할 법적 구속력이 없고 군사적 강제력이 원칙적으로 배제된
다는 점에서 집단안보와 성격을 달리한다.10)

협력안보개념을 근거로 한 다자안보 대화 또는 다자안보 협력
은 개개 국가가 동등한 권리를 갖고 모여 상호 이익의 차원에서
공동으로 적용되는 규칙 및 제도를 창출하는 과정의 출발체로 대
화의 습관화에 우선적 목표를 두고 있다. 결국 다자안보 협력은
일단 제도적 장치로 형성되면 ①그 제도적 관성 때문에 보다 안
정적으로 유지되고, ②일반화된 원칙에 근거하기 때문에 특정한
이해관계나 상황적 고려에 근거한 제도보다 탄력적으로 상황 변
화에 상응할 수 있으며, ③국제관계를 규율하는 장치이자 국가간
갈등이 표출되고 조정되는 "투쟁과 설득과 조정의 장(場)"으로서
기능하여 그 자체의 안정성을 유지하는 장점을 가지는 것으로 평
가되고 있다.11)

국가간 다자안보 협력의 발전과 나아가 다자안보 협력레짐(체
제) 형성의 요체는 결국 관련 국가들간 협력의 의지와 그 실천에
있다. 국가간 협력은 상호 정책의 조정을 통한 공동 이익의 실현
을 말하며, 공동 이익을 실현하기 위해 적극적으로 노력하는 협
동(collaboration)과 공동의 손해를 회피하기 위한 소극적인 조
정(coordination)을 포함한다.

다자안보 협력이란 관련 국가간 이해상충의 소극적인 조정을
넘어 공동 이익의 실현을 위한 적극적인 협동이 이루어질 때 보
다 실효성이 제고될 수 있다. 지역안보를 위한 다자안보 협력이

---

10) Andrew Mack, <Security Cooperation in Northeast Asia :
Problems and Prospects>, *Journal of Northeast Asian
Studies*, Vol. XI, No. 2, Summer 1992, pp.31~32.
11) 김태현, <동북아 다자간 안보협력체의 구상>, 《지역연구 논총》 제
6집(한국 지역연구협의회, 1994), pp.37~38. 역사적으로 존재한 가장
오래되고 또 성공적인 다자안보 협력의 예는 19세기 초 나폴레옹전쟁 이
후 존재하였던 유럽협조체제(Concert of Europe)이다.

제도화되기 위해서는 관련국이 제도에서 요구하는 정책조정의 결과로 얻는 이득이 그렇지 않은 경우보다 유리하다고 믿어야 하며, 그러한 믿음이 관련국 모두에 의해 공유되어야 한다.

기존의 경험적 연구들의 검토·분석에 근거할 때, 다자안보 협력의 성립 및 제도화가 이루어지기 위한 이론적 명제를 다음과 같이 제시할 수 있다.

첫째, 관련 국가간 긴장이 완화될수록 안보 협력의 가능성이 높아지고, 안보 협력 및 레짐 형성을 위한 협상의 타결 가능성이 증대된다.

둘째, 방위동맹체 내에서 어느 한 강대국의 리더십이 강해질수록 안보레짐의 협상은 타결 가능성이 증대된다.

셋째, 의제와 관련한 협상자들의 가치관이 동질적일수록 안보레짐의 협상이 타결될 가능성이 증대된다.

넷째, 국가이익간의 괴리가 클수록 안보레짐 협상 타결의 가능성이 저하된다.

다섯째, 군비경쟁이 가속화될수록 안보레짐의 형성 가능성이 증대된다.

여섯째, 군사비 지출에 의한 경제 부담이 높아질수록 안보레짐의 형성 가능성이 증대된다.

일곱째, 협상국들의 이해관계가 첨예하게 대립될 때, 다양한 이슈간의 연계는 안보협력레짐의 형성 가능성을 증대한다.[12]

구체적으로 다자안보는 참여국들간의 지속적 대화와 협의 과정을 통한 신뢰(및 안보) 구축 조치를 주요 수단으로 하여 안보문제에 대한 다자 협력체제의 창설을 통한 안정적인 정치환경의 창출을 도모하는 일련의 과정으로 이해할 수 있다. 반면에 쌍무안보동맹은 당사국과 관련한 전쟁의 발발을 억지하고 어느 일방이

---

12) 박영호, <통일과정 및 통일 후 한반도 다자안보 협력 방향>, 통일부 정책 보고서, 1999.7., pp.56~57.

위급한 경우 동맹관계에 있는 상대방이 적극적 지원을 제공함을
원칙으로 맺어진 양자간 안보관계이다.13)

3. 다자간 안보 협력레짐의 역할

협력안보의 개념을 근간으로 하는 다자간 안보 협력레짐은 참
여국의 공동 관심사를 개발하고 이에 대한 논의를 통하여 역내
국가간의 대화의 습관화(habit of dialogue)를 도모하고, 공통
규범의 공유를 추구하며, 국가 행동양식의 예측 가능성을 제고시
킴으로써 분쟁의 사전 예방을 꾀하고자 하는 것이다. 다자간 안
보협력레짐은 대체로 다음과 같은 역할 및 기능을 수행한다.
　첫째, 역내 안정과 평화를 위한 사전 예방을 위하여 지역분쟁
의 원인이 될 수 있는 다양한 안보 영역, 즉 군사적 위협뿐 아니
라 정치, 경제, 사회, 환경, 테러, 마약, 첨단기술 등 다양한 안보
영역에 대해 협의가 이루어지도록 한다.
　둘째, 그와 같은 포괄적 협의를 통하여 역내 안보의 불확실성
을 감소시키고, 또 역내 국가간 안보 협력을 촉진시킬 수 있는 공
동의 안보정책 과제를 개발하며, 공동의 안보 영역이 확대되도록
한다.
　셋째, 안보의 상호 의존 및 상호 신뢰의 증대를 통하여 경제,
문화 등 여러 분야에서 국가간 상호 의존과 통합이 촉진·강화되
도록 한다.
　넷째, 역내 국가들의 군사력 및 국방정책에 대한 '토론의 장'을
제공하고 정기적인 군사정보의 교환 및 군 인사의 교류를 주선함

---

13) 럼스펠드 미 국방장관이 언급한 대로 냉전시대에는 동맹(alliance)방
　식이 적대 세력에 대한 효과적인 억지수단이었으나, 초국가적 범죄 등장
　으로 안보 위협의 상황과 전개 양상에 따라 동맹의 성격이 순환적으로
　변하고 느슨한 구심력을 갖는 순환적 연합(revolving coalition)방식으
　로 변하고 있다.

으로써 역내 국가들의 군사력 및 국방정책의 투명성을 제고시키고, 군사적 신뢰가 축적되도록 한다.

다섯째, 그와 같은 운용적 신뢰 구축과 더불어 구조적 군비통제의 실현이 추구되도록 한다.

여섯째, 분쟁 방지를 위한 예방외교의 수행을 위하여 사실 조사 활동(fact finding)이 시행되도록 한다.14)

요컨대, 국제레짐은 국가간 협력을 촉진시키는 매개변수(intervening variable)의 기능을 하므로, 다자간 안보 협력레짐은 참가국들이 주어진 안보 영역에서 기대하는 효과를 달성할 수 있도록 조정하는 역할을 하는 것이다. 즉, 다자간 안보 협력레짐은 참가국들의 기대를 조정함으로써 다자간 안보 협력을 제도화시키는 데 일조하는 역할을 하는 것이다.15)

지역 다자안보 협력은 역내 국가들간의 분쟁 방지, 예방외교, 위기관리, 분쟁의 평화적 해결에 기여하는 데 이바지함으로써 화해와 협력의 순리를 보편화시키는 중요한 기능으로 정착되어 가고 있다.

탈냉전 이후 등장한 다양한 안보 위협요인들은 이른바 지역적 평화체제 수립의 필요성을 더욱 강조하는 계기가 되었다. 즉, 밀수와 마약, 환경오염, 대량파괴무기 확산, 영토분쟁, 군비경쟁, 종교갈등 등 국제적인 안보 불확실성이 증가하는 한편, 중국과 일본의 패권경쟁 추세가 당사국의 부인에도 불구하고 주변국의 불안을 야기하고 있고, 북한의 경우 핵과 생화학무기 등 대량파괴무기 개발 및 수출, 갑작스러운 체제 붕괴 혹은 경제난을 타개하기 위한 모험적 행위의 가능성 등에 대한 주변국의 우려가 점

---

14) 배정호, <21세기 한국의 국가전략과 안보전략>, ≪연구총서≫ 2000-19, 통일연구원

15) Robert O. Keohane, *After Hegemony: Cooperation and Discord in the World Political Economy* (Princeton: Princeton University Press, 1984) 참조.

증하고 있어 다자간 안보대화와 협력에 기초하여 이러한 문제들을 평화적으로 예방 또는 해결해야 할 당위성과 필요성은 더욱 높아가고 있다. 한편, 이러한 문제들은 집단안보(collective security)와 집단방위(collective defense) 등 과거 냉전시대적 안보구도에서 해결을 기대하기 곤란하다는 특징을 지니며, 바로 그런 이유로 과거와는 다른 새로운 차원의 안보 유지수단이 요청되어 다자안보 협력이라는 형태로 활성화되기에 이른 것이다.

변모하는 안보환경 속에서 과거와 같이 세계경찰 역할보다는 국내문제 해결에 더욱 치중해 주기를 바라는 여론의 압력 때문에 미국이 각종 국제적 안보 현안에 능동적으로 개입을 자제하게 된 것도 결국 문제를 짊어진 당사국들이 안보 현안에 대한 쌍무적, 다변적인 활발한 논의를 통해 적극적으로 해결책을 모색할 수밖에 없다는 인식이 확산되는 계기가 되었다. 이리하여 탈냉전 신 국제질서 속에서는 국제문제의 다자간 해결방식과 경제를 중심으로 한 지역통합 추세의 연장선상에서 안보 분야에 있어서도 유사한 해결책을 모색하려는 분위기가 확산되기에 이르렀다. 평화유지활동(PKO)의 확대와 같은 UN의 기능 활성화, 유럽연합(EU), 북미자유무역협정(NAFTA), 아태경제협력체(APEC), 동남아국가연합(ASEAN) 등 각종 지역기구의 활성화, 아세안지역안보포럼(ARF)과 같은 다자안보 협력대화체의 활성화 등이 그러한 사례에 해당한다.

다자간 안보대화와 협력은 안보분야에서뿐만 아니라 난민, 식량, 환경, 마약문제 등 새로운 형태로 다양하게 전개되는 비재래식 안보 위협에 대처하는 효과적 방안으로 그 효능이 기대되고 있다. 국가간 안보 이익이 다른 어느 지역보다 첨예하게 상호 교차하는 아시아·태평양지역에서 각국의 안보 현안이 공개적으로 활발하게 논의된다는 사실 그 자체는 갈등이 심화되지 않도록 예방할 수 있는 진보된 국제평화 조성방안의 하나로 평가될 수 있다. 1990년대 초반에 비해 현재 다자안보 대화는 다양한 형태로 추진방안이 모색되는 한편 참여하는 국가들의 수도 많이 늘어났으며, 그러한 발전 추세는 앞으로도 당분간 지속될 전망이다. 사실상 탈냉전 신국제질서에서 발생하는 다양한 안보 위협요인들을 해결하기 위한 방법이 마땅치 않은 상황에서 다자안보 대화야말로 우리가 기대를 가지고 발전시켜 나가야 할 소중한 실험이다.16)

4. 다자안보 협력의 한계와 유용성

그러나 다자안보 협력을 추진할 경우 아래와 같은 제약요인을 극복해야 한다. 첫째, 특정 문제 중심의 지역협력체는 이해관계를 공유하는 구성국의 대화와 협의에서의 유연성과 합의과정의 단축을 전제로 하고 있으므로, 구성국들 중 일부가 경직된 태도를 보일 때 협력의 과정이 정체될 수 있는 취약성이 있다. 둘째, 그 한시성 때문에 문제해결 즉시 협력체의 해체나 약화가 우려되고, 셋째, 소지역의 문제와 쌍무적 문제 및 지역문제의 구별이 용이하지도 않고, 넷째, 경우에 따라서는 쌍무적 사안에 대해 양자간 노력의 과정이 생략된 채 소지역 안보대화에 전이될 경우, 이는 문제의 해결을 지연시킬 가능성이 있으며, 다섯째, 안보적 현안이 소지역의 문제로 상정된다고 해서 쉽사리 최선의 해결책이 모색될 수 있다는 보장이 따르는 것은 아니라는 점이다.17)

쌍무적(양자간) 안보관계와 더불어 다자안보 협력체제가 점진적으로 도입되고 있는 과정이 우리가 동아시아에서 목도하는 안

---

16) 엄태암, <한반도 안보와 동북아 6자회담 - 가능성과 실효적 추진방안을 중심으로>, 《국방정책연구》, 1999년 여름호, pp.218 및 244.
17) 조준래, <동아시아의 안보관계 : 쌍무주의와 다자주의의 상호보완>, 《국방논집》 제40호, 1997년 겨울, pp.235~236.

보 협력의 신구조적 틀의 모습이다. 양자주의와 다자주의 중 어느 한편에 전적으로 의존한 안보관계 또는 어느 한편이 다른 한편을 완전히 대체하는 안보관계는 향후의 동아시아 안보 협력체제에서는 형성되기 어려울 것이다. 이는 안보적 양자주의의 강력한 문제해결능력과 다자주의의 집단적 전쟁 억지력의 유인 중 어느 하나를 포기하기에는 역사적 관성과 성공적 사례의 교훈이 공존하고 있는 데에서도 잘 드러나고 있다.

탈냉전 이후 그 대안적 가치가 더욱 부각되고 있는 다자간 안보 협력이 동아시아에 주는 혜택은 적지않으나, 그 한계 또한 분명히 인식해야 한다. 아세안지역안보포럼(ARF : ASEAN Regional Forum), 아시아·태평양 안보협력이사회(CSCAP : Council for Security Cooperation in Asia-Pacific) 또는 동북아협력대화(NEACD : Northeast Asia Cooperation Dialogue)와 같은 다자간 안보포럼은 역내의 잠재적 안보문제를 토의하고 예방외교 차원의 신뢰 구축방안을 도출하기 위한 유용한 수단이 될 수 있으나, 이미 발생한 위기를 직접 해결하는 데에는 적합하지 않다. 오히려 임시 동맹체나 문제해결 지향적인 결성체 - 예를 들면, 걸프전 당시의 사막의 폭풍작전에 참여한 동맹군 - 등이 더 활용가치가 높을 수 있다. 다자간 접근은 탄력적인 의제설정 및 권고의견 도출에 대한 합의를 바탕으로 하고 있어서 협의와 협상에는 비교적 문제가 적으나, 급박한 현안 해결에는 순발력이 상당히 뒤진다는 난점을 지닌다. 그러나 바로 이런 측면에서 양자적 조치가 그 가치와 적실성을 보완적으로 발휘할 수 있는 것이고, 양자적 안보협력이 창출한 유용한 선례와 압력이 다자간 기구의 순항에 큰 촉매제 역할을 하게 될 것이다.18)

미국은 9.11 테러 이후 일방주의를 보완하는 차원에서 유엔,

---

18) Ralph Cossa, <Bilateralism versus Multilateralism : An American Perspective>, pp.21~23.

지역기구 등 다자협력에 관심을 표명하고 있으나 다자협의체의 의사결정 지연 등 비효율성을 감안하여 다자협력을 통해서는 대테러 국제연대 등 제한적 범위에서 추구하고 대테러 전쟁 수행 과정에서 전통적인 동맹국만이 미국 요청에 대해 실질적인 도움을 줄 수 있다는 점에서 기존의 동맹국 중시 외교를 지속할 것으로 예상된다.

제도화된 다자안보 협력은 위기나 침략을 회피하기 위한 신뢰 구축방안의 마련에서 진가를 발휘한다. 또한 난민문제, 환경문제 등 최근에 부각되고 있는 신안보 관심사에 범지역적인 차원에서 조망하고 대처할 수 있는 길을 제공한다는 점에서 단순한 양자관계가 갖는 제약을 보완하는 순기능을 하게 된다. 그리고 다자간 제도는 그 형성이 어려운 만큼 일단 형성이 되고 나면 제도적 관성 때문에 좀더 안정적으로 유지될 가능성이 크다.

다자간 안보 협력은 여러 이유로 양자간 대면이 어려운 국가들 간에 자연스러운 대화 채널을 제공한다는 장점을 지닌다.19) 다자 안보 협력체는 역내 신뢰와 이해를 증진시킨다는 의미에서 그 존재 자체가 신뢰 구축방안이 될 수 있다. 다자간 대화의 과정은 참여자간의 이해를 증진시켜 분쟁 위험을 감소시키는 작용을 한다.

다자간 포럼은 또한 지역국가들이 자국의 신정책이나 전략을 비공식적 대화를 통해 타 참여국들에게 우회적으로 제시하여 의사를 타진해 보는 장을 제공한다. 비정부조직 또한 그들의 견해를 표출할 수 있는 적절한 기회를 다자간 포럼에서 갖게 된다. 그리고 역내 다자간 경제협력의 심화에 따른 상호 의존성의 증대는 안보적 다자 협력에 적지 않은 순기능으로 작용할 수 있다.

---

19) 예를 들면, 지난 수년간 APEC 정상회의에서 클린턴과 장쩌민의 수차례 회동은 천안문 사태 이후 상호 방문에 의한 두 정상 간의 직접 대면이 정치적으로 어려운 시점에서 양국간 이해를 증진시킨다는 중요한 구실을 했다.

Ⅲ. 동아시아와 다자주의

1. 양자주의와 다자주의:동아시아의 현황과 전망

기본적으로 위계적, 양자적 특징을 가진 전통 질서 내에서의 동아시아 국가들간의 협력과 갈등의 양상은 서구 국제체제의 특성과 크게 달랐다. 동아시아 냉전체제가 가졌던 협력과 갈등의 방식은 근대국가간의 보편적인 이익의 조절작용이었다기보다는 이념적 요인에 의한 외부적 갈등과 그에 따른 내부적 응집, 그리고 자유주의 진영의 국가들 사이에서 하부단위의 군사적 타율성을 부과하고 경제적 유동성을 보장하는 특이한 모습을 띠고 있으며 이 또한 다자적이 아닌 위계적, 쌍무적 방식으로 구축된 것이었다.[20]

그 한 예로는 한·미·일 '삼각' 관계도 세 나라 간의 다자적인

---

20) 냉전체제의 구조적 안정성에 대한 설명을 위해서는 J. Gaddis, The Long Peace : Inquiries into the History of the Cold War (Oxford University press, 1987)을 참조. Haggard와 Simmons는 냉전기 자유진영 내의 레짐 형성에 대한 설명에서 '양극성'에 대한 고려가 부족함을 지적하면서 협력이론의 논의에 있어서 역사적으로 조건지워진 구조적 측면에 대한 고려가 필요하다고 주장한다. S. Haggard and B. Simmons, <Theories of International Regimes>, *International Organization*, 41, 3 (1987), pp.503~504. 자유주의자(liberalist)들은 양자주의와 다자주의가 상호 보완적이라고 주장하는 반면, 현실주의자(realist)들은 동북아지역 내의 다양한 이해관계 및 이념과 문화상의 차이로 다자주의가 분쟁 해결 및 협력안보를 달성하는 데 어렵다고 보고 있다. 그러나 최근 들어 양자주의와 다자주의는 안보 다원주의(security pluralism)에 따라 상호 보완·발전될 수 있다는 입장이다. Matthew Augustine, <Multilateral Approaches to Regional Security : Prospects for Cooperation in Northeast Asia>, *The Korean Journal of Defense Analysis*, Vol. XIII, No. 1, Autumn 2001, p.303 및 p. 307.

합의의 표출이었다기보다는 사실상 미국을 중심으로 한 쌍무적
관계의 집합이라는 성격이 강한 것으로, 1960년대 중반의 한·일
간의 쌍무적 관계 성립은 냉전기 미국의 전략적 의도와 밀접한
관련을 갖고 있었던 것이다. 근대적 경험에 기초한 다자주의의
제도화가 동아시아에서 갖는 한계는 지역체제의 구조적 성격에도
연유한다. 규범과 규칙에 대한 완벽한 다원적 합의란 사실상 국
제관계에서 존재하지 않는 것이기는 하나 단위들간의 힘의 분포
의 불균형이나 동남아국가들을 중심으로 하는 아세안 지역안보포
럼(ARF)의 확대가 갖는 제한점 중의 하나는 동북아 국가들을 포
함할 경우에 생기는 군사적, 경제적 권력의 격차 문제이다.21)

　다자주의의 현실적 형태와 이상적 형태의 비교를 동아시아와
한반도의 맥락에서 생각해 보면 그 속성상 국가 중심적이고 패권
적인 현실적 측면이 대두될 가능성이 좀더 클 것으로 생각된다.
동아시아의 다자 협력은 다자적 대화와 비정치적 부문이 선행하
는 연성 다자주의(soft multilateralism)의 방식으로 점진적으
로 추진되어야 한다는 주장이 제기되고 있다.

2. 동아시아 내 안보동맹과 다자안보의 상호관계

　동아시아지역은 유럽과는 다른 정치·역사적 배경을 갖고 있으
며, 공동의 안보 위협 인식이 제대로 자리잡지 않고 있는 가운데

---

21) 탈냉전기 아시아의 세력 균형의 변화에 대한 논의를 위해서는 Paul
　　Dibb, <Towards a New Balance of Power in Asia>, *Adephi*
　　Paper, 295 (1995) 참조. Michael Green은 미·일 간의 방위 협력
　　지침개정시 구체적인 작전에 대한 협력 및 지역위기 발생시 일본의 역할
　　에 대한 신뢰 증진을 위해 한·미·일 3국 간 긴밀한 협력이 필요하다고
　　강조한다. Michael Green, <The US-Japan Alliance and the
　　Future of East Asian Security>, *Redefining the Partner-*
　　ship(New York : University Press of America, 1998), p.3 참조

여전히 쌍무적 안보관계에 크게 의존하며 다자안보 대화의 역사가 일천하다는 점 등의 다자안보 결성상 제약요인이 존재한다. 그러나 증대되는 역내 전체의 정치·군사적 불확실성에 대한 대처의 필요성, 최근에 대두되고 있는 정치·군사·외교·경제·환경 분야와 테러리즘, 마약거래, 대량파괴무기의 확산 등과 관련한 다차원적인 포괄적 안보(comprehensive security)의 문제들을 해결하기 위해 여러 국가의 협력을 필요로 한다는 점, 역내 경제 발전을 지원하기 위한 지역 차원의 정치적 안정의 유지 필요성 등 때문에 다자간 협력체제의 필요성이 제기되고 있다.22)

또한 다자안보 협력이 갖는 문제해결 능력을 제고하기 위해 제한적 다자주의 또는 문제중심의 지역주의를 모토로 하는 동북아 지역 내 안보 협력체는 ① 참가국의 범위가 가급적 광역일 것, ② 의제 선택이 가급적 다원적일 것, ③ 제도화의 정도에서는 느슨한 형태로부터 시작하는 것이 그 형성 가능성을 극대화한다는 주장도 있다. 이런 점에서 보면 소지역주의에 입각한 다자안보는 취약성이 있다는 추론이 가능하다. 그러나 그러한 주장의 타당성은 차치하고라도, 이러한 주장에 따른 안보협력체 형성 이후 그 결속 유지력, 문제해결 능력, 안보 협력의 확산효과 등에 대한 결론은 확실치 않다.23)

결국, 동아시아 안보관계에서 양자주의와 다자주의는 새로운 안보환경에 부응하기 위한 다자안보의 결성을 제한하는 손쉽고 강력한 문제해결 능력을 지닌 양자 안보동맹 내지 쌍무적 접근에의 의존 성향, 다자안보의 추진으로 양자 안보동맹으로 확고해진 기존의 소지역 안보체제를 포괄적 지역안보 개념하에 희석시켜 버리는 문제 등의 갈등적 요인을 지니고 있다. 그럼에도 불구하

---

22) 이서항, 앞의 글, pp.169~171.
23) 상기의 주장은 김태현, <동북아 다자간 안보협력체의 구상>, ≪지역연구논총≫ 제6집, 한국지역연구협의회, 1994, pp.35~54. 참조.

고 이 지역에서의 안보적 쌍무주의와 다자주의는 양자 안보동맹으로 접근하기 어려운 신안보 분야를 다자안보의 활용으로 대처할 수 있다는 점, 양자 안보동맹의 전통적 유대감이 주는 탈고립 내지 안정감을 바탕으로 할 때 비로소 탈냉전기의 역내 구조적 환경과 조건을 수용할 수 있는 다자안보를 무리없이 구축할 수 있다는 점, 지역적 평화의 메카니즘 구축이 비우호적 양자 안보동맹간에 야기될 수 있는 상호 교류의 경직성을 크게 완화시켜 주게 되어 양자 안보동맹의 긍정적 효과를 유지한 채 역내 이해 증진과 경제적 역동성을 한층 강화해 줄 수 있다는 점 등의 상호 보완적 요인을 많이 갖고 있다.24)

앞으로 동아시아 안보관계는 역내 분쟁 발발에 대비한 최종적 담보로서 기존 양자 안보동맹의 네트워크를 유지하는 가운데 포괄적 분쟁 예방을 위해 다자안보를 효과적으로 접목시키는 방향으로 전개될 것으로 보인다.

3. 양자주의와 다자주의의 전개 양상 : 동아시아와 유럽 간의 비교

동아시아에서는 여전히 양자간 동맹이나 협력이 주도하고 있어서 유럽에 비해 다자간 협력이 매우 제한적으로 이루어지고 있다. 동아시아 국가들은 북대서양조약기구(NATO)처럼 역내 국가들이 참여하는 집단안보 협력체를 구성하지 못하고, 한·미/미·일 안보동맹 등과 함께 미·중, 중·러, 러·일이 주로 양자간 협력관계를 모색하는 등 냉전 종식 이후에도 주로 양자주의에 의존하고 있다.

동아시아는 미국, 중국, 일본, 러시아 등 4대 강국의 이익이 첨예하게 맞부딪치는 지역으로 유럽의 급격한 변화에 비해 비교적

---

24) 김용호, 앞의 글, pp.22~23.

제한적이고 점진적인 변화를 겪고 있다. 또한 동아시아에서는 다자주의보다 양자주의가 더 큰 영향력을 행사하고 있다. 기존의 동아시아 질서는 유럽과 같이 다자간 체제가 아니라 한·미 상호방위조약이나 미·일 상호방위조약과 같이 두 당사국 간의 양자적 관계에 기반을 두고 있기 때문에, 새로운 질서를 형성하기 위해서는 유럽에 비해 상대적으로 복잡한 절차와 과정을 거쳐야 한다. 이러한 신질서 구축 과정에서 미국은 다자주의방식보다 양자주의 방식을 선호한 결과 미·일 신안보체제를 출범시켜 중국을 비롯한 여러 나라들의 반발을 사게 되었다.

동아시아 질서의 재편 방향은 크게 보아 기존의 양자적 관계의 재조정과 다자간 협력체제의 모색으로 나누어 볼 수 있다. 동아시아에 아직 다자간 정치군사 협력체제가 마련되어 있지 않은 상태에서 미국이 이 지역에서 완전히 철수하는 경우에 미국이 남긴 힘의 공백을 메우기 위해 중국이나 일본이 세력 팽창을 도모하거나 군사력 증강을 시도한다면 매우 심각한 불안을 초래하게 될 것이다. 이런 점에서 볼 때 미국은 앞으로 상당 기간 동안 기존의 양자동맹을 우선적으로 유지해 나갈 것으로 보인다.

냉전 종식과 더불어 동아시아 질서도 재편되어 가고 있으나 아직 구체적인 모습이 드러나지 않고 있는 가운데 미국을 비롯한 중국, 일본, 러시아, 한국 등 관련 국가들이 주로 양자주의에 입각하여 새로운 역할을 모색하고 있다. 이러한 양자주의방식을 통한 신질서 수립은 강자에게 유리하고 약자에게 불리하기 때문에 상대적인 의미에서 미국, 일본, 중국에 비해 러시아, 한국의 영향력은 제한적일 것이다.

IV. 동북아지역에서의 다자안보 협력의 유용성

1. 동북아지역에서의 다자안보 논리

동북아의 다자안보 협력체 구성은 동북아에서의 분쟁 발생을 방지하기 위해 불안정적 요인이 될 수 있는 역내 공통문제들에 대한 협의를 위해서 필요하다.

일본, 중국의 군비경쟁으로 인한 지역 불안정 및 안보 불확실성을 제거하고 탈냉전 또는 탈-탈냉전시대에 새로운 안보 위협에 대응하기 위해 다자간 안보대화 협력체제 구축의 필요성이 제기되고 있다. 특히, 대량파괴무기 확산 및 테러방지, 마약거래 및 인신매매 근절 등 기존 군사 위주의 양자간 안보 메카니즘으로 해결할 수 없는 포괄적 안보 이슈들에 대한 해결수단으로 다자간 협력 필요성이 증대되고 있다.

동북아 다자간 안보 협력레짐의 역할은 유동성의 증대와 그에 따라 수반되는 안보의 불안정성을 감소시키는 것이고, 이를 위하여 '대화를 통한 갈등의 해결'이 이루어질 수 있는 '제도화된 대화'의 장을 제공하여, 역내 국가간의 투명성 및 신뢰 증진이 이루어지도록 하는 것이다. 이러한 국제안보 위협요인들을 효율적으로 대처하기 위한 관련국간 협력의 필요성이 이미 오래 전부터 국제사회의 컨센서스를 확보하고 있는 터에, 세계를 경악시킨 전대미문의 테러사태가 발생한 상황에서 유사한 사태의 재발을 방지하고 상황 발생시 효율적 대응책이 강구될 수 있도록 지역별로 다자 안보협의체를 구성하는 작업은 앞으로 더욱 큰 힘을 얻을 수 있을 것으로 보인다.

동유럽 붕괴와 냉전 종식 이후 유럽에서의 다자간 안보 협력체제가 지역 안정에 공헌했듯이, 동북아 국가간의 안보대화체제 구축은 기존의 한·미, 미·일 관계 등 양자간 관계 유지와 병행하여 동북아의 평화체제 구축에 큰 도움이 될 것이다. 동북아지역의 새로운 질서 구축을 위해서는 지역국가간 안보 협력체제를 통하여 상호 신뢰구축을 바탕으로 불필요한 군비 경쟁 등 지역 불안정 요소를 제거하고, 평화와 번영이라는 '지역 공동선(共同善)' 창출을 위해 다자간 협력이 필요하다.

지난 수년간 동북아지역이 이룩한 경제발전을 지속하기 위해서는 지역적 차원의 정치적 안정 확보가 필요하며, 이를 위해 다자간 안보대화 및 협력 필요성이 증대되고 있다.[25]

다자간 안보대화 협력체제는 전통적인 세력균형이나 양자외교로는 해결하기 어려운 많은 과제 수행을 도와주는 데 유용하다. 즉 탈냉전 또는 탈-탈냉전시대에 새로이 등장하고 있는 일반적인 여러 안보과제들을 수행하는 데 양자외교를 효율적으로 보완해 주는 역할을 할 수 있다.

첫째, 협력안보를 통하여 역내 국가간 대화와 의사소통을 원활히 하고 군사적 투명성을 제고함으로써 중국, 일본이 계속 군비를 강화함에 따라 증대하고 있는 동북아지역의 정치·군사적 불확실성을 완화시켜 준다.

둘째, 정치·군사문제 외에도 안보 개념이 경제, 환경, 마약 및 범죄퇴치 문제 등으로 광역화하고 있는 추세에서 이에 대한 적절한 대응을 취하도록 해준다.

셋째, 북한에게 안보를 보장해 주는 대신, 북한 군사정책의 투명성과 예측 가능성이 확보되어 미국과 일본이 공세적인 군사전략을 펼칠 수 있는 명분을 약화시킨다.

넷째, 급속히 국력을 확장해 가고 있는 중국을 역내 질서에 연착륙시키는 데 기여할 것이다.

---

[25] 한동만, <동북아 다자안보 협력의 현황과 전망>, 외교통상부 정책자료집(98-2), 1998.3., pp.51~63.

2. 동북아 다자간 안보 협력의 필요성과 역할

탈냉전시대의 도래에 따른 글로벌 차원의 국제환경의 변화, 즉 세계질서의 다원화 및 국제사회의 다극화, 경제력 비중의 증대에 따른 힘 개념의 변화, 국제사회에서의 다양한 분야에 걸친 상호의존의 증대, 하이테크 전쟁의 도래와 첨단기술의 전략적 가치의 제고 등에 따라 안보환경이 변화하고 있다. 그와 같은 안보환경의 전환기적 변화는 동북아지역에도 투영되고 있다. 즉, 탈냉전시대의 도래에 따른 안보환경의 전환기적 변화는 역내 국가들로 하여금 21세기를 위한 새로운 안보 패러다임을 모색토록 하고 있고, 아울러 새로운 도전요인에 대처하는 한 방안으로서 다자간 안보협력의 필요성 및 중요성을 한층 강하게 인식토록 하고 있다.

동북아지역에서의 다자간 안보 협력의 필요성과 역할에 대해서는 다음과 같이 지적할 수 있다.

첫째, 동북아지역의 국제질서는 역내 강대국간의 세력관계의 변화 가능성으로 인한 유동성과 기존의 냉전적 구도와 새로운 탈냉전적 변화가 병존하는 이중성에 기인한 '안정과 불안정'이라는 양면성을 내포하고 있는데, 남북정상회담과 그에 따른 남북관계의 진전으로 한반도 냉전구조 해체의 전개와 더불어 유동성이 한층 증대되고 있다. 즉, 남북정상회담 이후 주변 4국들은 남북관계의 개선에 높은 기대감을 보이면서도, 한반도 냉전구조의 해체와 더불어 새로 조성될 동북아 안보환경 및 역학구도에서 자국의 이해를 확대하기 위해 활발한 외교전을 전개하고 있으므로, 동북아 국제질서는 '미·일 대 중국'의 느슨한 견제구도 속에서 유동성이 심화되고 있는 것이다.

미국과 일본은 신안전보장체제를 기반으로 중국을 견제하고 있고, 이에 중국은 러시아와 함께 '전략적 동반자'로서 미국의 국가미사일방위체제(NMD) 구상에 반대하면서 동북아지역에서 미국을 견제하려고 하고 있다. 러시아는 북한과의 관계 복원을 위한 정상회담을 가짐과 더불어 한반도에 대한 영향력의 확대를 도모하면서 중국을 견제하는 한편, 일본과 경제 협력의 강화를 추구하고 있다. 남북정상회담 이후 북한의 대주변 4국과의 관계 개선은 동북아 국제정세를 완화시키는 중요한 변수로 작용하고 있다. 이처럼 남북정상회담 이후 동북아 국제정세의 동향은 유동성의 심화와 더불어 '갈등·대립과 협력'이 혼재하는 가운데 '대화를 통한 갈등의 해결'을 지향하고 있는데, 이는 동북아지역에서 다자간 안보 협력이 필요함을 시사하는 것이기도 하다.

둘째, 탈냉전시대의 도래와 더불어 안보 영역이 확대되고 있는데, 동북아지역의 안보문제도 군사문제뿐만 아니라 경제, 환경, 인권, 마약, 테러 등 다양하게 확대되고 있다. 즉, 국경을 초월하는 포괄적 안보개념의 영역에 속하는 안보문제들이 증가하고 있다. 이와 같은 안보문제들은 국제적 성향을 지니고 있으므로, 관련 국가들간의 긴밀한 협력을 필요로 하고 있다. 즉 동북아지역 내 포괄적 안보문제들을 논의하고, 정책조정과 협력을 위한 '장(場)'이 필요한 것이다. 이는 동북아 다자간 안보 협력레짐의 필요성과 역할을 시사하는 것이기도 한다.

셋째, 동북아지역에는 냉전시대에 결성된 양자간 동맹만이 있다. 즉, 포괄적이고 효과적인 집단안전보장체제는 물론, 예방적인 다자안보 협력레짐도 없다. 그러므로 동북아 다자간 안보 협력레짐은 예방외교의 활동을 통하여 기존의 역내 동맹관계의 한계성을 보완하는 역할을 할 수 있고, 나아가 평화와 번영, 즉 공동선(collective good)을 창출할 수 있는 새로운 동북아 국제질서를 정착시키는 데 순기능적으로 기여하는 역할을 할 수 있는 것이다. 즉, 동북아 다자간 안보 협력레짐은 기존의 동맹체제와 함께 역내 새로운 안보환경의 조성에 일조할 수 있는 것이다.26)

---

26) 백진현, <한반도 평화체제와 동북아 다자간 안보 협력>, 곽태환 외

다자안보 협력은 국제체제의 무정부적 특성에서 초래하는 불안정을 감소시키는 데 유용하나, ① 힘의 대결 같은 전형적인 안보문제를 다루는 데에는 한계가 있고, ② 고도의 정치군사적 대결구도 속에서는 성립하기가 어려우며, ③ 국내 갈등이나 분쟁을 다루는데 한계가 있는 것으로 주장되고 있다. 이러한 관점에서 볼 때, 현재 동북아지역에서 대두되어 있는 다자안보 협력에 대한 논의는 탈냉전시대의 불확실성과 이에 따른 오인이나 오판의 잠재성을 다루는 데 효용성이 있는 것으로 평가된다. 또한 다자안보 협력은 역내 국가간 대화와 의사소통의 원활화, 투명성 제고 및 분쟁의 평화적 해결을 위한 메카니즘을 제공하여 상호간 신뢰 구축에 기여할 수 있으며 국가간 관계에 적용될 공동의 규범과 준칙을 마련함으로써 규범이 중시되는 지역 질서의 창출에 기여할 수 있다.

3. 동북아 다자안보 협력의 장애요인 및 촉진요인

동북아지역에서 다자간 안보협력체 창설의 유용성이 많음에도 불구하고, 동북아 다자안보협력체 구상에 있어서 가장 큰 장애물은 이 지역에서 다자주의적 경험이 생소하다는 점과 양자주의를 중시하고 있는 점이다. 동북아 다자안보 협력에 있어서 장애요인을 좀더 살펴보면 다음과 같다.27)

첫째, 유럽과 달리 대규모 전쟁을 겪지 않았고 역내 국가간 공통의 안보 위협 인식이 없으며, 언제라도 분쟁이 발생할 수 있는 영토와 주권의 문제가 미해결 상태로 남아 있다.

≪한반도 평화체제의 모색≫(서울 : 경남대 극동문제연구소, 1997) 참조

27) 이서항, <동아시아의 다자안보대화>, ≪21세기 동아시아와 한국≫ (1999, 오름), pp.324~330.

둘째, 냉전시대의 타성과 미·일, 한·미, 북·중 동맹체제가 지속되고 있을 뿐 아니라 동맹들이 가상의 적을 상정하고 있어 다자간 안보 협력과 공존하기 어렵다.

셋째, 지역국가간 냉전적 사고가 지배적이다. 특히 '보호자- 피보호자(patron-client)' 의식은 비대칭적인 군사동맹체제에 대한 지역 국가들의 의존도를 지속시키고 있어 회원국들의 자발적 참여가 전제가 되는 공동·협력안보가 형성되기 어렵다.

넷째, 지역국간의 역사적 반목과 민족간 적대감정의 잔존, 이질적인 정치·경제체제 및 문화 등으로 상호 신뢰가 구축되기 어렵다.

다섯째, 다자안보 레짐을 적극적으로 주도할 중립 성향의 국가가 없으며, 미국과 중국 및 북한이 이에 소극적이거나 반대하고 있다. 또한, 부시 행정부 등장 이후 미국이 힘의 우위에 입각한 엄격한 상호주의를 북한에 적용하고 있고, 북한이 이에 불복하고 있어 협력안보 구축이 어렵다.

그러나 동북아지역에서 다자안보 협력을 촉진할 수 있는 요인은 다음과 같다.

첫째, 지역 국가들의 경제성장 위주 정책이 안보 협력을 증진할 것이다.

둘째, 2000년 6월 남북정상회담 이후 남북대화가 진전되고 화해 협력 분위기가 고조되고, 북한이 2000년 7월에 아세안 지역안보포럼(ARF)에 가입하는 등 개방의 기미를 보였으며, 조명록 특사와 올브라이트 국무장관의 교환방문에서 드러났듯이 북한과 미국이 관계정상화 의지를 보인 경험을 갖고 있다. 특히 러시아와 북한 간의 관계를 정상화한 2002년 2월의 북·러 신조약에서 북한이 "유엔헌장을 준수하고 공인된 국제법규를 이행하며 어떠한 제3국의 이해도 침해하지 않겠다고 확인한 것"은 북한도 여건이 주어지면 서방과 타협할 수 있음을 보여준 것으로, 양자구도로만 해결하려는 북한의 행태에 변화가 있을 수도 있음을 암시하고 있어 다자안보 협력의 가능성을 보여주었다.

셋째, 중국도 체제 개방 및 민주화의 진전, 세계무역기구(WTO) 가입, 그리고 지도자들의 세대교체와 함께 미국을 견제하기 위하여 다자안보 협력에 보다 적극적으로 나설 수 있다.

넷째, 냉전시대에 적대관계였던 미·러, 중·러, 미·중, 중·일, 한·러, 한·중, 러·일 등이 실질적인 군사교류 및 협력을 진행하고 있다.

다섯째, 동북아지역 내 미·일, 중·러 및 남·북한 간의 관계에 변화가 일어나고 있다. 중국은 미국, 일본, 한국과 쌍무적 군사 협력을 도모하고 있고, 일본 역시 외교 군사적 자율성 확보를 위하여 미국에의 의존을 탈피하기를 원하며, 한국정부도 남북문제의 당사자간 자주적 해결을 강조하면서 한·미 동맹 유지를 바라는 한편, 중국 및 러시아와도 군사·안보 협력을 도모하고 있다.

결국 동북아시아의 안정을 확보하고 역내 국가간의 신뢰를 구축하기 위해서는 형식적인 대화수준에 만족할 것이 아니라 대화의 효용성 자체를 증대시키기 위한 보다 구체적인 노력이 필요할 것이다. 특히, 이러한 관점에서 미국의 보다 적극적이고 주도적인 역할이 필요하다.[28]

---

28) 홍규덕, <21세기 동북아 안보협력체 구상에 대한 전망과 과제>, ≪외교≫, 제53호(2000.4), p.21.

V. 한국의 다자안보정책

1. 다자간 안보체제 구축을 위한 외교적 노력

우리나라가 동북아에서 다자간 안보 대화를 설립함으로써 달성하고자 하는 가장 중요한 목표는 동북아지역의 안보환경 개선을 통해 남·북한 간 평화를 유지하고 통일에 유리한 여건을 조성하는 것이다. 남·북한 대화채널이 막힐 경우, 다자간 틀을 활용하여 북한이 외부세계와 계속적인 접촉을 유지하도록 함으로써 핵문제와 같은 분쟁의 소지를 사전에 방지하고 참가국간에 협력을 도모하여 신뢰 구축 조치들을 통한 안보 증진과 평화 정착을 모색하는 것이 필요하다. 동북아 안보협력체 구상은 북한문제를 다루는 데 주력하는 하위 영역의 수준에서 그쳐서는 안 될 것이며, 안정적이고 호혜적이며, 협력 지향적인 새로운 동아시아 질서를 창출하는데 필요한 조건들을 모색하는 보다 큰 틀을 목표로 추진되어야 할 것이다.

우리나라는 한반도 안정과 평화의 직접 이해당사자로서 지난 10여 년 동안 동북아지역에 다자안보협의체가 필요함을 역설해 오고 있다. 현재 한국정부의 입장은 정부간(Track I) 및 비정부간(Track II) 차원에서, 또한 광역(아·태지역)과 소지역(동북아) 차원의 안보대화에 적극 참여함으로써 안보환경 개선과 평화 정착을 통한 공동 번영을 추구하고 있다. 즉, 아세안 지역안보포럼(ARF)과 아·태 안보협력이사회(CSCAP) 등 광역 다자안보협의체에 활발히 참여함으로써 아·태지역 공통의 안보문제 논의 및 해결과정에서 발언권을 확보하는 동시에, 동북아 다자안보대화(NEASED) 출범 주도 및 동북아협력대화(NEACD) 활동 참여 등 동북아 다자안보협의체를 통해 동북아 안보환경 개선을 위해 노력하고, 그러한 과정에서 남·북대화 또한 지속적으로 추진

하여 여타 다자안보 대화들과의 시너지 효과가 발휘될 수 있도록
한다는 적극적인 입장이다.

앞으로 한국은 지역 불확실성 및 불안정 요인에 대비함은 물
론, 미국의 안보공약에 주축이 되고 있는 양자간 관계(한·미, 미
·일) 유지와 함께 역내 '안보대화 습관(habit of security
dialogue)' 축적을 통한 다자간 안보체제 구축에 적극 노력해야
할 것이다.

결론적으로 남·북한 간 평화를 유지하고 통일을 촉진하는 데
있어서 우리의 과제는 남북 당사자 간의 채널과 한·미·일 간의
협력 채널, 그리고 다자간 안보대화채널의 세 가지 채널을 전략
적으로 조화·병행시키면서 국가이익을 극대화하는 것이다. 특히
우리는 궁극적으로 동북아 다자간 안보대화가 남·북한 분단의 안
정적 관리와 통일환경 조성에 기여할 수 있도록 외교적인 노력을
경주해야 한다.

2. 한반도 평화를 위한 다자안보 협력

2000년 6월 15일 남북정상회담 및 공동선언을 계기로 남북관
계는 한반도 냉전구조 해체의 전개와 더불어 대치적 관계에서 화
해·협력 및 평화 공존관계로 개선되고 있다. 이에 안보적 차원에
서의 북한의 존재도 현재적 위협에서 잠재적 위협으로 전환되고
있다.

실로 한국으로서는 북한의 잠재적 위협요소를 적절하게 관리하
면서 공존공생의 파트너로 발전시켜야 하는 민족사의 중요한 국
면을 맞이하고 있는 것이다. 따라서 한국은 한반도 평화를 위하
여 ① 북한과의 신뢰관계 조성, ② 정전체제의 평화체제로의 전
환 등을 추구하는 노력을 하여야 하고, ③ 동시에 한반도를 둘러
싼 국제 평화환경의 조성을 추구하는 노력을 하여야 한다. 즉, 한

국은 북한과의 양자간 차원에서는 교류·협력의 확대와 더불어 정치적 신뢰 구축, 군사적 신뢰 구축을 추구하여 평화통일의 기반을 조성하면서, 4자회담 등을 통하여 평화 공존의 틀을 만드는 노력을 추구하여야 하고, 아울러 그와 같은 노력들이 원만하게 전개되도록 동북아 국제환경의 조성에도 전략적으로 노력을 기울어야 한다.

한반도 평화를 위한 이와 같은 한국의 노력과 관련, 동북아 다자간 안보 협력은 직·간접적으로 순기능적인 역할을 수행할 수 있다고 기대할 수 있다. 예컨대, 동북아 다자간 안보 협력은 예방외교의 활동을 통하여 역내 불확실성을 감소, 제거함으로써 한반도 평화공존의 필요조건인 동북아 평화와 안정에 기여할 수 있고, 아울러 남북한 간의 신뢰구축을 위한 유리한 환경 조성에 일조할 수 있으며, 통일 과정의 평화적 관리에 기여할 수 있는 것이다. 또 한반도 평화공존의 틀이 만들어지면, 그 틀을 지지하고 보장하는 역할도 할 수 있다.

그러나 한반도에서는 남북한 간 정치군사적 대결구조가 지배적인 상황이며, 북한체제 및 북한의 대남정책 변화 가능성에 대한 회의적 평가가 상존하고, 한반도 평화와 안정의 최대 위협은 북한 내부 사정에 기인하고 있기 때문에 다자안보 협력이 한반도 상황에서 적극적으로 기능을 발휘할 수 있는가에 대한 의문이 있다.

그럼에도 불구하고, 다자안보 협력은 남북한이 대화하고 협상하는 데 유리한 환경을 조성할 수 있고, 남북한 간에 대화의 장을 제공하며, 남북한이 협상에 의해 평화에 합의하였을 경우, 이를 지지하고 보장할 수 있는 역할을 할 수 있을 것으로 기대된다.

그리고 한·미동맹, 한·미·일 3국 간 정책공조, 중·러 등과의 전략적 대화채널 형성, 그리고 이를 아우르는 대화와 협력 메카니즘을 통해 통일 과정의 평화적 관리를 추진할 수 있고, 한반도의 통일 과정에서 발생할 수 있는 불확실성과 불안정성에 대한 주변 4국의 우려를 불식시키면서 우리 주도의 통일에 대한 지지를 끌어낼 수 있는 장으로서의 역할로 활용할 수 있으며, 통일한국이 동북아지역 질서의 틀 속에서 평화와 안정 및 상호 안보 협력에 기여할 것이라는 믿음을 사전에 주지시키는 안보외교적 메카니즘의 기능을 할 수 있을 것으로 기대된다.

요컨대, 다자안보 협력이 한반도문제 해결 과정에서 할 수 있는 역할은 남북한 간 군사안보적 대치구도 지속이라는 한계에 대한 명확한 인식 위에서 동북아 다자안보 협력이 한반도 통일의 필요조건이라는 인식으로부터 찾아야 할 것이다. 즉, 다자안보 협력에 대한 과도한 기대를 자제하면서, 이를 동북아지역 내 불확실성과 불안정성을 제거하는 메카니즘으로 보고, 이를 통해 한반도 통일 과정에 도움을 얻을 수 있을 것으로 기대하는 것이 현실적인 접근 방법일 것이다.29)

---

29) 박영호, 앞의 글, pp.70~71.

참 고 문 헌

1) 김용호 <양자주의와 다자주의 : 동아시아의 현황과 전망>, 환동해권 협력의 국제정치경제 세미나보고서, 98.1. 외교안보연구원.

2) 신욱희, <다자주의의 동아시아 적용의 문제>, 《한국과 국제정치》, 제13권 제1호 1997. 봄·여름호.

3) 이상균, <동북아 다자안보 협력체제 구축 방안 : 유럽의 경험과 한국의 선택>, 《국가전략》 1997년 봄·여름호.

4) 이원우, <지역 다자안보 협력 현황과 우리의 대응방향>, 《한반도 군비통제》, 1998.8. 국방부.

5) 김태현, <동북아 다자간 안보협력체의 구상>, 《지역연구 논총》 제6집(한국 지역연구협의회, 1994), <동북아 다자안보협력체 구상 : 그 이상과 현실>, 《국제문제》 2000.4.

6) 박영호, <통일과정 및 통일 후 한반도 다자안보 협력 방향>, 통일부 정책 보고서, 1999.7.

7) 배정호, <21세기 한국의 국가전략과 안보전략>, 《연구총서》 2000-19, 통일연구원.

8) 엄태암, <한반도 안보와 동북아 6자회담 - 가능성과 실효적 추진 방안을 중심으로>, 《국방정책연구》, 1999년 여름.

9) 조준래, <동아시아의 안보관계 : 쌍무주의와 다자주의의 상호보완>, 《국방논집》 제40호, 1997년 겨울.

10) 이서항, <동북아 다자간 안보대화·협력의 모색 : 한국의 입장>, 《지역연구논총》 제5집, 한국지역연구협의회, 1993 ; <동북아 및 아·태지역 다자간 안보 협력 추진방향 : 개념 및 접근방법>, 외교안보연구원 정책연구시리즈(93-12), 1994 ; <동아시아의 다자안보 대화>, 《21세기 동아시아와 한국》, (오름, 1999)

11) 한동만, <동북아 다자안보협력의 현황과 전망>, 외무부 정책자료집 (98-2), 1998.3.

12) 백진현, <한반도 평화체제와 동북아 다자간 안보협력>, 곽태환 외 《한반도 평화체제의 모색》 (서울 : 경남대 극동문제연구소, 1997).

13) 홍규덕, <21세기 동북아 안보협력체 구상에 대한 전망과 과제>, 《

외교≫, 제53호(2000.4.).

14) Robert O. Keohane, <Multilateralism : An Agenda for Research>, *International Journal*, 45 (Autumn, 1990).

15) James A. Caporaso, <International Relations Theory and Multilateralism : *The Search for Foundations*>, John Ruggie(ed.), Multilateralism Matters(New York, Columbia University Press, 1993).

16) Lee Seo-hang, <Security Cooperation in East Asia : Multilateralism vs Bilateralism>, *IFANS Review*, Vol. 7 No. 1 June 1999.

17) Brian Job, <Matters of Multilateralism : Implications for Regional Conflict Management>, In David A. Lake and Patrick M. Morgan, eds., *Regional Orders : Building Security in New World*(University Park, PA : Pennsylvania State University Press, 1997).

18) Andrew Mack, <Security Cooperation in Northeast Asia : Problems and Prospects>, *Journal of Northeast Asian Studies*, Vol. XI, No. 2, Summer 1992.

19) Robert O. Keohane, After Hegemony: *Cooperation and Discord in the World Political Economy*(Princeton: Princeton University Press, 1984).

20) J. Gaddis, The Long Peace : *Inquiries into the History of the Cold War* (Oxford University press, 1987).

21) S. Haggard and B. Simmons, <Theories of International Regimes>, *International Organization*, 41, 3 (1987).

22) Paul Dibb, Towards a New Balance of Power in Asia, *Adephi Paper*, 295 (1995).

23) Michael Green, <The US-Japan alliance and the Future of East Asian Security>, *Redefining the Partnership*(New York : University Press of America, 1998).

24) Matthew Augustine, <Multilateral Approaches to Regional Security : Prospects for cooperation in Northeast Asia>, *The Korean Journal of Defense Analysis*, Vol. XIII, No. 1, Autumn 2001.

제 2 부
지역별 다자안보 협력 현황

제5장. 동북아지역 다자안보 대화 추진 현황과 전망

동북아지역 다자안보 대화 추진 현황과 전망

한 동 만

I. 서 론

냉전 종식 후 안보환경의 변화에 따른 불확실성을 완화하고 정치·군사적 안정과 평화를 증진시키기 위한 목적에서 1990년대 초반 이래 동북아시아에서는 다자간 안보 대화 및 협력의 필요성이 강조되고 여러 가지 구상과 제안이 있어 왔다. 그러나 남·북한과 미국, 일본, 중국, 러시아가 참여하는 비정부간 안보협의체인 동북아협력대화(NEACD : Northeast Asia Cooperation Dialogue)가 1993년 이후 창설되어 유지되어 오고 있을 뿐, 정부 차원에서 공식적인 다자안보 대화체는 출범되지 못하고 있다.[1]

동북아시아 지역은 여타 지역과 달리 군사동맹 등 양자주의가 지배하고 있지만 테러를 비롯하여 마약, 조직범죄, 불법이민, 돈세탁, 환경오염, 군비경쟁 등 신국제질서의 안보상황을 저해하는 초국가적 위협요인들에 대해 공동 대응해야 할 필요성을 인식하고 있다. 또한 대화와 협력의 정신을 바탕으로 신뢰 및 안보구축 조치를 이행해 나가야 하는 데 공감하고 있어 동북아시아 지역내 다자안보 대화 또는 협의체의 창설 필요성은 점증하고 있다.

---

[1] 북한은 2002년 10월 20일부터 4일까지 모스크바에서 개최된 제13차 동북아협력대화회의에 처음으로 참가하여 동북아 소지역 차원의 다자안보 대화 개최 가능성에 긍정적인 전망을 제기하였다.

이 글에서는 동북아 다자안보 대화 추진 현황, 즉 각국의 정부 간 동북아 다자안보 대화구상과 제의내용을 살펴보고 우리나라가 1994년에 제안한 바 있는 동북아 다자안보 대화(NEASED : Northeast Asia Security Dialogue)의 목표 및 추진방향, 4자회담과 동북아 다자안보 대화를 비교해 봄과 함께 비정부간 안보협의체인 동북아 협력 대화(NEACD)의 진행 상황과 의의를 살펴봄으로써 동북아뿐만 아니라 한반도에서 지역 다자안보 대화 또는 안보협의체가 어떤 기능을 할 수 있는지, 그리고 동북아지역 및 한반도에서 평화와 안정 협력을 유지할 수 있는 데 기여할 수 있는지 등을 모색해 보고자 한다.

Ⅱ. 동북아지역 다자안보 대화 추진 현황

1. 각국의 동북아지역 다자안보 대화구상

가. 한국정부의 구상

(1) '동북아 평화협의회' 창설 제안

한반도의 화해, 평화와 안정을 동북아 및 세계적인 차원에서 인식하고 관련 국가들 사이의 공동 노력으로 해결의 실마리를 마련해 보고자 했던 공식적인 노력은 1988년 10월 18일 노태우 대통령이 유엔총회 연설을 통해 남·북한 당사자와 미국, 일본, 중국, 소련 등 주변국들이 참가하는 '동북아 평화협의회' 창설을 제안한 데서 유래를 찾을 수 있다.2)

---

2) 노태우 대통령의 "동북아 6개국 평화협의회" 창설 제안은 한반도의 평화와 통일을 위해 유익한 국제환경 조성이라는 명분 아래 ① 한국의 북방외교 적극 추진 의지 표명, ② 새로운 동북아 국제질서의 필요성 부각과 한국의 역할 모색 등 외교적 실리의 추구를 목표로 하였다. 자세한

　노태우 대통령은 '동북아 평화협의회' 창설 제안 연설에서 미·소 대립 완화, 일·소 간 영토분쟁 해결, 중·소 화해, 남·북한 평화와 안정 유지 등 지역안보 문제를 논의하는 방향을 제시하였다. '동북아 평화협의회'는 동북아의 평화와 번영을 추구하는 제도적인 장치를 수립한다는 장기적인 목표로 추구하되, 우선은 한반도에서의 긴장을 완화하고 새롭고 항구적인 평화구도를 조성시켜 나가기 위한 국제적 여건 조성에 목표를 두었다.

　동북아 평화협의회 구상은 한반도 문제의 당사국의 하나인 한국의 적극적인 평화 이니셔티브에 의하여 한반도의 탈냉전화와 이와 밀접하게 연계된 동북아 대결구도의 새로운 평화질서에로의 전환 등 한반도 문제와 동시에 동북아지역 문제의 논의를 병행하는 '포괄적인 지역적 접근'의 특징을 가지고 있다.

　한국정부는 1988년 11월 19일 '동북아 평화협의회'의 추진을 위하여 외무부장관을 위원장으로 하고 관계부처 차관급을 위원으로 하는 추진위원회를 구성하였다.[3]

　그러나 당시에는 한국이 소련 및 중국과 외교관계가 수립되지 않았고 이들 국가와의 외교관계 수립 전망이 불투명한 상태였으므로 상기 제안은 다자안보협의체에 대한 제안이라기보다는 한반도에서의 긴장을 완화하고 이들 국가와의 관계개선을 추구하려는 의도가 강하였다고 볼 수 있다.[4]

　것은 박홍규, <6자 동북아 평화협의회>, 외교안보연구원 주요 국제문제분석(88-86), 1988 및 김국진, <동북아 평화협의회의 구현방안연구>, 외교안보연구원 정책연구시리즈(89-08), 1989 참조

3) 한동만, <동북아 다자안보협력의 현황과 전망>, 외무부 집무자료 (98-2), 1998, pp.83~84.

4) 노태우 대통령은 1992년 9월 22일 유엔총회에 참석하여 행한 '평화와 번영의 21세기를 위하여'라는 제목의 연설에서 동북아에서의 상호 이해 및 신뢰 증진을 위해 이해 당사자들간에 대화와 협력의 장이 필요함을 재차 역설하였다. 자세한 내용은 Korea : A Nation Transformed. Vol .2. Selected Speeches of President Roh Tae Woo(Seoul :

노 대통령의 이러한 제안은 이미 1988년 9월 10일 '크라스노야르스크 평화안'을 제안하여 다자간 안보 협의에 적극적인 관심을 보였던 소련에 대한 화답을 통하여 한·소 관계의 개선을 이룩하고 이와 함께 중국의 경제개혁 노력에 한국이 도움이 될 수 있으리라는 판단하에 이루어진 것이었다. 또한 고르바초프의 '크라스노야르스크' 제안 중 동북아 연안국 5자 회의에서 미국이 누락된 점에 착안하여 이러한 다자간 회의에서 미국의 참가가 필수적이라는 한국의 입장표현으로서 6자 평화협의회 창설을 제안하게 된 것이다. 그러나 이 제안은 일본과 러시아의 환영 입장에도 불구하고 한·소, 한·중 간의 정상적인 국가관계의 미비, 동북아시아에서 현상 유지를 원하는 미국과 중국의 미온적 태도, 북한의 명시적인 반대 등으로 출범되지 못하였다.

(2) 동북아지역 내 다자안보 대화 추진

한국의 동북아 다자간 안보협의체 구성에 관한 논의는 김영삼 정부 출범 이후 한승주 외무부장관의 1993년 3월 15일 국회 외무통일위원회 발언을 통해 다시 관심의 대상으로 떠올랐다.

김영삼 정부는 한반도 문제의 당사자 해결이라는 원칙하에 기존의 한·미 안보 협의체제를 손상하지 않는 범위 내에서 동북아 다자간 안보협의체 구상을 적극 추진할 것이라는 입장을 명확히 하였다.5)

The Presidential Secretariat, 1993), p.149 참조

5) 이상균, <동북아 다자안보 협의체제 구축방안 : 유럽의 경험과 한국의 선택>, 《국가전략》, 1997년 봄·여름호, pp.200~201. 당시 북한의 핵 위협이 세계적 관심사로 대두됨에 따라 취해진 김영삼 정부의 동북아 다자간 안보 대화 창설 제안은 지역 협력을 통해 경제적 부를 추구하고 한반도 주변의 안보 여건들을 향상시키기 위한 것이었다. 홍규덕, <21세기 동북아 안보협력체 구상에 대한 전망과 과제>, 《외교》, 제53호(2000.4), p.15.

김영삼 대통령은 1993년 5월 24일 제26차 태평양 연안 경제 협의회(PBEC) 개막식 기조연설에서 한국정부의 신외교 주요정 책방향으로 항구적 지역평화의 틀을 마련하기 위해 "미국을 축으로 하는 양자안보 협의체제를 심화, 발전시키는 동시에 다자안보 대화를 추진할 것"이라고 천명하였다.

한승주 장관은 1993년 5월 31일 외교협회 연설을 통해 다자간 안보 대화가 군비통제나 분쟁예방을 효과적으로 다루기 위해서는 아시아·태평양 경제공동체(APEC)와 같은 광역 차원의 안보 협의체 구성보다는 지역적 유사성이 존재하고 공동의 안보이익을 도출하기가 비교적 용이한 소지역 차원의 안보협의체 구성이 보다 가능성이 많다고 주장하며, mini-CSCE(유럽안보협력회의) 형식의 동북아 안보 협의체 구성을 추진할 것을 밝혔다.6)

한국정부는 1994년 5월 24일 제1차 아세안 지역안보포럼(ARF : ASEAN Regional Forum) 고위관리회의(SOM : Senior Official's Meeting)에서 동북아 다자안보대화(NEASED : Northeast Asia Security Dialogue)를 공식 제안하였다.

이러한 동북아 다자안보대화(NEASED) 방안은 1993년 7월 11일 한승주 외무장관과 크리스토퍼 미 국무장관이 함께 '2+4' 형태의 6자회담 방식으로 아세안 확대 외무장관회담 (ASEAN-PMC)과 병행한 동북아 협의체 속에서 한반도 평화를 논의하자는 제안으로 다시 거론되었으며, 같은 해 10월 27일에는 아시아협회(Asia Society) 초청연설에서 한승주 외무장관을 통해 유럽안보협력회의 성격의 소지역 다자안보기구 설립 제안으로 되풀이되었다.

---

6) Sung-Joo Han, <Fundamentals of Korea's New Diplomacy : New Korea's Diplomacy toward the World and the Future>, *Korea and World Affairs*, Vol. 17, No. 2 (Summer 1993), p.239.

이와 같이 한국정부가 동북아 다자안보 대화 창설을 제안한 것은 소지역 차원에서 동북아에서의 안보협의체 구성을 통한 안보대화를 주도적으로 추진하여 한반도 분단 상태를 효율적으로 관리하고, 통일 후에도 동북아에서의 안보환경을 한국에게 유리하게 조성할 수 있는 틀을 마련하는 것이 필요하다고 인식한 데 따른 것이다.

(3) '동북아 평화와 안정을 위한 6개국 선언' 구상

김대중 정부 출범을 앞둔 시점인 1998년 2월 11일 김종필 당시 자민련 명예총재는 중국 방문시 장쩌민 국가주석에게 김대중 대통령 당선자의 친서를 전달하는 자리에서 남·북한과 미국, 중국이 참여하는 4자회담이 성취되기를 희망하며, 그 전제하에 1975년 헬싱키선언처럼 남·북한, 미·일·중·러 6개국 간 '동북아 평화와 안정을 위한 6개국 선언' 구상을 중국측에 밝혔다. 이 '6개국 공동선언'은 김대중 대통령 당선자의 세 가지 통일원칙(남·북한 무력 불사용, 흡수통일 배격, 평화공존) 기조 아래 주변국이 동북아의 평화와 안전을 확고히 다질 것을 지원하는 내용으로 4자회담과 병행하여 미·일·중·러와 남·북한 6개국이 참여하는 형태였다.

이에 대해 중국은 '6개국 선언' 구상을 진지하게 검토할 것이나 현재로서는 4자회담 추진을 위해 가일층 노력하는 것이 필요하며, 중국은 한반도 안정과 평화에 불리한 일은 하지 않을 것이라는 입장을 표명하였다. 미국은 '6개국 선언' 구상과 관련, 4자회담이 성공적으로 개최되어 어느 정도 괘도에 오른 다음 일본과 러시아를 포함하여 6개국 간 회담으로 발전시키는 데 반대하지 않는다는 입장을 표명하였다.

일본은 '6개국 선언' 구상을 지지하며 4자회담에 일본과 러시아가 참여하는 것은 지역평화와 안정에 공헌할 수 있을 것이라는 반응을 보였다. 한반도 문제에 관한 국제회의 또는 6개국 협의체 구상을 제안한 바 있는 러시아도 '6개국 선언' 구상에 적극적인 지지 입장을 밝혔다. 그러나 북한은 1998년 2월 21일 동북아시아의 현실정이 헬싱키선언이 나온 1975년 유럽의 사정과 다르다고 주장하면서 '6개국 선언' 구상은 망국적 청탁외교라고 비난하고 주한미군 주둔이 한반도 안정과 평화의 장애요인이라고 주장하였다.7)

그후 김대중 대통령은 1998년 10월 일본, 같은 해 11월 중국, 1999년 5월 러시아와 각각 정상회담을 통해 동북아 다자안보 협력대화의 출범 필요성에 인식을 같이했으며, 1999년 9월 러시아 국방장관 접견시 동북아지역 국가간의 대화 협력기구 출범 필요성을 언급한 바 있다. 김 대통령은 1999년 11월 독일언론(Handelsblatt지)과의 회견에서 대화와 협상을 위한 포럼에 남·북한, 미, 일, 중, 러가 참여하고 이것이 성공을 거둘 경우 동남아로 확대를 도모할 수 있을 것이라고 언급하였다. 이정빈 외교통상부장관은 2001년 3월 1일 코리아 헤럴드와의 인터뷰에서 "우리 외교정책 기조인 한반도 평화체제 구축의 일환으로 북한과의 화해 및 협력, 미·일과의 공조 강화, 4자회담과 함께 동북아 다자대화 구축 필요성"을 밝혔다.

나. '2+4' 형식의 6자회담 : 미국 제안

1991년 제임스 베이커(James Baker) 미 국무장관은 Foreign Affairs 지(1991년 겨울호)에 게재한 논문(아시아 속의 미국 : 태평양 지역을 위한 새로운 설계)에서 미국이 남·북 대화를 지원하고 남·북한 간의 협상 결과를 보장하며, 한반도 주변 강대국들의 안보 이해를 조정하기 위한 '2+4' 형식의 6자회담

---

7) 한동만, 앞의 글, pp.85~87.

을 주선할 용의가 있다고 밝혔다. 그러나 베이커 장관의 이러한 제안은 한국정부가 '2+4 형식의 6자회담'이 동북아 질서 전반을 다루기 위한 것이라면 찬성이지만 한반도 문제만 논의하는 회담이라면 반대한다는 입장을 밝힘으로써 실제로 추진되지 않았다.

'2+4' 형식의 해결방안은 독일통일 과정에서 원용된 것인데 독일은 비인도적인 침략전쟁을 일으킨 당사국일 뿐 아니라 베를린 문제 해결 등에는 점령국인 4강의 개입이 불가피하나 한반도는 주변 강대국들이 전쟁을 일으켰기 때문에 이들이 한반도 통일문제를 왈가왈부한다는 것은 용납할 수 없다는 것을 당시 김종휘 청와대 외교안보수석이 한국을 방문한 베이커 국무장관과 솔로몬 차관보에게 밝혔다. 한반도 통일을 위해서는 주변국들의 이해와 협조가 필요하지만 이는 어디까지나 남·북한 간의 직접적인 대화와 합의를 촉진시켜 주는 보조역할, 즉 여건 조성에 그치는 것이 최선이라는 입장이었다. 이후 11월 14일 노태우 대통령은 베이커 장관 접견시 "한반도 문제와 통일문제에 대해서는 남·북한과 미·일·중·소 4국의 이른 바 '2+4 회담'이 적용될 수 없음"을 분명히 함으로써 '2+4' 구상은 백지화되었다. 그리고 전기침 중국 외교부장도 한반도 문제의 당사자 해결 원칙을 찬성함으로써 '2+4' 방식은 이후 재론되지 않았다.

다. 소지역안보 대화 : 일본 제안

1990년 4월 13일 일본의 가이후 총리는 '한반도 긴장완화를 위한 6개국 회의'를 개최하여 당시 미·소 간에 합의를 보고 있던 유럽지역 군축이 지속적으로 추진되고 아시아지역에서도 군비 확장을 방지하기 위한 기반이 구축될 수 있도록 하자고 비공식적이기는 하나 정부 차원의 제안을 하였다.8)

---

8) 엄태암, <한반도 안보와 동북아 6자회담>, ≪국방정책연구≫, 1999
  년 여름호, pp.224~225.

1993년 1월 16일 미야자와 총리는 방콕에서 <아시아·태평양과 일본-아세안 협력의 새로운 시대(The New Era of the Asia Pacific and Japan-ASEAN Cooperation)>라는 제목의 정책연설을 통해 '미야자와 독트린'을 발표하여 아시아·태평양 지역 및 세계 평화와 번영을 위한 일본과 아세안 간 협력의 주요 의제로 아시아·태평양 지역의 평화와 안정을 강화하기 위한 정치·안보 대화를 촉진하고 지역안보에 대한 장기적인 비전을 제시하였다. 또한, 아시아·태평양지역에서의 평화와 안보 질서에 관한 토의 과정에 일본이 적극적으로 참여할 것이라고 천명하면서 한반도와 캄보디아 문제 등 지역분쟁은 소지역 수준(sub-regional level)에서 다자간 해결이 중요함을 지적하였다. 그후 미야자와 총리는 1993년 12월 6일 기자회견을 통해 동·서 냉전이 종식됨에 따라 유럽안보 협의체제가 성공한 것을 참작하여 아시아 전체의 새로운 안전보장기구를 구상하는 것이 일본 외교의 주요 과제라고 언급하였다. 1996년 4월 16일 김영삼-클린턴 대통령의 4자회담 제의 후 같은 해 6월 일본은 4자회담을 일본과 러시아를 포함한 6개국의 민·관이 참여하는 '동북아 신뢰구축 협의기구'를 설치하는 것을 일본정부의 공식 방침으로 결정하였다.

1998년 9월 23일 오부치 게이조 총리는 클린턴 대통령과 미·일 정상회담을 통해 4자회담에 일본과 러시아가 추가된 6자회담을 창설하자고 제안하였으며, 같은 해 10월 8일 한·일 동경정상회담에서도 4자회담과 병행하여, 일본과 러시아가 참여하여 한반도 등 동북아 평화와 안정을 논의하는 새로운 '동북아 6자회담'을 개최하자고 제안하였다.[9]

---

9) 1998년 11월 장쩌민 중국 국가주석은 오부치 총리와의 동경정상회담에서 동북아지역에서 다자간 지역안보 대화 출범은 시기상조라는 입장을 밝혔다. Youngmin Kwon, *Regional Community- building in East Asia*, Yonsei University Press, May 2002, pp.253~254.

김대중 대통령이 동경징상회담에서 '오부치 총리가 나서 주선하는 데는 반대하지 않는다"며 찬성의사를 간접 표명한 데 이어 일본의 제안에 대한 한국정부의 공식적인 반응은 홍순영 외교통상부장관이 1998년 10월 13일 주한 외신기자 클럽 주최 오찬 간담회 기조연설을 통해 일본의 제안을 수용하겠다는 의사를 표명한 데서 찾을 수 있다. 홍 장관은 "미국, 일본, 중국, 러시아 등 4강과 남·북한이 참가하는 안보와 협력을 위한 일본의 대화 구상을 긍정적으로 받아들이며, 이러한 방침은 김대중 대통령의 방일 성과에 대한 후속 조치의 일환"이라고 언급하면서, "기존 4자회담과는 별도로 동북아지역 평화체제 구축과 안정을 위해 오부치 총리가 제안한 6자회담은 바람직한 것이며, 여기에 몽골까지 포함하는 7자회담을 여는 데도 열린 자세를 갖고 있다"는 설명을 덧붙였다.10)

2000년 8월 30일 고노 요헤이 일본 외상은 중국을 방문한 자리에서, 그리고 2001년 6월 16일 제주에서 개최된 평화 포럼에서 나카야마 타로 일본 중의원은 동북아 6자회담을 재차 주장하였다. 일본은 2002년 8월 26일 평양에서 개최된 외무부 국장급 협의에서 북한에 동북아시아의 평화와 안전에 공헌하기 위한 대화틀로 남북한과 미, 일, 중, 러가 참여하는 '6자회담'을 거듭 제안했다.11)

2002년 9월 17일 일본과 북한 간 평양정상회담 이후 발표된 공동선언 이후 일·북 양측은 "동북아지역의 평화와 안정을 유지·강화하기 위하여 상호 협력해 나갈 것을 확인한다"고 밝히고 쌍방

---

10) 홍순영 장관은 1999년 9월 제54차 유엔총회 기조연설에서 동북아 공동체 의식을 증진시키기 위한 대화 출발 필요성을 언급한 데 이어 LA World Affairs Council 연설(1999.10) 및 OSCE 정상회의(1999.11, 이스탄불) 연설에서도 동북아 공동체 및 안보협의체 구상 필요성을 언급한 바 있다.

11) 문화일보(2002년 8월 26일)

은 '이 지역의 유관국들 사이에 상호 신뢰에 기초하는 협력관계 구축의 중요성을 확인하여 이 지역의 유관국들 사이의 관계가 정상화되는 데 따라 지역의 신뢰 조성을 도모하기 위한 틀(framework)을 준비해 나가는 것이 중요하다는 데 인식을 같이 한다'고 규정함으로써 지역적 차원의 다자안보 대화체제 구축을 지지하였다.

2002년 10월 12일 가와구치 요리코 일본 외상과 이고리 이바노프 러시아 외무장관의 모스크바 회담에서 한반도 주변 신뢰 구축을 위해 남북한과 미·일·중·러 6개국이 참여하는 6자회담 실현을 목표로 상호 협력하기로 합의하였다.

일본의 이러한 태도는 한반도 문제가 남·북한 간 문제일 뿐 아니라 구조적으로 동북아 및 아·태지역 안보와 평화의 핵심 요소라고 할 만큼 밀접한 상관관계를 지니고 있어 동북아 다자안보 협력의 성사 및 추진 여부가 지역안보 환경에 지대한 영향을 미친다는 사실을 인식한 데 따른 것으로 해석될 수 있다.

라. 동북아 안보 공동체 : 러시아 제안

고르바초프 소련 공산당 서기장은 1986년 7월 블라디보스토크 연설을 통해 헬싱키선언 스타일의 "전 아시아 안보회의" 구성을 밝힌 데 이어 1987년 아시아지역 다자안보의 필요성을 천명하였으며, 1988년 9월 크라스노야르스크 연설을 통해 "아시아 안보 문제를 협의하기 위해 남·북한, 소련, 중국, 일본의 5개국 국제회의 개최"를 제의하고 경우에 따라 미국과 캐나다가 참가할 수 있다는 입장을 밝혔다.

옐친 대통령은 1992년 11월 한국 방문시 국회연설에서 분쟁 방지를 위한 아시아·태평양지역 안보협의체의 준비단계로서 동북아 국가간에 '다자안보협의체(multilateral security consultations)' 설치를 제의하면서, 동 협의체 내에 국제적인 무력분쟁

조정기구와 지역전략 연구센터를 설립하고, 한반도를 역내 강대 국들의 보장하에 대량파괴무기 자유지대로 만들 것을 주장하였 다.

1994년 3월 코지레프 러시아 외무장관은 북한 핵문제 해결을 위한 8자회담(남·북한, 미, 일, 중, 러, 유엔, IAEA 참가) 개최 를 주장하고, 같은 해 4월 29일 한·러 국방장관회담시 그라초프 러시아 국방장관은 동북아 안보 공동체 설립을 제안하였다.

러시아측은 동북아 안보 협력을 위한 3원칙으로 ① 협상에 의 한 정치적 의견 불일치 해소, ② 지역안보문제에 관한 장기적 협 의 이행, ③ 자위만을 위한 무력사용 허락을 들고, 동북아 다자안 보체제 구축을 위한 우선 추진과제로서 ① 정치적 협의에 군사대 표 참여, ② 대규모 육·해·공군 훈련 및 이동의 사전통보, ③ 군 사연습 및 훈련에 참관단 초청, ④ 훈련의 규모, 기간, 지역의 제 한, ⑤ 해협, 어로작업 지역 및 그 상공에서의 훈련과 기동 금지, ⑥ 유럽의 분쟁방지 센터와 같은 위기대응을 위한 다자간 대화 조직, ⑦ 위험한 군사행동 방지협정 체결을 제시하였다. 그러나 이러한 러시아측의 제안은 주변국들의 소극적인 반응으로 추진되 지 않았다.

마. 북태평양 협력 안보대화 : 캐나다 제안

클라크(Clarke) 캐나다 외무장관은 1990년 8월 17일 빅토리 아 상공회의소에서 행한 <1990년대의 캐나다와 아시아·태평양 지역>이라는 연설을 통하여 아시아·태평양지역의 정치적 불안정 성을 논의하기 위한 국제포럼의 창설을 제안하였다. 그의 제안은 같은 해 가을 '북태평양 협력안보대화(NPCSD : North Pacific Cooperative Security Dialogue)'의 창설로 구체화되었으며, 1991년 4월 6일부터 9일까지 빅토리아시에서 1차 회의가 개최 되어 국제안보 이슈 및 추세, 군사적 긴장완화, 다자안보 등에 대해 협의하였다. 북태평양협력안보대화는 아시아·태평양지역 전반을 포괄하는 지역을 권역으로 설정하였고, 이중에서도 미국, 소련, 남북한, 일본, 중국, 캐나다 등 북태평양 7개국을 중심 대상국으로 설정하였다. 북태평양협력안보대화(NPCSD)의 특징은 대화채널을 구상하는 데 있어 정책결정자들을 중심으로 하는 협의체와 학계인사들과 비정부기관들을 포함하는 협의체의 두 가지 차원의 협의를 병행, 운영하려 했다는 점이다.[12]

북태평양협력안보대화(NPCSD) 회의는 1992년 5월 오타와에서 2차 회의를, 그리고 1992년 6월 북경에서 3차 회의를, 4차 회의는 1992년 8월 일본 가나가와에서, 그리고 마지막 회의인 5차 회의는 1993년 3월 벤쿠버에서 각각 개최하였으나, 기존의 양자 동맹체제의 약화를 우려하는 미국의 냉담한 반응으로 1993년 5차 회의를 마지막으로 회의를 종료하였다.[13] 북태평양협력안보대화(NPCSD) 회의는 아시아·태평양지역에서의 다자간 안보 협력에 대한 선구자적인 역할을 수행하였으며, 다자안보 협력과 관련된 각종 의제 개발 및 제도화의 수준을 결정하는 데 상당한 공헌을 한 것으로 평가되고 있다.

---

12) 조준래, <동아시아의 안보관계 쌍무주의와 다자주의의 상호보완>, 《국방논집》, 제40호 1997년 겨울호, pp.232~233.

13) 1차 회의에는 남북한(한국에서는 김경원·김달중 교수가, 북한측에서는 군축 및 평화연구소 소속 장일훈 및 최우근 연구원이 참석), 미국, 일본, 캐나다, 러시아, 몽골, 말레이지아 등 9개국이, 2차 회의에는 남북한(한국에서는 안병준 교수와 차영구 국방연구원 군비통제연구소장이, 북한측에서는 장일훈 및 김병호 연구원이 참석), 미국, 일본, 중국, 러시아, 캐나다, 호주 등 8개국이, 3차 회의에는 미국, 일본, 중국, 러시아, 캐나다 5개국(남북한 불참)이, 4차 회의에는 남북한(한국에서는 안병준·한승주 교수가 북한에서는 최철 및 배상학 연구원), 미국, 일본, 중국, 러시아, 캐나다 등 7개국이, 5차 회의에는 한국(최영진 외교부 정책심의관, 차영구 소장, 이정민 세종연구원), 미국, 일본, 중국, 러시아, 호주, 몽골(북한 불참) 등 8개국이 참석하였다.

바. 8개국 다자 대화 : 몽골정부 제안

바트문호 몽골 공산당 서기장은 1989년 8월 남·북한과 몽골, 미국, 일본, 중국, 소련, 캐나다가 참여하는 동북아지역 8개국 다자 협의체제를 출범하여 안보문제 및 정치, 경제, 과학·기술, 문화, 교육, 환경문제를 논의하자고 제안하였다. 몽골 외무장관은 2001년 5월 11일 한·몽골 외무장관회담에서 '8개국 동북아 다자안보 대화'를 다시 거론하고 2001년 하노이에서 개최되는 아세안지역안보포럼(ARF) 외무장관회의시 조찬 또는 오찬을 통해 8개국 간 비공식 대화를 갖되, 모든 국가가 참여하지 않더라도 상당 국가가 동의하는 경우 일단 대화를 진행하고 북한 등 여타 8자회담에 미온적이거나 부정적인 국가에 대해 대화의 문을 개방하고 처음 회의에는 영토문제 등 민감한 이슈가 아닌 신뢰구축 방안에 대해 협의하자고 제안하였다. 그러나 참가대상 국가들의 미온적인 입장으로 아세안지역안보포럼(ARF) 회의 계기에 8자회담은 성사되지 못하였다. 2002년 7월 31일 브루나이에서 개최된 제9차 아세안지역안보포럼 외무장관회의에서 에르덴네슈룬(Luvsan Erdenechuluun) 몽골 외무장관은 동북아지역 내 정치·안보대화 출범 필요성을 다시 한 번 제기하였다.

2. 한국의 동북아다자안보대화(NEASED) 제의

가. 제의 배경

동북아다자안보대화의 구체적 방안으로 한국 정부는 1994년 5월 방콕에서 개최된 제1차 아세안지역안보포럼 고위관리회의(ARF SOM)에서 <동북아 안보협력(Northeast Asia Security Cooperation)>이라는 제목의 문서를 통해 동북아지역 국가들이 참여하는 '동북아다자안보대화(NEASED : Northeast

Asia Security Dialogue)' 추진 구상을 공식 제안하였다.

세계가 탈냉전기를 맞았다고는 하나 북한 핵문제와 대량파괴무기 확산 위협, 중국·대만 간 무력충돌 위협, 그리고 역내 일부 국가들의 재래식 군비 증강과 같은 불안요인들이 상존하는 동북아지역은 아직도 세계의 주요 긴장지대의 하나로 남아 있으므로, 이와 같은 동북아지역의 독특한 안보환경을 감안하여 동북아지역 안보에 직접적인 이해관계를 가지고 있는 남·북한, 미국, 일본, 중국, 러시아 6개국이 참여하여 아·태지역 전체 차원과는 별도로 소지역(sub-region) 차원의 다자안보 대화를 추진하여 이들 국가간 신뢰구축 노력을 통해 역내 평화와 안정 유지를 모색해 보기 위한 것이 동북아다자안보대화의 목적이었다.14)

한국정부는 1994년 5월 제1차 아세안지역안보포럼 고위관리회의(ARF-SOM)에서 상기 구상을 공식 제안하기에 앞서, 1994년 4월 22일부터 24일까지 제주에서 개최된 제4차 한·미·일 3자 정책기획협의회에서 3국 간 사전 협의를 하였다.15)

나. 동북아다자안보대화(NEASED) 목표

동북아다자안보대화는 동북아지역 내 안보환경을 개선하여 평화를 정착시키는 데 주안점을 두고, 상이한 역사와 문화, 각기 다른 정치체제와 경제발전 수준을 갖고 있는 국가들간에 안보에 대

---

14) 1995년 브루나이에서 개최된 제2차 ARF 외무장관회의에서는 아·태지역 전체 차원에서 개최되는 ARF와 병행하여 양자, 소지역, 지역 차원에서 관련국들간에 안보 인식에 대한 의견교환을 포함하여 정치·안보 협력에 대한 평화와 협의를 증진시켜 나가도록 권고한 바 있다.
15) 2000년 10월 일본에서 개최된 한·미·일 3자 정책기획 협의회에서는 2001년 7월 베트남 개최 제8차 아세안지역안보포럼(ARF) 외무장관회의 계기에 6개국 외무장관 회동을 추진키로 비공식 합의하고 한국이 2001년 5월 북한측에 동 계획을 설명했으나, 북한측의 명시적인 반대로 성사되지 못하였다.

한 인식 차이를 극복하기 위해 우선 신뢰구축조치(CBMs)를 점진적으로 실천해 나가는 것을 목표로 하고 있다.

이를 위해서는 역내 국가들간 상호 불신을 제거하고 대화와 협력의 관계를 발전시켜 나가는 것이 중요하며, 이렇게 해서 쌓인 신뢰를 기초로 구체적으로 군비통제문제와 분쟁의 예방조치 등을 협의해 나감으로써 지역 평화와 안정 유지에 크게 기여할 수 있을 것이다.

동북아의 다자안보 대화의 원칙으로 ① 주권 존중과 영토 보전, ② 불가침 및 무력 불사용, ③ 내부문제 불간섭, ④ 분쟁의 평화적 해결, ⑤ 평화 공존, ⑥ 민주주의와 인권 존중을 정하고 동북아 국가들간 안보 협력을 위해 우선 군사적인 상호 신뢰조치를 취하고 수색 및 구조, 긴급 재난구호 등 비군사적 분야에 대한 공동 협력방법을 모색할 필요가 있다.

동북아 국가들간에 대화의 습관(habit of dialogue)을 배양함으로써 지역안보문제에 대한 공통의 인식과 협력의 틀을 발전시켜 진정한 대동북아 평화질서 수립을 앞당길 수 있을 것이라는 기대를 구상화시킨 동북아다자안보대화의 제안이 예상 참가국들의 반대나 의구심을 초래할 만한 것이 아니었음에도 불구하고 실제적 추진이 어려웠던 데에는 몇 가지 원인이 있을 것으로 보인다.

우선 동북아다자안보대화의 초창기 혹은 모색기라고 할 수 있는 시기에 제안되었기에 안보동맹 등 기존 쌍무관계의 중요성이 훼손될 것을 우려한 미국의 전폭적인 지지를 얻기 어려웠고, 중국 역시 한국의 제안을 지지할 만큼 다자안보 대화 자체의 중요성과 의의에 대한 이해가 깊지 못했던 것을 들 수 있다.

한국의 국가적 위상이 미국에 비해 어쩔 수 없이 취약하다는 사실로 인해 여타 국가들의 참여를 성사시키는 외교적 설득력에도 한계가 있었을 것이고, 그와 더불어 북한과 대결 및 경쟁관계

에 있는 한국이 주도함으로써 북한의 불참과 중국의 소극적 반응
이 이미 충분히 예상되었던 점, 그리고 정부간 협의체를 지향함
으로써 예상 참가국들, 특히 중국이나 북한에 외교적 부담을 안
김으로써 진전을 보지 못한 것 등이 주요 원인으로 작용했을 것
이다.16)

3. 동북아다자안보대화와 4자회담

동북아다자안보대화는 동북아지역 내 신뢰구축을 위한 다자간
안보 대화 채널이 부재한 상황에서 동북아지역 내 국가간 안보환
경 개선 및 평화정착을 위한 안보협력 대화인 반면, 4자회담은
북한의 대미 평화협정 체결 공세와 정전협정 무력화 책동을 차단
하고 남북한 직접 협상과 미국, 중국의 보장을 통해 남·북한 간
긴장 완화와 항구적인 평화체제 구축을 위한 회담이다.

1996년 5월 공로명 외무장관의 러시아 방문시 러시아는 자국
이 4자회담에 배제된 데 대해 불만을 표시하고 남·북한 문제와
관련하여 러시아가 포함된 다자간 국제회의(6자 또는 7자) 개최
를 주장하였다. 이에 우리는 4자회담에서 평화체제 구축의 기반
이 마련될 경우 더 큰 범위에서의 노력으로 4자회담 당사국과 일
본, 러시아가 참가한 가운데 남·북한 간 평화와 안정문제를 포함
한 동북아 안보문제를 포괄적으로 논의할 수 있을 것이라는 입장
을 밝혔다.

이러한 맥락에서 볼 때 4자회담은 남·북한 간 평화체제 구축
문제를 중점적으로 협의하는 데 반해 동북아다자안보대화는 남·
북한을 포함한 동북아지역 전체의 안보문제를 협의한다는 점에서
4자회담과 동북아다자안보대화는 서로 상반되지 않고 보완적으로
발전시킬 수 있을 것이다. 즉, 동북아다자안보대화는 초기 단계에

---

16) 엄태암, 앞의 글, p.226.

서는 남·북한문제 등 구체적인 현안 문제를 해결하기보다는 상호 신뢰 구축을 통해 점진적으로 분쟁 예방 조치, 군축문제 등을 협의하기 때문에 4자회담을 약화시키지 않고 병행 추진이 가능하다.

동북아다자안보대화는 4자회담을 통해 한반도 정전협정을 대체하는 평화체제가 창출될 수 있도록 분위기를 조성하고, 궁극적으로 한반도 평화체제가 수립될 경우 그 이행을 감시 혹은 보장하는 동시에 여타 동북아지역 평화와 안정의 제도화, 안보환경 개선을 위한 제반 협력사업을 담당하는 기능 등을 위해 추진되어야 한다.[17]

III. 동북아 다자안보협의체의 실현 가능성

1. 동북아 다자안보협의체 구상에 대한 부정적·긍정적 시각

가. 부정적 시각

아시아·태평양지역의 유일한 정부간 안보협의체인 아세안지역 안보포럼(ARF)은 아세안이라는 기존의 국가적 연대의 주도로 아세안 국가와 아세안 대화 상대국간 대화라는 제도화된 틀을 통해 추진할 수 있었으나, 이러한 주도적 세력과 중견국가 역할을 할 국가들이 결여된 동북아지역에서는 다자안보 대화를 추진하는 데 많은 제약요인이 있는 것이 사실이다.

세계 4강의 이해가 직접 교차하고 더욱이 예측 불가능한 북한이라는 존재가 있으며, 중국 및 러시아와 직접 국경을 접하고 있

---

17) 엄태암, <동북아 다자안보협의체 구상의 논의 경과와 전망>, ≪국방정책연구≫ 2001년 겨울호, pp.20~21.

는 한반도가 위치한 동북아에서의 다자안보 협력관계 형성은 구성원을 이루는 역내 일부 국가들간의 양자관계가 가변적이라는 기본적인 취약점이 있다.

특히, 북한의 핵개발 의혹을 둘러싼 북한과 미국, 일본과의 관계 발전의 유동성, 북한의 대내 체제 안정성 및 대외정책에 대한 불확실성, 그리고 미국·일본·중국·러시아 4강 간 잔존하고 있는 상호 불신으로 인해 양자간 안보협의체제에 대한 의존도가 높은 현 상황에서 다자 협력은 양자적 기본관계 또는 양자 동맹관계에 영향을 줄 수 있다는 점에서 실현 가능성에 대한 의구심이 제기된다. 또한 동북아지역 국가간의 역사적인 반목과 이해상충 그리고 오래 쌓여온 민족감정은 관련 국가간의 영토문제 등과 함께 동북아 다자안보 협력의 발전에 걸림돌이 될 가능성이 있다. 냉전종식 이후 다자간 안보 협력이 공동안보, 협력안보, 포괄적 안보 등 다양한 개념 정립을 통해서 활발하게 논의되고 있으나 군사적 신뢰 구축, 군비통제 등 구체적 사안이 냉전의 잔재가 남아 있는 동북아지역에서 실현되기에는 많은 시일이 소요될 수 있다.18)

북한이 동북아다자안보대화 또는 6자회담에 명백히 반대의사를 표명하고 있고 중국도 다자안보 대화의 필요성을 인정하고 각종 다자안보 대화에 적극 참여하는 것과는 별도로 북한의 참여를 설득하는 문제에 대해서 만큼은 북한의 입장을 고려하여 미온적인 태도로 일관함으로써 동북아 6자회담 추진에 소극적인 입장이다.

미국은 다자안보 대화의 중요성은 인정하지만 양자동맹 관계를 중시하고 있고, 6자회담을 가장 적극적으로 주장하는 일본은 중국이나 북한의 참여를 설득할 만한 외교채널이 부재할 뿐 아니라 국제적 지도력에 한계가 있다. 러시아가 6자회담을 환영한다고 하나 상대적으로 기타 참가국에 비해 이해관계의 비중이 적은 것

---

18) 한동만, 앞의 글, p.62.

이 사실이다.

나. 긍정적 시각

중국은 부분적이기는 하지만 자유시장 경제정책을 채택하여 매년 높은 경제성장을 이룩하고 있는 상태에서 역내 국가와의 긴밀한 경제 협력관계를 바탕으로 지속적인 경제성장 달성과 현대화라는 국가목표를 달성하기 위해서는 동북아지역 내 안정적인 안보관계 유지가 필요한 입장이다. 중국으로서는 한국, 미국, 일본과의 경제 협력관계 발전이 매우 긴요한 상태에서 중국의 안보에 영향을 미치는 안보 교란요인을 최소화할 필요가 있으며, 이러한 맥락에서 주변 안보정세의 안정유지 수단으로 동북아지역의 다자 안보 대화에 대한 관심이 높아져 가고 있다. 전통적으로 아·태지역 문제에 관여해 오고 싶어하던 러시아는 이미 유사한 제의를 다수 한 바 있으며, 동북아에서의 소지역 대화모임의 결성을 아세안지역 안보포럼과의 상호 보완적인 측면에서 긍정적으로 보고 있다. 또한 북한 핵문제를 위요하고 동북아에서는 다자안보 대화의 경험을 쌓아가고 있다. 특히, 미·북 대화, 남·북 대화, 중국 및 러시아의 관여, 북한에 대한 경수로 건설지원과 관련 국제 컨소시엄 형성 등 북한 핵문제는 이미 4강 간의 협조를 통한 안정적인 안보 환경 조성의 가능성을 보여주었다.

그리고 냉전 이후 역내 국가들간 활발한 경제교류 및 협력에 따라 상호의존 관계가 심화되고 있으며 특히, 미국과 러시아, 미국과 중국 간 관계가 9.11 테러 이후 대테러 국제공조 등 우호 협력 관계를 유지하는 현시점에서 군비경쟁을 억지하고 상호 신뢰구축을 통한 안정적인 안보환경을 달성하기 위해 안보 협력 메카니즘이 필요하다는 데 역내 국가들이 인식을 같이하고 있다.

현재 동북아 다자안보대화 또는 동북아 6자회담이 성사되고 발전하는 과정에서 핵심 변수이자 최대 걸림돌은 북한이다. 북한이

다자안보 대화의 긍정적인 기능을 충분히 인식하고 동참할 경우
에는 북한의 개방·개혁 가속화와 경제발전, 도발위협 감소, 남·
북한 간 신뢰구축, 군비통제, 경협추진 등 관계개선과 평화·안정
유지 등 긍정적인 효과를 기대할 수 있다. 중·장기적으로 북한이
어느 정도 경제난을 해결하고 그러한 자신감을 바탕으로 대외관
계에도 태도변화를 보이는 등 개선요인이 있을 경우 '동북아 6자
회담'의 성사 가능성은 커질 수 있다. 이 경우 동북아 안보환경
개선과 역내 국간 신뢰구축과 예방외교 등 평화의 제도화에 크게
기여할 수 있는 다자안보협의체로서의 6자회담의 의의는 자못 크
지 않을 수 없다. 또 역내 안보환경을 위협하는 요인으로서 북한
문제가 이미 해결된 이후라 하더라도 6자회담의 필요성 자체가
그만큼 적어지는 모순이 있기는 하지만, 역내 국가간의 안보환경
개선과 평화의 제도화를 위한 의제는 매우 다양하므로 6자회담
자체의 필요성과 의의는 부정될 수 없을 것이다.

2. 동북아 주요 국가의 다자안보정책 및 6자회담에 대한 입장

가. 미 국

　미국은 북한문제와 중국, 일본 등 지역세력간 패권경쟁 가능성
등 냉전 이후 동아시아의 새로운 안보 위협요인에 대응함은 물론,
역동적으로 발전하고 있는 동아시아지역에서의 자국의 경제이익
을 추구하고 21세기 아시아·태평양 시대를 주도하기 위하여 동
아시아 중시정책을 추구하고 있다. 또한, 미·일 안보공동선언에
서 나타나듯이 미국은 기존의 양자간 안보체제를 기축으로 동아
시아지역 내 전진배치(forward deployment)를 계속 유지함과
동시에 아시아· 태평양지역에서의 다자간 안보 대화와 협력을 추
진해 왔다.19)
　클린턴 대통령은 1993년 7월 '신태평양 공동체(New Pacific

Community)'구상을 선언하고 이를 위한 우선 과제로서 ① 양
자간 안보 협력관계 재확인, ② 핵 등 대량파괴무기의 확산 억제,
③ 다자간 안보체제 참여, 그리고 ④ 역내 민주주의 확산 지원 등
을 제시한 바 있다.

클린턴 대통령이 한국 방문시 우리 국회 연설에서 밝힌 '신태평
양 공동체' 구상의 기본 골격은 미국이 이 지역에 적극적인 역할
을 수행하고 군사력 배치를 계속해야 한다는 현실적인 전략과 적
절한 군사력과 민주주의가 결합할 때 진정한 안보가 유지될 수
있다는 인식에 기초하고 있다. '신태평양공동체'는 클린턴 대통령
이 방한 전에 와세다 대학 연설에서 최초로 제안하였으나, 와세
다 대학 연설에서는 경제적인 측면에서의 '신태평양공동체' 구상
을 밝힌 반면, 우리 국회연설에서는 안보측면에서의 '신태평양공
동체' 구상을 제시한 것이다.

1995년과 1998년 미국이 밝힌 제2차 및 제3차 동아시아 전
략보고서(EASR : East Asia Strategy Report)는 미국이 기
존의 한·미, 미·일 등 안보동맹 관계를 보완하는 차원에서 새로
운 다자간 안보계획(new multilateral security initiatives)
을 적극 모색할 것이라는 내용을 담고 있다.[20]

동아시아에서 미국이 다자간 안보구도에 긍정적인 입장을 보이
게 된 것은 북한의 핵개발 가능성, 중국의 군비 증강 등 냉전 종

---

19) 자세한 내용은 이정민, <아·태지역 다자안보협력체제에 대한 미국의
    입장>, 《지역연구논총》 제5집(1993), pp.217~234. 참조.
20) 1995년 미 국방성이 발간한 <동아·태지역 안보전략(Security
    Strategy for the East Asia Pacific Region)> 보고서에서 향후 미
    국은 아·태 안보전략의 근간으로서 기존의 전진배치 전략 및 양자동맹
    그리고 다자안보 대화 및 협력 과정을 공히 활용해 나갈 것을 천명하였
    다. Matthew Augustine, <Multilateral Approaches to Regional
    Security : Prospects for Cooperation in Northeast Asia>, *The
    Korean Journal of Defense Analysis*, Vol. XIII, No. 1, Autumn
    2001, p.297.

식이후 동아시아지역의 다양한 불안요인과 관계가 있다. 즉, 미국은 세계에서 가장 활발한 경제성장 지역인 동아시아에서 현재와 같은 유동적인 정세가 계속되면 역내 국가간 군비경쟁이 심화되는 것은 물론이고, 미국이 이러한 역내 안보위협에 효과적으로 대처하는 데 제한을 받을 수밖에 없다는 것을 인식하고 있다.

페리(Perry) 국방장관은 1996년 2월 동북아지역에서 북한을 포함한 역내 국방장관이 참여하는 정례협의체인 '동북아 안보대화'의 창설을 추진중이라고 밝혔는데, 이 같은 미국의 방침은 북한의 불확실성과 중국·대만 간의 양안관계 등 역내 긴장요인에 대한 투명성과 유사시 비상채널을 확보하기 위한 것이다. 특히 중국을 봉쇄하기보다는 건설적인 관계 강화를 통하여 분쟁을 예방하려는 정책을 취하고 있는 미국은 중국을 안보협의체에 포함시킴으로써 지역 안정화를 지향하려는 의도를 갖고 있다.21)

그러나 '동북아 6자회담'에 대한 미국의 반응은 다자안보 대화 일반과는 퍽 대조적인 모습이다. 오부치 일본 총리가 1998년 9월 22일 뉴욕에서 개최된 클린턴 대통령과의 정상회담에서 '동북아 6자회담'의 필요성을 제기했을 때 미국의 반응이 미온적이었던 것이라든가, 미 국무부가 한반도 관련 6자회담에 대해 "한국 정부는 향후 보다 폭넓은 협의의 장을 마련하는 데 관심을 표명해 왔으며, 최근 6자회담 관련 입장표명은 한국의 종전 태도와 모순되지는 않는다. 미국과 한국은 4자회담을 앞으로도 지지할 것이며, 4자회담의 목적은 긴장 완화와 한반도 평화체제 확립이다"라는 견해를 공식 발표함으로써 6자회담을 완곡한 형태로 사실상 부정

---

21) 페리 장관의 동북아지역 국방장관포럼은 중국 등 역내 국가들의 미온적 반응으로 성사되지 못하였으며, 아·태지역의 국방장관모임(Shan-gri-la Dialogue)이 2002년 6월 영국의 국제전략문제연구소(IISS)의 적극적인 노력으로 싱가포르에서 개최되었다(미국에서는 월포비츠 부장관이, 우리나라에서는 월드컵 개막일과 중첩된 관계로 김국헌 국방부 군비통제관이 참석).

하였다.22)

동북아에서 6자회담 형태의 다자안보 협의체제가 구성될 경우 미국으로서는 일본 및 한국과 유지하고 있는 기존 쌍무 동맹관계를 보완하면서 역내 안보 불확실성을 제거하는 긍정적인 역할을 할 것으로 기대할 수도 있겠지만, 일본과 중국의 경제·군사적 경쟁과 알력이라든가 영유권 분쟁의 대상이 되는 역내의 몇몇 도서 문제, 그리고 북한의 경제난이나 군사위협 등 한반도 문제를 다자안보협력 체제에서 논의함으로써 불가피하게 직면하게 될 비효율적이고 소모적인 외교전과 같은 부정적인 요소를 우려하지 않을 수 없었을 것이다.

부시 행정부 출범 이후 미국은 국제기구 또는 다자간 협정 등이 미국의 국익과 정책목표를 달성하기 위한 수단에 불과하기 때문에 일방적으로 무시할 수 있다는 미국식 국제주의(American Internationalism)를 표명하고 다자주의보다는 양자주의, 양자주의보다는 일방주의를 선호하고 있다. 이러한 우려에도 불구하고 미국은 동북아지역에서의 다자안보 대화체제 출범에는 전면 반대하지 않고 있다.23) 특히 9.11 테러사태 이후 세계 및 지역 안보를 위한 반테러 다자 협력의 필요성을 재인식하게 되었으므로 다자협력에 대한 관심은 병행될 것으로 보인다.24)

그러나 미국은 테러방지 근절을 위한 다자적 협력이 미국의 반

---

22) 1999년 2월 22일자, 조선일보
23) 2001년 9월 7일 피터 브루크스(Peter Brookes) 미 국방부 아시아·태평양 담당 부차관보는 국방부 기자간담회를 통해 미국이 구상중인 아시아지역 다자협의체에 대해, "미국과 일본, 호주 등 주요국들이 지역 내 공동 관심사에 현안을 논의할 수 있을 것이며, 이는 아시아지역의 공동 현안에 대한 논의를 정례화하기 위한 협의체가 될 것이나, 그 같은 협의체가 반드시 안보적 성격의 협의체나 동맹국 성격의 협의체가 될 것으로 생각하지는 않는다"라고 언급하였다.
24) 홍현익·이대우 공편, ≪동북아 다자안보 협력과 주변 4강≫ 2001 세종연구소, p.179.

테러전의 주요 노력에 불필요한 제약을 가하는 상황을 원치 않을 것이므로, 비록 다자적 접근을 원칙적으로 수용하더라도 미국의 행동반경이 제약될 수 있는 다자화에 대해서는 불참하거나 소극적인 입장을 견지하는 선택적 다자주의(selective multilateralism)를 선호하는 것으로 보인다.25) 또한 미국이 필요성을 인정하는 다자포럼에 있어서는 미국이 주도력을 강하게 행사하는 경향을 띠게 될 가능성이 크므로, 미국의 일방주의를 보완하는 차원에서 다자포럼을 활용한다는 의미로서 일방적 다자주의(unilateral multilateralism)가 강화될 가능성도 상존한다고 하겠다.26) 2002년 8월 24일 파월 미 국무장관은 러시아를 방문중에 이타르타스 통신과의 회견에서 현단계에서 6자회담은 고려하지 않고 있다고 언급하였다.

나. 일 본

일본은 1990년까지만 해도 역내 다자간 안보 협력에 부정적인 태도를 보였는데 그 이유는, 일본의 민주주의 성공과 경제 번영이 미·일동맹에 크게 의존하고 있다고 평가하고 다자간 안보가 미·일동맹의 기초를 약화시킬 가능성이 있는 것으로 보았기 때문이다. 그러나 1991년 이후 일본은 다양한 역내문제 등에 대처하는 방안으로 기존의 양자동맹 관계를 보완할 수 있도록 다자간 안보 대화와 협력에 적극적인 입장을 보이고 있다.

일본이 이러한 다자안보 대화나 협력에 적극적인 자세를 보인 것은 경제적 영향력이 큰 동남아지역을 중심으로 정치·안보적 영

---

25) 미국은 이라크 사태에 대한 외교적인 우선정책, 그리고 일방주의 또는 양자주의를 중시하여 현단계에서 6자회담에 부정적인 반응을 보이고 있다.

26) 이동휘, <9.11 테러사태이후 국제환경의 변화와 한반도>, 외교안보연구원 정책연구과제(2001-12), 2002.2., p.20.

향력 확대를 모색하는 한편, 중국의 남방 진출을 견제하고 아울러 핵과 미사일 개발 등으로 안보 위협이 되고 있는 북한문제를 다자간 협의체를 활용하여 해결하려는 데서 나오는 당연한 귀결로 보인다. 또한 냉전 종식 이후 역내 안보환경이 급격히 변화함에 따라 미·일 양자 안보관계를 보완할 필요가 있고 미국이 장차 아시아에서 철수하거나 중국이 군사적인 대국으로 성장할 가능성, 그리고 북한의 핵 위협이나 역내 군비경쟁을 통한 돌발사태 방지 등을 위해 다자간 안보 대화가 필요하며, 다자간 안보 대화를 통해 일본 자신이 군사 대국화하고 있다는 여타 아시아 국가들의 우려를 희석시키는 동시에 자국의 정치적 영향력을 제고하기를 희망하고 있기 때문이다.

특히, 일본이 동북아 다자안보 협의체에 남다른 열의를 보이고 있는 까닭은 무엇보다 한반도 문제 해결과정에 참여하기를 희망하기 때문인 것으로 보인다. 북한과의 직접적인 교섭채널 확보를 통한 영향력 행사가 가능한 동북아 다자안보협의체가 성사된다면 일본으로서는 한반도 문제에 관련한 정책결정 과정에서 소외됨으로써 느끼던 한계와 좌절감이 상당 부분 해소될 수 있을 뿐 아니라, 미국과 중국의 대북한 영향력 독점을 견제하며 남·북한에 대한 영향력을 증대시킬 수 있다는 효과를 기대하고 있다.

또 일본으로서는 동북아 다자안보협의체가 군비통제 등 실질적인 신뢰구축조치로 발전할 경우 가장 큰 수혜국 입장에 서게 될 기대를 갖고 있다. 진정한 한·일관계를 개막한 김대중 정부의 대일접근정책은 일본으로 하여금 '동북아 6자회담'을 보다 자신있게 제안할 수 있는 분위기를 조성해 주었다. 1998년 10월 한·일 동경정상회담 후 '21세기 새로운 한·일 파트너십을 위한 공동선언'에서는 다자 대화와 관련하여 "냉전 후의 세계에 있어서 보다 평화롭고 안전한 국제사회 질서를 구축하기 위한 국제적 노력에 대하여 한·일 양국이 서로 협력하면서 적극적으로 참가해 나가는 것이 중요하다"는 것과 "아시아-태평양지역의 평화와 안정을 위한 다자간 대화 노력을 더욱 강화해 나가는 것이 중요하다"는 데 의견의 일치를 보았다.

이러한 합의를 바탕으로 일본의 동북아 6자회담 제안에 대해 한국으로서는 구체적인 실현 가능성보다는 양국관계의 발전과 한·일 정상회담의 성과를 가시화할 수 있는 양국간 우호관계의 상징이라는 점을 고려하여 입장을 밝힌 것이었다.27)

다. 중 국

중국은 아시아지역에서의 다자간 안보 대화 또는 협의체 창설을 중국에 대한 포위전략(containment)으로 인식하여 부정적인 태도를 보여왔다. 중국은 중국의 이해관계가 걸려 있는 지역문제(예 : 남사군도문제, 조어대열도)가 국제화되기보다는 당사자 사이의 협의에 의해 해결되는 것이 더 바람직하다는 입장이다.28)

이념 대립이 상존하고 있고, 문화적인 다양성을 보이고 있으며, 해결되지 않은 영토문제 등을 지니고 있는 동북아의 특수한 사정을 이유로 중국은 유럽안보협력기구(OSCE)와 같은 포괄적인 형태의 안보협의체 형성에 반대하는 입장을 보여왔다. 특히, 중국은 역내 국가간 경제협력을 넘어서 정치·안보문제 중심의 다자안보대화체 수립에는 소극적인 입장을 보이고 있다. 다자안보대화가 구체적으로 발전할 경우 다루어지게 될 군사적 신뢰 구축을 위한

---

27) 엄태암, <동북아 다자안보 협의체 구상의 논의 경과와 전망>, ≪국방정책연구≫ 2001년 겨울호, pp.39~40.

28) 신상진, <아·태지역 다자안보협력체제 형성에 대한 중국의 입장>, ≪지역연구논총≫ 제5권, 1993, pp.145~165. 참조. 중국은 아세안지역안보포럼(ARF) 외무장관회의에서 남사군도문제가 논의되는 것을 원하지 않고 있으며, 아세안 국가들과 양자 차원에서 해결방안을 모색하기를 희망하는 반면, 아세안국가들은 다자회의에서 동 문제 해결을 희망하고 있다.

투명성 보장, 인권문제·민주화·시장개방·환경문제 등 다자안보 대화의 포괄적 주요 안건을 아직은 내정간섭 차원에서 이해하는 중국으로서는 타국에 외교적 간섭요인을 스스로 제공하고 싶지 않을 것이다.[29]

그러나 중국은 냉전 종식과 함께 강대국간 대결의 가능성이 줄어든 반면, 지역적인 국지분쟁은 지속적으로 나타날 것으로 판단하면서 그러한 분쟁의 안정적인 관리를 위해서는 다자간 안보체제 구축도 바람직한 것으로 인식하기 시작하였다. 또한 중국은 자국의 군사력 증대에 대한 주변국의 우려를 불식시키고 일본의 군사대국화를 견제할 필요성을 지니게 되었으며, 경제발전을 위해서도 주변 환경이 안정되어야 할 필요성을 느끼고 있는 형편이다. 또한 비전통적인 안보 위협요인에 효과적으로 대응하기 위해서는 다자간 안보 대화와 협력이 필요함을 인정하고 있다.[30] 1996년 이후 중국은 아·태지역 내의 각종 정부간(Track I), 비정부간(Track II) 다자안보 대화(ARF, 4자회담, CSCAP, NEACD 등)에 적극적으로 참여하는 모습을 보이기 시작했다.

그럼에도 불구하고 중국은 동북아 다자안보협의체가 미·일의

---

29) 중국의 다자주의에 대한 참여는 조건적으로 진행되어 왔다. 즉, 분쟁 지역이 중국의 국가이익에 직접 연계되지 않을 경우라든지, 대상 국가에 대해 중국이 상당한 영향력을 발휘할 수 있을 경우에 한해서 조건적으로 참여하는 형태를 취하였다. 최명해, <다자주의에 대한 중국의 인식 변화 –책략인가 수용인가?>, 외교안보연구원 정책연구자료(02-3), 2002. 6.30, p.6.

30) 2000년 7월 Yang Jiechi 중국 외교부 부부장은 중국으로서는 6자회담 구상에 대해 찬성도 반대도 하지 않는 입장이며, 북한이 동 회담에 응한다면 이에 따르겠다는 생각이라고 언급하였다. 2001년 11월 브루나이에서 개최된 아세안+한·중·일 정상회의에서 주룽지 총리는 "테러, 마약, 불법이민 등 다국적 범죄활동이 증가하고 있어 지역 및 세계 안보를 위협하고 있으므로 이러한 영역에 대해 정치·안보 대화와 협력을 확대·발전시켜야 한다"라고 언급하였다.

주도하에 중국을 견제하기 위한 목적으로 이용될 가능성을 경계하면서 다자간 안보협의체가 특정국을 대상으로 해서는 안 되며, 평화 공존 5개 원칙을 기초로 해야 한다는 점을 강조하고 있다. 즉, 주변 정세의 안정을 바라는 중국은 지역 다자간 안보협의를 통해 지역 불안요인을 제거해야 한다는 당위성에 동감하면서 이러한 협의체 구성이 중국에 대한 견제를 목적으로 추진되어서는 안 된다는 입장을 견지하고 있다. 중국은 다자안보 협력의 주요 목적이 포괄적 정치대화를 통해 역내 평등 추구와 상호 신뢰 구축의 분위기를 조성하고, 새로운 국제관계의 행위규범을 건립하는 데 있다고 평가하고 있다.[31] 1996~97년 중국 지도부는 '신안보 개념'을 통해 다자주의의 실질적(qualitative) 측면을 포용하는 것을 천명하였다. '신안보 개념'의 핵심은 상호 신뢰, 호혜평등 및 협력이며, 세계 평화를 위한 정치적 기초는 '평화 공존 5원칙'과 국제관계를 관리할 보편적으로 공인된 규범이어야 하며, 평화를 위한 경제적 보장도 호혜적 협력과 공동 번영에 기초하며, 동등한 자격을 바탕으로 한 대화와 협의·협상이 분쟁을 해결하고 평화를 보장하는 올바른 방법이라고 주장하고 있다.

이에 따라 중국은 군사·외교문제를 다루는 다자간 안보 협력 체제는 아직 시기상조라는 입장에서 대화체제라는 느슨한 형태의 다자안보 협력 형태에만 관심을 표명하고 있다.

라. 러시아

러시아는 구소련시대 이래 동아시아지역에서의 안보 확보와 자국의 영향력 확대를 위하여 다자안보 체제 형성에 많은 관심을 가지고 다자안보체 창설을 제의하였다. 1969년 6월에 브레즈네프 공산당 서기장은 '아시아 집단안보체제'를, 1986년 7월 29일

---

31) 최명해, 앞의 글, pp.7~8.

고르바초프 서기장은 '아시아판 헬싱키 회담' 구성을, 1989년 9월 16일에는 '전 아시아 안보협력회의' 창설을 제안하였다. 1990년 9월 10일 세바르나제 외상은 '범아시아 포럼'을, 옐친 대통령은 1992년 11월 '아·태 위기예방센터' 창설을, 그리고 코지레프 국방장관은 1994년 3월 '북핵 관련 8자회담' 개최를 각각 주장하였다.

러시아는 일본과 중국의 군사력 증대를 견제하고 역내 국가들과 경제 협력을 증가할 수 있는 여건을 조성하여 국내경제 발전을 가속화하기를 희망하고 있다. 즉, 러시아는 여러 가지 국내적인 어려움으로 인해 동북아 및 아·태지역에서 집단안보체제 구축에 주도적인 역할을 추구하거나 동아시아지역에서의 미국의 영향력을 상쇄시키려는 의도보다는 역내 국가들과 안보문제에 대해 논의할 수 있는 계기로 활용하여 역내 국가들간의 긴장 완화와 협력증진을 도모하고자 하는 의도가 더욱 강한 것으로 보여진다.[32]

푸틴 대통령 등장 이후 러시아는 경제이익을 우선적으로 추구하는 친서방주의 정책과 함께 강대국의 지위 유지를 외교정책의 우선과제로 삼고 국제사회에서 적극적인 역할을 모색하고 있으며, 이에 따라 동북아를 포함한 아·태지역에서의 다자안보·협의체제 구축을 계속 주장하고 아세안지역안보포럼(ARF)에 적극적으로 참여하여 영향력 확대를 모색하고 있다.

러시아는 4자회담을 원칙적으로 지지하면서도 러시아가 소외된 데 대해 불만을 표시하고, 러시아와 일본 또는 국제원자력기구(IAEA)를 포함하는 6자회담 또는 7자회담을 주장하는 등 한반도 문제 해결을 위한 적극적인 입장을 모색하고 있다.

러시아의 6자회담 주장은 4자회담의 의의와 목적에 대한 적극

---

32) 양승함, <러시아의 아·태지역 다자간 협력체제정책>, ≪지역연구논총≫ 제5권(1993), pp. 125~144. 참조

적인 이해를 바탕으로 4자회담과 상호 보완관계의 6자회담을 주장한 것이라기보다는 일본과 같이 한반도 문제의 논의 자체를 4자회담 구도보다는 6자회담의 틀 속에서 이루어지게 함으로써 한반도 문제의 논의 초기부터 자신들의 참여와 이익 확보를 희망한 것으로 해석될 수 있다.

마. 북 한

북한은 '동북아 6자회담'에 대해 명백한 반대입장을 표명하고 있다. 고르바초프의 '전 아시아 회의' 주장과 한국의 1988년 '동북아 평화협의회' 제안에 대해 아·태지역에 대한 유럽안보협력회의(CSCE) 적용은 비현실적이라는 이유를 들어 반대입장을 표시하였다. 그리고 이른바 '베이커 구상(2+4)'에 대해서도 미국의 지배책략의 산물이라는 이유로 반대한 바 있는 북한은 '동북아 6자회담'에 대해서도 '북한 고립책동', '대북 고립압살 책동'33), 그리고 '외세 의존적 정체를 드러낸 망발'34) 등의 용어를 동원해 비난 일색의 입장을 견지하고 있다.

그러나 북한은 동북아지역의 비정부간 안보협의체로서 정부관리(개인자격)와 학자들이 참가하고 있는 동북아협력대화(NEACD : Northeast Asia Cooperation Dialogue) 준비회의(1993년 7월 미국 샌디에이고 개최)에 참가한 이후 그 이후의 본회의에는 계속 불참하여 오다가 2002년 10월 모스크바에서 개최된 제13차 NEACD 회의에 처음으로 참석하였다. 그리고 아·태지역의 비정부간 안보협의체인 아·태안보협력이사회(CSCAP : Council for Security Cooperation in Asia-Pacific)에는 1995년에 정회원국으로 가입한 이래 북태평양 작업반회의나 신뢰구축 작업반회의에 지속적으로 참여하고 있는 것은 고무적인

---

33) 1998년 10월 29일 북한 중앙방송
34) 1999년 1월 9일 북한 평양방송

일이다. 특히, 북한이 2000년 7월 아시아·태평양지역의 유일한 정부간 안보협의체인 아세안지역안보포럼(ARF : ASEAN Regional Forum)에 23번째 회원국으로 가입한 것은 북한이 더 이상 ARF와 같은 광역의 다자안보 대화를 외면하는 것은 북한만 국제사회에서 고립되는 외교적 손실을 우려한 이유 때문이다.35)

북한이 현재 미국과 일본과의 미수교 이유로 동북아 6자회담에 참가를 거부하고 있음을 고려할 때, 향후 북한과 미국, 일본 간 관계개선이 이루어지면 북한이 동북아 다자안보협의체에 참여할 가능성은 높아질 것으로 예상된다.

3. 동북아 다자안보협의체 설립을 위한 전제조건

가. 기존의 쌍무관계 보완

냉전이 동북아에 남긴 유산 중의 하나가 쌍무적 안보동맹관계에 대한 역내 국가들의 강한 의존현상이라는 것은 주지의 사실이다. 강력한 양자관계는 동북아 안보의 복잡성과 특수성의 기준에서 볼 때 단기간에 변화시킬 수 없는 깊은 역사와 전통을 가지고 있으므로 양자관계가 해결하지 못하는 부분에 대해서만 다자간 안보 협력대화가 이를 보완하는 형식을 취해야 한다.36)

---

35) 2000년 7월 방콕에서 개최된 제7차 아세안지역안보포럼(ARF) 외무장관회의에 북한이 가입함으로써 미국은 ARF 회의 계기에 6자회담을 개최하여 마약, 화폐위조 등 국제범죄와 환경문제 등 비정치적 안보문제(soft security issue)에 대해 협의하자고 제의한 데 대해 북한측은 ARF 가입 후 우선 ARF 회의와 양자회담에 전념하겠다는 입장을 보임으로서 실현되지 못하였다.

36) Oknim Chung, <Solving the Security puzzle in Northeast Asia - a multilateral security regime>, *Korea and World Affairs*, Vol. XXIV, No. 3, Fall 2000, p. 397. Joseph Nye도 신뢰 구축조치를 통한 지역기구는 미국의 동맹체제를 대체하는 것이 아니라 이를 보완하는 방식으로 추진되어야 한다고 강조하였다. Joseph

나. 냉전으로 인해 형성된 기존 질서 인정

유럽안보협력기구(OSCE)가 성공할 수 있었던 가장 큰 요인은 기존 전후 질서에 대한 인정을 바탕으로 상호 신뢰구축을 위해 노력해 왔다는 데 있다. 유럽에서 다자주의의 성공이 기존의 정치·경제동맹 관계, 전후 국경선의 유지, 군사동맹의 존재를 인정하는 바탕 위에서 이루어졌다는 것을 감안할 때 동북아에서도 기존 정치·군사동맹의 유지와 외교적으로 통상 인정되고 있는 국경선의 유지에 대해 우선적인 합의가 이루어져야 한다.

다. 의제의 선택에 있어서 보다 신중하고 융통성 있는 접근

유럽안보협력기구(OSCE)는 군비통제 및 군축문제뿐만 아니라 정치·경제·과학기술·인권·환경 등에 대한 포괄적인 지역 협력문제를 다룸으로써 총체적 지역협의체로의 전환을 목표로 하고 있다. 그러나 다자주의의 경험이 일천하고 쌍무적 관계가 여전히 중요한 비중을 차지하고 있고 협상과 대화를 통한 상호 신뢰관계가 아직 형성되어 있지 않은 동북아에서 어느 특정 국가에게 민감한 이슈를 주의제로 채택하는 것은 다자 협력의 성공을 오히려 어렵게 만들 것이다. 중국에 있어 인권, 환경 등과 같은 이슈들은 정치·경제적으로 매우 민감한 사안들이어서 가급적 초기 단계에서는 이러한 문제들을 거론하지 않고 때를 기다리는 지혜가 필요하다. 다양하고 전방위적인 의제를 채택하고 있는 OSCE 방식이 세계적인 탈냉전 추세에 발맞추어 바람직하다고 생각될 수 있으나, 동북아 국가의 '전략문화(strategic culture)'와 '국가적 특성(national character)'을 고려하지 않는 일방통행식 추진은 동북아 다자안보 협의체제의 설립에 오히려 장애요인으로 작용할

Nye, <East Asian Security : The Case for Deep Engagement>, *Foreign Affairs*, Vol 74, No. 4(July/August 1995), p.95.

것이다.

라. 동북아의 현실에 맞는 새로운 모델 창조

이론적으로 볼 때 지역 내 집단안보체제는 개별 국가의 특수성과 이기주의를 초월하는 화해와 양보정신을 전제로 하고 있다.

그러나 냉전의 기운이 그대로 남아 있는 동북아에서 어느 개별 국가의 일방적인 희생이나 양보를 바란다는 것은 무리이다. 동북아에서 어느 특정 국가로부터의 위협을 전제로 하여 집단방위(collective defense)형 기구를 추진하거나 또는 포괄적이고 순수한 유럽형 협력안보(cooperative security)기구의 설립을 추진하는 것은 실현 가능성이 희박하다.

동북아에 있어 다자안보기구의 구상은 우선 다자주의적 노력에 기초하여 냉전의 굴레를 벗고 냉전의 잔재를 청산한다는 목표하에 양자의 형태와 장단점을 절충한 새로운 동북아식 모델을 개발하는 것이 타당할 것이다. 오늘날 유럽에서는 집단방위형 군사기구와 협력안보형 정치기구의 특성을 동시에 추구하고자 하는 북대서양조약기구(NATO)의 개혁작업이 성공적으로 추진되고 있다.[37)

마. 미국의 적극적인 개입 유도

동북아에는 아직 역내 국가들간에 적대관계와 미수교 상태가 존속하고 있으며, 동시에 역내 국가들간의 반목과 견제 역시 매우 치열한 양상을 보이고 있으며, 이들 국가들간의 전략적 목표와 국가이익에도 큰 차이가 있다. 일·중 간의 지역패권 경쟁,

---

37) 동북아지역에서는 공통이해관계나 공동의 적이 결여된 관계로 NATO 형태의 집단방위체제 구성은 불가능하다. Ralph A. Cossa, <U.S. Views toward Northeast Asia Multilateral Security in the region>, IGCC Policy Paper, No. 51, p. 20.

일·러 간의 영토분쟁, 남·북한 간의 군사적 긴장상태를 원만히 해결하기 위해서 세계 초강대국인 미국의 개입은 필수적이다.[38]

바. 장기적인 목표하에 단계적이고 점진적인 추진

동북아의 현실상 다자간 안보협의체의 구성은 단기간에 큰 성과를 거두기는 어렵다는 사실도 분명히 인식하여야 한다. 독자안보체제 구성을 위한 유럽의 노력은 50년이 지난 지금에도 초보적인 수준을 벗어나지 못하고 있다.

동북아 다자안보 협의체제를 향한 이상은 장기적인 희망을 가지고 수많은 시행착오를 거친다는 각오하에 점진적이고 단계적으로 접근해야 할 사안이다. 단기적인 시각과 미시적인 정책은 비관적인 평가만을 강화시켜주고 한반도 및 동북아의 항구적인 평화보장 가능성 역시 점점 줄어들 뿐이다.

사. 동북아 다자안보협의체 구성

동북아 다자안보대화 또는 협의체의 구성은 남·북한과 미·일·중·러의 6개국으로 구성하는 것이 적합하다. 상기 6개국으로 범위를 축소시키는 것이 대화와 협상에 보다 용이하고 또 무엇보다도 이들 6개국이 서로 밀접한 쌍무적 관계를 유지하고 있어 다자관계로의 발전 가능성이 높으며 신뢰구축이 상대적으로 용이하다. 만일 북한이 참여를 거부한다 하더라도 한국은 북한의 참여를 유도하기 위해 다각적인 외교적 노력과 함께 남·북한 공동의 이익창출을 위해 인내심을 가지고 노력해야 한다. 역내 국가인

---

38) Haass 미 국무부 정책실장은 협력적인 다극화를 장려하기 위한 전략의 성공 여부는 미국이 여타 주요 강대국을 지역적 차원의 협의체에 끌어올 수 있는 능력에 달려 있다고 강조하였다. Richard N. Haass, <What to do with American Primacy>, *Foreign Affairs*, Vol. 78, No. 5 (September/October 1999), pp.37~49.

몽골의 다자안보협의체 참여 문제는 동 국가의 참여에 대한 중·러의 입장과 몽골의 지정학적 위치, 안보 협력에 대한 기여 가능성 등을 종합 검토하여 판단해야 한다.[39)

4. 동북아 다자안보협의체의 의제 및 추진방식

가. 의 제

초기의 의제는 정치적·군사적 신뢰 구축에 중점을 두되 이행이 비교적 쉬운 문제부터 접근해 나가고, 경제나 인권·환경 등에 관한 의제는 서서히 다루도록 해야 한다. 중국, 러시아, 북한이 부담으로 느낄 수 있는 의제는 초기 단계에서는 가급적 피하고 상호 신뢰구축이 점진적으로 이루어짐에 따라 단계적으로 의제의 범위를 넓혀가는 단계적 확대방식이 적합하다.

일차적으로는 경제 협력, 환경 등 비전통적인 문제와 테러, 마약 등 초국가적 범죄에 대한 대처방안 등 역내 공동 관심사항에 대한 협의를 통해 신뢰를 구축한 후 각국의 국방정책, 군비 투명성 등 군사적인 신뢰구축 방안을 논의하고 이를 바탕으로 중·장기적인 차원에서 재래식 무기감축을 통한 군비통제 및 군축문제 논의하는 점진적이고도 단계적인 접근방식을 취하는 것이 바람직할 것이다.

나. 추진방식

동북아 다자안보 대화 또는 안보협의체 출범을 추진하기 위한 제1단계는 냉전 유산의 정치적 청산단계로, 역내 국가들간에 냉전으로 인해 야기된 기존의 질서를 인정하고 이에 따른 제반 후유증 및 분쟁의 소지를 정치적으로 청산하는 단계이다.

---

39) 한동만, 앞의 글, pp.56~59.

제2단계는 상호 신뢰구축 단계로 정부(Track Ⅰ)와 민간 (Track Ⅱ) 차원의 기초적인 안보협력 대화를 통해 내부로부터의 안보 위협을 축소시키고 각국의 외교·안보정책에 대한 투명성을 제고함으로써 상호 신뢰를 구축하는 단계이다. 이 과정에서 정부와 민간이 합동으로 참여(Track Ⅲ)하여 접촉의 폭을 확대하고 동북아에서의 항구적 평화를 구축하기 위해 역내 국가들의 합의를 바탕으로 동북아판 헬싱키선언 형태의 '동북아 최종합의서'를 채택함으로써 동북아에서 냉전의 종식을 공식 선언하는 단계이다.

제3단계는 군사정보의 교환, 군사훈련의 사전통보, 군사활동의 투명성 증대 등을 통해 역내의 군사적 긴장을 해소하고 군사적 신뢰를 구축하는 단계이다.

제4단계는 역내 국가들의 군비경쟁을 억제하고 군사적 균형과 안정을 확보함으로써 재래식 무기의 감축과 함께 동북아판 NPT 협상을 통해 역내 핵 위협을 제거하는 단계이다. 이 과정에서 현재 논의중인 제한적 동북아 비핵지대를 구체화하여 동북아지역 내 전술핵무기부터 철수시켜 궁극적으로 비핵지대를 실현하는 방안도 고려될 수 있다.[40]

마지막으로 제5단계는 동북아 협력안보 구축단계로 의제를 경제·인권·환경 등으로 확대함으로써 수평적·상호 의존적·포괄적인 협력안보에 입각한 동북아 안보협력기구(OSCNA : Organization for Security and Cooperation in Northeast Asia)를 창설하여 동북아에서의 예방안보(preventive security)와 위기관리(crisis management) 기능을 강화하는 단계이다.[41]

---

40) 러시아 등 한반도 주변 4강들은 우선 남북한 비핵화선언의 준수를 통해 한반도의 비핵화를 추진하고 주변 4강이 이를 보장해야 한다고 주장한다. Yuri D. Fadeev, <Multilateral Security Cooperation in Northeast Asia and Korea>, *The Research Institute for International Affairs*, Nov. 1996, pp.50~51.

Ⅳ. 비정부간 '동북아협력대화(NEACD)' 개최 현황과 전망

1. 동북아협력대화 발족과 진행 경과

동북아지역을 대상으로 한 다자안보 대화 또는 협의체 구축은 북한의 반대로 비록 정부간 회의인 동북아다자안보대화(NEA-SED)는 공식 출범되지 않고 있으나 'Track Ⅱ 외교'라고 불리는 비정부간 차원에서 추진되고 있다.

미국 캘리포니아대학 샌디에이고 분교 부설 '세계분쟁 및 협력 연구소(IGCC : Institute on Global Conflict and Coo-peration)'의 Susan Shirk 교수(전 미 국무부 동아·태 부차관보)가 미국 국무부의 후원을 받아 1993년 이래 '동북아협력대화(NEACD : Northeast Asia Cooperation Dialogue)'를 개최하고 있다.42) 준비회의와 1차 회의는 IGCC에서 단독으로 주관,

----

41) Edward Neilan은 동북아시아에서 북대서양조약기구(NATO)와 같이 '동북아조약기구(NEATO : Northeast Asia Treaty Organi-zation)' 창설을 제의(Korea Herald, Nov. 25, 1995)하였고, 김경원 사회과학원장은 1997년 12월 '동북아안보기구(Northeast Asia Security Organization)' 창설을 제의하였다. 자세한 것은 Survival, Vol. 39, No. 4, Winter 1997/98, pp. 52-64 참조

42) 동북아 협력 대화는 외형상 IGCC가 주관하였으나, 실제로는 1993년 5월 윈스턴 로드(Winston Lord) 미 국무부 동아·태 차관보가 제의하여 개최되기에 이르렀다. 윈스턴 로드 차관보는 다자간 안보 협력을 미국 외교의 10대 목표 중 하나로 간주, 대화를 통한 협력체 구상이 전통적인 양자간 협력을 보완할 수 있는 효과적인 장치가 될 수 있다고 판단하였다. 윈스턴 로드 차관보는 다자간 안보 협력의 구성요소로서 '정보 교환, 의도의 전달, 긴장완화, 분쟁해결 및 신뢰증진(share information, convey intentions, ease tensions, resolve disputes and foster confidence)등을 들었다. 이서항, <동북아지역 다자간 안보대화·협력의 모색과 전망>, 외교안보연구원, 주요 국제문제 분석 (93-21), 1993.6., p. 5.

후원해 왔으나 2차 회의 이후부터는 일본의 총합연구개발기구(National Institute for Research Advancement)도 IGCC와 같이 공동 후원하고 있다. NEACD와 같은 비정부간·민간 차원에서의 동북아지역 다자간 안보 대화체제 출범은 역내 각 정부의 간접적 지원과 지역 전체에서 전반적으로 형성된 공감대를 바탕으로 이루어진 것이다. NEACD에는 비록 개인자격이라고 하나 정부관리(외교부와 국방부)가 참여하고 있을 뿐 아니라 논의 주제 자체도 지역안보 문제에 대한 각 국가의 입장 및 태도가 포함되어 준정부간 회의(Track 1.5)의 성격을 띠고 있다.[43]

동북아협력대화(NEACD)는 회의의목적을 "동북아 국가간에 대화를 통한 상호 이해증대·신뢰구축·협력증진(to enhance mutual understanding, confidence, and cooperation and to estblish an institutionalized peace and security among countries in Northeast Asia through dialogue)"에 두고 있다.[44]

---

43) 동북아 협력대화회의는 준비회의(93. 7. 샌디에이고), 제1차회의(93.10. 샌디에이고), 제2차 회의(94. 5. 동경), 제3차 회의(95. 4. 모스크바), 제4차 회의(96. 1. 북경), 제5차 회의(96. 9. 서울), 제6차 회의(97. 4. 뉴욕), 제7차 회의(97.12. 동경), 제8차 회의(98. 9. 모스크바), 제9차 회의(99.12. 북경), 제10차 회의(2000.11. 서울), 제11차 회의(2001.10. 하와이), 제12차 회의(2002.4. 동경)가 각각 개최되었고, 제13차 회의는 2002년 10.2~4일간 모스크바에서 개최되었다.

44) Tae-Am Ohm, <Toward a New Phase of Multilateral Security Cooperation in the Asia-Pacific Region : Limited multilateralism or issue-based regionalism>, *The Korean Journal of Defense Analysis*, Vol. IX, No.2, Winter 1997, p.162.

2. 회의 주요의제

동북아협력대화(NEACD)는 다자간 안보 대화포럼인 만큼 역내의 안보문제와 관련된 사항을 다루고 있다. 제1차 회의시부터 동북아 안보상황에 대한 각국의 시각과 평가를 각국 외무부 및 국방부 관리가 발표하고 있으며 NEACD의 중요한 목적이 국가간 상호 불신제거와 신뢰 구축에 있으므로 동북아지역에 적용될 수 있는 기본적 신뢰구축조치(CBMs) 라고 할 수 있는 상호안심조치(MRMs : Mutual Reassurance Measures)방안도 집중적으로 논의하고 있다.[45)]

특히 동북아지역에서 큰 어려움 없이 적용될 수 있는 상호안심조치의 개발을 위해 특별연구작업반(study project meeting)을 편성, 구체적인 방안까지 논의하고 있다. 동북아에서 상호안심조치는 개념상 광범위하고 포괄적이어야 하며, 이행과 관련해서는 그 내용이 점진적·단계적이어야 한다는 원칙 아래 적용 가능한 구체적 조치로서 ① 해상재난 구조 및 안전협약 체결 ② 각국 방위정보 교환 ③ 군비통제 및 군수품 수출규제 완화 ④ 긴급통신망 구축 ⑤ 해상사고 방지 등 해상안전 및 안보 대화 ⑥ 자연재해 긴급구조 대화 ⑦ 에너지 등 경제 협력 등이 제시되고 있다.

동북아지역 국가간 국방정보 공유를 위한 향후 특별연구작업반 회의운영과 관련, 일본은 연구계획의 범위를 ① 군사조직, 군인력을 포함한 군사력에 대한 정보교환, ② 주요 무기 및 장비체제와 관련된 데이터 교환, ③ 국방예산 공개, ④ 국방정책서 및 원리 공표, ⑤ 군사력 증강계획 공개 등으로 정하고 이를 협의하기를

---

45) 호주는 신뢰 구축조치(CBMs)란 용어 대신 Trust-Building Measures(TBMs) 용어를 대신 사용했다. Australian Paper on Practical Proposals for Security Cooperation in the Asia-pacific Region, Canberra, April 1994.

희망하였다. 그러나 중국측은 일본측이 제시한 세부 의제보다는 안보 인식과 개념, 국방정책 및 전략 등 포괄적인 것부터 협의하기를 희망하고 별도의 연구계획보다는 NEACD 본회의에서 의제에 포함시켜 논의하기를 희망하고 있다.[46]

또한 주요 의제로서 국가간 관계에 관한 규제원칙도 다뤄지고 있는데 이 의제하에서는 주권 존중·영토 보전·무력 불사용·내정 불간섭 등 국가간 관계를 규제하는 기본원칙과 무역·투자·기술 등 경제 협력 증진, 환경보호, 테러·마약·조직범죄 및 불법이민 방지 등 행동원칙에 관한 사항이 광범위하게 논의되었다.[47]

이외에 동북아 안보문제에 영향을 미칠 수 있는 에너지, 경제 또는 환경에 관한 사항도 본 회의 직후 관련 전문가들을 추가로 초청하여 집중적으로 논의하고 있다.

3. 동북아협력대화(NEACD)의 의의 및 평가

동북아협력대화(NEACD)는 동북아지역 국가간 다자간 안보대화로서 외형상 이른바 '제2트랙(Track Ⅱ)'으로 불리는 민간 차원의 회의이나, 실질적으로는 정부인사가 개인자격으로 다수 참가하는 준정부간 회의라는 점에 커다란 의의가 있다. 정부인사가 다수 참여한다는 사실은 동북아지역 국가간 상호 이해·신뢰 구축·협력 증진이 단순히 말로만 논의되는 것이 아니라 각국의 실제 정책으로 나타날 수 있다는 것을 뜻한다.

그러나 물론 앞으로 NEACD의 발전은 이 회의에 참여한 국가

---

46) 1997.9.30~10.1일간 하와이에서 국방정보공유(Defense Infor-mation Sharing) 작업반회의(study project meeting)가 개최되었다 (우리나라에서는 최강 박사가 참석).

47) 1997.10.1~2일간 하와이에서 동북아협력원칙(Principles of Nor-theast Asia Cooperation) 작업반회의(study project meeting)가 개최되었다(우리나라에서는 안병준 연세대 교수가 참석).

들의 태도에 달려 있다. 다행히 최근 역내 국가의 국내체제 변화
에 따른 불확실성의 상존, 미국 중심 동맹관계 지속 여부의 불투
명성 등 동북아 안보에 대한 중·장기적 도전요인들을 극복하고
안정된 안보환경을 유지하기 위한 다자안보 대화·협력의 필요성
이 강조되고 있기 때문에 참가 국가들이 적극적인 자세를 보이고
있다.

4. 동북아협력대화(NEACD)의 추진방향 및 향후 전망

일본과 러시아는 NEACD 회의기간 중 정부대표간 회의 별도
개최를 찬성하였으나, 중국은 NEACD의 현상태 유지(status
quo)를 희망하였으며, 우리나라는 NEACD 기간 중 정부대표 별
도 회동의 필요성을 인정하나 우리의 기본입장은 북한이 참여한
가운데 이를 정부간 다자안보대화(NEASED)로 발족하는 것이
필요하다는 입장을 견지하였다.48)

현재 중국이 북한의 참여가 없는 상태에서 비정부간 협의체인
NEACD를 정부간 협의체인 동북아다자안보대화(NEASED)로
발전시키는 방안을 반대하고 있음을 감안, 우선 북한이 NEACD
에 정회원 또는 옵서버라도 참여토록 유도해 나가기로 하고, 제5
차 서울회의에서 처음으로 시행한 정부관리간 별도 회동을 계속
유지함으로써 NEASED로의 격상방안을 계속 모색하기로 하였으
나, 결국 궁극적으로 북한의 참여가 없이 5개국 정부간 대화 또

---

48) 제3차 ARF(96.7.23. 자카르타)에서 공로명 외무장관은 NEACD에
   북한 참여를 유도한 후, 이를 점차적으로 정부간 협의체인 NEASED로
   격상시켜 나가겠다고 언급하였다. 한편, 동북아협력대화(NEACD)를 주
   관하고 있는 미 캘리포니아 대학(샌디에이고 소재) '국제분쟁 및 협력연
   구소'는 2001년 3월 <Northeast Asian Track Ⅰ Multilateral
   Dialogue>라는 문서를 통해 ARF 외무장관회의 계기, 6개국간 비공식
   조찬대화 개최를 제의하였다.

는 협의체 출범은 실효성이 없음을 감안, 현행 NEACD 회의 체제를 당분간 유지하기로 하였다.[49]

그러나 역내 국가간 위협 인식의 차이, 문화·역사적 다양성에 따른 다자간 협력 전통의 결여 및 역내 국가들간의 경제적·제도적 상호 의존도 발달 미비, 동북아다자안보대화에 대한 북한의 부정적 태도 등은 NEACD는 물론 공식적인 다자안보 대화 및 협력의 진전을 가로막는 장애요인으로 작용하였다. 특히 북한은 아·태지역의 민간연구소간 안보모임인 아·태 안보협력이사회(CSCAP)와 정부간 안보 협의체인 아세안지역안보포럼(ARF)에 가입하는 등 아·태지역 광역 차원의 다자안보 대화에는 긍정적으로 평가하고 있으나 미국· 일본과의 외교관계 미수립을 이유로 내세워 동북아다자안보대화에 대한 부정적 태도를 표명하였다. 이러한 북한의 동북아 다자안보 대화에 대한 부정적 태도는 미국·일본과의 관계개선이 본격적으로 이루어지지 않는 한, 바뀌기는 어려울 것으로 보인다.

이에 따라 앞으로 동북아다자안보대화 및 협력문제는 북한을 제외한 주요 관련국의 정부간 차원 및 민간 수준에서 활발히 논의될 것이나 지역 전체를 포함한 실질적인 제도화 및 체제 구축에 이르기 까지에는 어느 정도 시간이 소요될 것으로 전망하고 있다.[50]

동북아 다자 대화·협의체제는 한반도 평화체제 구축에 긍정적 영향을 미칠 수 있다. 남·북한 통일문제는 긍정적으로 남·북한 당사자들에 의해서 해결되어야 될 문제이지만 한반도 평화체제

---

49) 제7차 NEACD 회의(1997.12.2-4. 동경)에서도 정부관리간 별도 오찬모임을 가졌으나, 정부간 협의체로의 격상문제는 북한의 NEACD 참가를 우선 확보한 후, 추후 검토하기로 하였다.

50) 한동만, 앞의 글, pp.103~106. 동북아 협력대화(NEACD)의 상세 회의결과는 <동북아 다자안보협력의 현황과 전망> 외무부 집무자료 (98-2), pp.111~204. 참조.

구축은 모든 관련국의 이해와 식결되는 만큼, 동북아 다자간 협의 체제는 한반도 평화체제 구축에 긍정적으로 공헌할 수 있다. 북한의 핵개발 문제, 미사일 및 화학무기 확산문제 등에 대한 논의, 그리고 남북협상의 진전에 따라 앞으로 본격화될 한반도 군비통제와 관련, 이에 대한 동북아 4국의 지지와 협력 획득이 다자간 협의체제를 통해 가능하다.

따라서 한반도 문제가 안고 있는 국제적 성격을 감안, 동북아 다자 대화·협의체제가 야기할 '한반도 문제의 국제화'를 남·북한 당사자 해결원칙과 조화시킬 필요가 있다.51)

동북아 다자간 대화체제가 출범할 경우 두만강 유역의 개발 등을 통해 북한의 경제난 해소에 기여할 수 있다는 긍정적 평가의 추론도 가능하다. 또한 다자간 대화·협력체제의 참여를 통해 북한이 외교적 고립으로부터 탈피하고 미국, 일본과의 관계 정상화도 앞당길 수 있음을 북한측에 주지시키는 방안을 강구함과 함께 중국이 동북아 대화체제에 적극적인 반응을 보일 경우 북한도 참여할 가능성이 있으므로 중국이 동북아 대화체제에 응하도록 설득 노력도 병행해 나갈 필요가 있다.

V. 동북아지역 다자안보 대화 추진을 위한 우리의 대응책

1. 한반도 문제의 주요 의제화 경계

한국은 동북아 다자안보대화(또는 6자회담)를 추진하는 데 있어 한반도 문제만이 대화 또는 회담의 주요 의제가 되는 것에 대

---

51) 이서항, <동북아 및 아·태지역 다자간 안보 협력 추진방향 : 개념 및 접근방법>, 외교안보연구원 정책연구시리즈(93-12), 1994.4., pp. 17~18.

해 특별한 주의를 기울일 필요가 있다. 즉, 동북아 다자안보대화(또는 6자회담)의 주요 의제는 어디까지나 전체적으로 동북아지역 안정과 관련되는 것이어야 하며, 한반도 문제 해결은 원칙적으로 남북한 직접 당사자에 의해 이루어져야 할 것이다.

다시 말하면 동북아다자안보대화(또는 6자회담) 개최시 한반도 문제는 의제의 하나로 포함될 수 있으나, 한반도 문제만을 위한 6자회담이 되어서는 안 된다는 것이다. 현재 아세안지역안보포럼(ARF)에서나 비정부간 안보협의체인 동북아협력대화(NEACD)에서 여타 지역 안보정세와 함께 일반적인 한반도 정세에 대해 논의하는 방식은 무방할 것이나 논의 초점은 동북아지역의 전반적인 안보문제에 중점을 두어야 할 것이다.

2. 기존의 다자간 대화채널 활용

동북아지역 안정을 위한 다자안보대화(또는 6자회담) 체제의 구축을 위해서는 아세안지역안보포럼(ARF) 등 기존의 광역적인 다자간 대화포럼에서 6개국이 조찬 회동을 하거나 비공식 회동을 하는 방안을 우선 모색해 나가는 것이 바람직할 것이다. 이는 ARF가 소지역 안보 대화를 장려하고 있고, 또한 ARF에서 한반도 문제를 포함한 아시아·태평양지역 전체의 안보문제를 논의하고는 있지만 대화의제를 동북아지역 문제로 특정함으로써 보다 구체적이고 효과적인 토의가 가능하다는 점에서 동북아지역 국가간에 다자안보논의의 의의가 있는 것이다. 따라서 현단계에서는 우선 북한도 계속 참여의사를 표명한 비정부간 안보협의체인 동북아협력대화(NEACD)를 안정적으로 발전시켜 나가는 것이 중요하다.

3. 점진적·단계적으로 추진

동북아 다자안보협의체는 역내 국가간 상호 입장을 이해할 수 있고 대화의 습관(habit of dialogue)이나 대화의 문화(culture of dialogue)를 증진할 수 있다는 측면에서 유용성이 있다. 그러나 현재 동북아시아에서는 북한 핵문제, 일·북 간 수교교섭 등으로 동북아시아 안보환경이 크게 바뀌어 가고 있는 유동적인 상황이므로 정부간 협의체 구성에 대해서는 관련국간 아직 공통분모가 도출되어 있지 않은 상태라고 볼 수 있다.

특히, 북한은 미국과 일본과의 양자관계가 개선되지 않은 상황에서 동북아지역 내 정부간 다자안보협의체 창설을 반대하고 있음을 감안할 때 동북아지역 내 다자안보 대화는 점진적이고 단계적으로 추진해 나가는 것이 필요하다.

동북아 안보협의체가 형성되더라도 역내 세력관계상 굳건한 한·미동맹의 유지는 필요하다. 즉, 동북아 안보협의체는 양자 동맹관계를 대체하는 것이 아니라 이를 보완하는 데 그 역할이 국한되어야 한다.

4. 다자안보정책의 일관성 유지

우리 정부는 1994년 동북아다자안보대화를 공식적으로 제의한 후 매년 정부가 바뀌어도 일관되게 명칭만 다를 뿐 동북아지역에서 다자안보대화 창설을 주장하여 왔다. 다만, 동북아지역의 다자안보대화 출범제의는 남·북한 관계가 경색되어 있는 상황에서 다자의 틀을 이용해 남북대화를 가지기를 희망하는 전략적 고려도 내재되어 있었다. 그러나 2000년 남·북 정상회담 이후 남·북 관계가 우여곡절에도 불구하고 전반적으로 화해·협력관계로 나아가고 있어 4자회담과 6자회담 구상은 사실상 사문화되어 가고 있다. 그러나 6자회담은 한반도 문제가 아닌 동북아지역 국가간 공동안보 관심사 논의를 통해 신뢰를 구축하는 것이 주목적이므로 우리가 6자회담 구상을 전면적으로 배척할 필요는 없다. 즉, 남·북관계, 미·북 및 일·북관계 등 한반도 주변 상황의 유동성을 감안하여 신축적으로 대응해야 하며, 동북아지역 안보협의체 창설이 한반도 평화안정에 기여할 수 있는 방향으로 고려하여 정책을 수립해야 할 것이다.

5. 동북아 다자안보체제 출범시 예상의제 준비

6자회담이 성사되어도 6자회담은 한반도 평화체제 구축을 목표로 한 4자회담과 달리 전반적인 동북아 안보문제를 논의함으로써 신뢰구축을 증진하는 것이 주목적이므로, 상호 신뢰구축을 위해서는 단기간에 해결이 어려운 정치·안보·군축문제를 논의하기보다는 경제협력과 테러 등 초국가적 위협요인에 대해 우선 논의하는 것이 바람직하다. 2002년 10월 2일부터 4일까지 모스크바에서 개최된 동북아협력대화(NEACD) 회의에서는 동북아 안보문제 협의뿐만 아니라 철도 등 사회간접자본과 에너지 분야, 경제개발 문제 등에 관한 워크숍도 개최되었으므로 앞으로 정부간 6자회담이 개최되면 동북아 경제개발은행 및 동북아 경제협의체 창설 등 동북아의 경제협력문제도 논의될 수 있을 것이다.

참 고 문 헌

1) 엄태암, <동북아 다자안보협의체 구상의 논의 경과와 전망>, 《국방
   정책연구》 2001년 겨울호 ; <한반도 안보와 동북아 6자회담>, 《국
   방 정책연구》 1999년 여름호.

2) 이서항, <동북아지역 다자간 안보대화 협력의 모색과 전망>, 외교안보
   연구원 주요 국제문제 분석(93-21), 1993.6. ; <동북아 및 아·태지
   역 다자간 안보협력 추진 방향 : 개념 및 접근 방법>, 외교안보연구원
   정책연구시리즈(93-12), 1994.4.

3) 한동만, <동북아 다자안보 협력의 현황과 전망>, 외무부 집무자료
   (98-2), 1998.

4) 이상균, <동북아 다자안보 협의체제 구축방안 : 유럽의 경험과 한국의
   선택>, 《국가전략》 1997년 봄·여름호.

5) 박홍규, <6자 동북아 평화협의회>, 외교안보연구원 주요 국제문제 분
   석(88-86), 1988.

6) 김국진, <동북아 평화협의회의 구현방안 연구>, 외교안보연구원 정책
   연구시리즈 (89-08), 1989.

7) 양승함, <러시아의 아·태지역 다자간 협력체제 정책>, 《지역연구 논
   총》 제5권(1993).

8) 신상진, <아·태지역 다자안보협력체제 형성에 대한 중국의 입장>, 《
   지역연구논총》 제5권(1993).

9) 조준래, <동아시아의 안보관계 : 쌍무주의와 다자주의의 상호보완>,
   《국방논집》 제40호 1997년 겨울호.

10) 이정민, <아·태지역 다자안보 협력체제에 대한 미국의 입장>, 《지
   역연구논총》 제5권(1993).

11) 홍현익·이대우 공편, 《동북아 다자안보협력과 주변 4강》, 2001, 세
   종연구소

12) 홍규덕, <21세기 동북아 안보협력체 구상에 대한 전망과 과제>, 《
   외교》, 제53호(2000.4).

13) 최명해, <다자주의에 대한 중국의 인식변화 : 책략인가 수용인가?>,
   외교안보연구원 정책연구자료(02-3), 2002.6.30.

14) Korea : A Nation Transformed. Vol. 2. Selected Speeches of President Roh Tae Woo(Seoul : The Presidential Secretariat, 1993)

15) Matthew Augustine, <Multilateral Approaches to Regional Security : Prospects for Cooperation in Northeast Asia>, *The Korean Journal of Defense Analysis*, Vol. XIII, No. 1, Autumn 2001.

16) Tae-Am Ohm, <Toward a New Phase of Multilateral Security Cooperation in the Asia-pacific Region : Limited multilateralism or issue-based regionalism>, *The Korean Journal of Defense Analysis*, Vol. IX, No. 2, Winter 1997, p. 151.

17) Yuri D. Fadeev, <Multilateral Security Cooperation in Northeast Asia and Korea>, *New Discourses on a Peace Regime in Northeast Asia and Korea, The Research Institute for International Affairs*, Nov. 1996.

18) Korea Herald(1995.11.25).

19) Survival, Vol. 30, No. 4, Winter 1997/98, IISS.

20) Australian Paper on Practical Proposals for Security Cooperation in the Asia-Pacific Region, Canberra, April 1994.

21) Oknim Chung, <Solving the Security Puzzle in Northeast Asia - a Multilateral Security Regime>, *Korea and World Affairs*, Vol. XXIV, No. 3, Fall 2000.

22) Sung-joo Han, <Fundamentals of Korea's New Diplomacy : New Korea's Diplomacy toward the World and the Future>, Korea and World Affairs, Vol. 17, No. 2(Summer 1993) us Youngmin KWON, *Regional Community-building in East Asia*, Yonsei University Press, May 2002.

23) Joseph Nye, <East Asian Security : The Case for Deep Engagement>, *Foreign Affairs*, Vol. 74, No. 4(July/august 1995).

24) Richard N. Haass, <What to do with American Primacy>, *Foreign Affairs*, Vol. 78, No. 5(September/October 1999).

제6장. 아·태지역 내 다자안보협력체

아·태지역 내 다자안보협력체

정 강

I. 서 론

아시아·태평양지역은 정치, 경제, 문화, 지리, 인종, 종교 및 사상 등 모든 분야에 있어서 다양성, 복잡성이 존재하며, 이로 인해 역내에 '공동체'라는 개념이 형성되어 있지 않고 있으며, 정치·안보 분야는 물론 여타 분야에 있어서도 다자적 협력이나 협의체의 추진 등이 유럽지역 등과 비교해 볼 때 발전되어 있지 못하다. 특히, 정치·안보 분야가 그러한데, 과거에도 이 지역에는 중국 중심의 국제질서, 식민지 쟁탈전 시대의 국제질서, 냉전시대의 국제질서 등 다자적 협력의 전통은 부재하였다. 냉전시대 이 지역을 지배한 국제질서는 특히, 양극 중심으로 지역 국가들이 분포하였고, 비동맹운동도 존재하는 등 통합보다는 분열이 강조되어 왔다. 이로 인해 주로 양자 중심의 안보협력 및 동맹 관계가 정치·안보 분야 협력의 주류를 이루어 왔으며, 미·중·일·러 등 세계적인 강국들이 이 지역에 포진하고 있는 상황에 따라 이들 강국들과 그 주변국들 간의 양자관계가 중시되어 이러한 경향은 심화되어 왔다.

탈냉전시대에 이르러 아·태지역의 국가들은 다자간 협력을 강조하고, 다방면에 걸쳐 지역협의체를 구성하는 등 활발한 다자외교활동을 펼치고는 있지만, 냉전시대의 특성이 완전히 탈색되지는 않았다고 볼 수 있다. 이러한 특성으로 인해, 역설적으로 이

지역은 세계 다른 어느 지역보다도 다자안보 협력이 필요한 곳이다. 즉, 이 지역은 냉전 이후에도 군사적 충돌 가능성을 포함한 불안요인이 지속적으로 상존하고 있으며, 역사적으로 라이벌을 형성하고 있는 국가들의 존재, 그리고 한반도와 대만해협 등 잠재적인 불안요소들이 존재하고 있다. 따라서, 이 지역에서는 다자 차원의 안보 협력을 통해 긴장을 완화하고, 상호간의 신뢰를 구축함으로써 향후 안보환경을 안정적으로 유지할 필요가 절실한 곳이다. 많은 국가들이 다자안보 협력의 필요성을 공감하고 있으며, 경제성장 등을 위해 주변 안보환경의 안정이 필요한 국가들이 다수임에도 불구하고 다자안보 협력의 메카니즘 또는 경험이 부족하다고 할 수 있는 상황이다.

현재 아·태지역에서 정부간 운영되고 있는 유일한 안보협의체는 아세안지역안보포럼(ARF : ASEAN Regional Forum)이다. ARF와 함께 ASEAN＋한·중·일, ASEAN PMC(Post Ministerial Meeting) 등이 운영되고 있으나, ARF만이 명시적으로 정치·안보 대화를 주요 의제로 삼고 있으며, 아·태지역의 주요국들을 포괄하고 있다. ARF는 또한 하부에 각급 실무급(working level) 회의체, 신뢰구축을 위한 각종 세미나, 워크숍 등을 운영하는 등 각국의 안보 관심사항이 포괄적으로 논의되는 협의체이다. 이외에도 아·태지역을 포괄하는 또 하나의 회의체로서 비정부간의 모임인 아·태지역 안보협력이사회(CSCAP : Council for Security Cooperation in the Asia-Pacific)를 들 수 있다. CSCAP은 비정부간 학자들간의 모임이며 모두가 개인자격으로 참석하고 있으나, 실제로 정부관리들도 이 회의에 사적 자격으로 참석하고 있으며, ARF 등 정부간 협의체에도 CSCAP의 회의 결과 및 권고사항 등을 제출하고 있는 등 1.5 level[1)]의 성격을 지니고 있다. 본고에서는 아세안지역안보포럼

---

1) Track Ⅰ은 정부간의 활동를 의미하며, Track Ⅱ는 비정부간 활동을

(ARF)을 중심으로 아·태지역에 현존하고 있는 정부간, 비정부간 회의체 중 아·태지역 안보협력이사회(CSCAP), 아시아 교류 및 신뢰구축회의(CICA : Conference on Interaction and Confidence-Building Measures in Asia), 아·태 라운드테이블(Asia-Pacific Round Table), 상해협력기구(SCO : Shanghai Cooperation Organization)를 조망해 보고자 한다.

Ⅱ. 아세안지역안보포럼(ARF)

1. 성립배경

ARF는 동남아국가연합(ASEAN)을 그 모태로 하여 생성되었다. 동남아 국가연합은 태국, 말레이시아, 싱가포르, 인도네시아 등 동남아 국가들이 주축이 되었다. 이들은 1960년대 중반에 월남전의 본격화 등 안보 불안상황에 직면하여 동남아 제국간 공동안보 및 자주독립노선을 수립하는 한편, 지역안보 협력의 가능성을 모색하고자 결성되었다.

아세안은 그 이후 1980년대 후반 소련 및 동구권 공산주의의 몰락과 냉전체제의 소멸 등 국제정치적 질서의 변화와 유럽통합 움직임, 우루과이 라운드 등 국제경제 질서변화를 배경으로 새로운 발전방향을 모색하기 시작하였다.2) 아·태지역에서는 냉전이 종식됨에 따라 아·태지역에서 미국·소련의 약화, 중국의 부상 등 힘의 공백이 생겨났으며, 이에 따라 지역 강국간의 패권경쟁

의미한다. 따라서, Track 1.5는 반관반민(半官半民)의 성격을 띠는 활동이다.

2) 아세안 개황, 외교통상부 동남아과, 2000.1., pp.9~21

가능성 등 새로운 불안정 요인이 제기되었다. 그에 따라 지역 내 군비 경쟁이 가속화되었고, 남중국해 영유권 분쟁과 같은 지역분쟁이 재연되는 등 안보 불안요인이 생겨나기 시작하였다. 이러한 안보 불안상황은 아세안 회원국들로 하여금 동남아지역을 넘어서서 아·태지역에서도 유럽과 유사한 지역안보 협력을 모색하여야 할 필요성을 느끼게 하였다.[3]

아·태 지역의 협력적 안보를 위한 다양한 지역안보 협력 구상에 어떠한 형태로든 대응해야 했던 아세안 회원국들은 정치·안보 분야에서의 내부 결속과 국제적 위상을 제고하고 국제사회의 지지를 확보하기 위하여 역외 국가들과의 안보 대화가 필요함을 인식하게 되었고, 이에 따라 1992년 1월 싱가포르에서 개최된 제4차 정상회담에서 역외 국가들과의 안보 대화를 기존의 확대 외무장관회의(ASEAN-PMC)를 활용하여 추진한다는 방침을 정하게 되었다. 이후, 다음해에 처음으로 이루어진 역외 국가들과의 ASEAN-PMC에서 구성국들을 중심으로 정치·안보문제를 주로 논의하는 아세안 지역안보포럼(ASEAN Regional Forum: ARF)을 창설하기로 합의하게 되었다.[4]

ARF의 출범은 따라서, 첫째, 탈냉전시대의 국제질서의 변화에 걸맞는 아태지역 내 안정적 질서 구축, 둘째, 역내 국가들의 군사력 강화 움직임에 대한 불확실성 완화, 셋째 새로운 안보 위협에 대한 대응 및 포괄적 안보(comprehensive security)개념 인식, 네 번째로 ASEAN의 아태지역 내 신국제질서 형성 주도 의도에서 비롯되었다고 할 수 있다.

아세안 국가들은 흔히 지역안보를 떠받치는 3개의 축을 지역안

---

3) 박홍규, <ARF의 발전방향 평가 : CSCE의 경험 비교>, 주요 국제문제 분석, 2000.10., pp.1~2.

4) 박홍규, <ARF의 발전방향 평가 : CSCE의 경험 비교>, 주요 국제 문제 분석, 2000.10, pp.1~2.

보에 대한 미국의 공약(미국과의 양자관계)과 기타 역내 국가들 간의 양자관계 및 다자안보체제라고 꼽고 있다.5) 기타 역내 국가들간의 양자관계는 탈냉전 후에도 비교적 안정적인 관계를 유지한 반면, 미국은 필리핀에서의 철수와 감군 등 군사적·정치적 역할의 약화가 예상되었다. 따라서, 아·태지역 내에서 미국의 역할 약화를 우려한 아세안 국가들이 미국을 이 지역 안보문제에 붙잡아 두려는 의도 또한 ARF의 출범에 간접적인 원인이 되었다. 이밖에 미국과 함께 아·태지역안보에 큰 영향을 미치며, 남중국해 등 아세안 국가들과 많은 분쟁요인을 안고 있는 중국을 다자안보 협력의 틀안에 둠으로써 지역안보를 안정시키고자 한 의도도 존재했다고 볼 수 있다.6) 물론, 이러한 아세안 국가들의 의도는 아·태지역에서 일정 정도 영향력을 유지하려는 미국의 의도나, 지역 강국으로서 지역안보 협력체에서도 영향력을 발휘하고자 하는 중국의 의도와도 맞아떨어진 결과일 것이다.

2. 성 격

출범과정에서 볼 수 있듯이 ARF는 아세안의 주도권(initiative)을 그 근간으로 한다. 아세안 국가들은 아세안 의장국이 자동적으로 ARF 의장국을 겸임하도록 장치해, 아세안이 ARF를 주도해 나갈 수 있는 구조적 장치를 마련하였고, 이러한 아세안의 주도적 역할은 ARF 출범 초기 채택한 여러 가지 문서에서도 명기되어 있다. 아세안 국가들이 아세안의 주도를 분명히

---

5) Ron Huisken, <ASEAN Regional Forum Needs the Defense Ministers>, The PacNet Newsletter 2002. April 12, 2002, the Center for Strategic and International Studies, pp.1-3.
6) Udai Bhanu Singh, <Outlook for the ARF:Relevance for India>, Strategic Analysis, IDSA, September 1999(No.6), p.3.

한 것은 당시 미국, 중국, 러시아, 일본 등 강대국들의 틈바구니
속에서 ARF가 지역 강국간의 패권 경쟁장이 되는 것을 방지하고
군소 국가들의 참여와 발언권을 확보하고, 특히 아세안의 목소리
를 반영할 수 있도록 하고자 하는 것이다.

　ARF의 성격은 1995년 3월에 채택된 ARF 개념보고서
(concept paper)[7)]에 잘 나타나 있다. 동 보고서에서는 아세안
이 ARF에 있어서 중추적 역할을(primary driving force) 담당
하도록 규정하는 한편, 모든 ARF 회원국들의 적극적 참여와 협
력이 필요하다고 규정되어 있으며, ARF의 목표를 점진적인 문제
해결로 설정하였다. 즉, ARF를 ① 제1단계 : 신뢰구축 조치의
증진(Promotion of Confidence-Building Measures) ② 제2
단계 : 예방외교 메커니즘 개발(Development of Preventive
Diplomacy Mechanism) ③ 제3단계 : 갈등 해결에 대한 점진
적 접근(Elaboration of Approaches to Conflicts)으로 점진
적으로 발전시켜 나가자는 것이다. 이와 함께, 아세안의 경험을
원용하여 회원국간의 신뢰구축과 긴장 완화를 도모하고, 초기 단
계에는 ARF의 제도화를 도모하지 않는다는 원칙하에 사무국도
설치하지 않으며 아세안이 필요한 지원을 제공한다고 규정되어
있다. 이러한 ARF의 성격에 맞추어 ARF의 의사규칙은 아세안
의 규범과 관행을 기초로 하며, 의사결정은 표결을 하지 않고 협
의와 컨센서스 방식(mantra of consultations and consen-
sus)을 적용하기로 하였다. 이러한 측면에서 ARF는 그 전례 혹
은 모델이 없는 독특한(sui generis) 조직이라고 일컬어져 왔
다.[8)]

---

7) The ASEAN REGIONAL FORUM: A Concept Paper, Prepared
　by ASEAN Senior Officials and presented to the ARF on
　August 01, 1995.

8) Gary J. Smith, <Multilateralism and Regional Security in
　Asia: The ASEAN Regional Forum (ARF) and APEC's

ARF는 현재 아·태지역 내 22개 주요 국가 및 유럽연합(EU) 의장국이 참석하는 최초의 유일한 정부간 다자지역 안보협의체로서 정부간 정치·안보 대화의 장을 제공하고 역할을 담당하고 있다. 많은 국가, 특히 북한과 같이 여타 안보협력체에 소극적인 나라도 ARF에 가입하게 된 것은, 상기에 설명된 ARF의 성격에 기초한다. 제도화에 대한 반대, 컨센서스 의사결정 원칙, 점진적인 발전 등은 그 동안 지역다자안보 대화를 기피해 오던 국가들이 포럼에 참가할 수 있게 만든 계기가 되었던 것이다. 그러나 이러한 점은 동전의 뒷면처럼 ARF의 한계가 되기도 한다.

3. ARF 회의구조와 회원국 확대과정

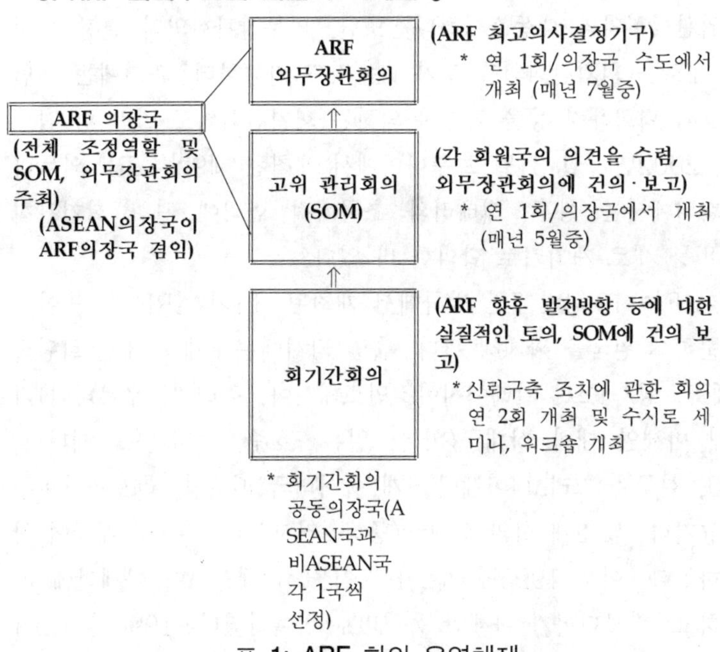

표 1: ARF 회의 운영체제

Geopolitical Value>, The Weatherhead Center for International Affairs, Harvard University, Paper No. 97-2, February 1997.

ARF는 아세안 확대외무장관회의(ASEAN PMC)와 병행하여 연 1회 의장국의 국가에서 외무장관회의(Ministerial Meeting, 7월 말)를 개최한다. 외무장관회의에 앞서 회원국의 고위관리들이 회동(Senior Officials Meeting, 매년 5월중)하여 외무장관회의를 준비하는 한편, 의장성명의 초안에 대해 협의한다. ARF는 현재 회기간(외무장관회의가 끝나는 시점부터 차기 외무장관회의 개최일까지) 내 총 2회의 "신뢰 구축 조치(Intersessional Support Group on : Confidence Building Measures)에 관한 회기간 회의"가 개최되고 있다. 이러한 회기간회의는 ARF의 실무회의(working level meeting)에 가까운 성격을 지니고 있다. 따라서 회기간회의에서 논의되는 의제는 외무장관회의 또는 고위관리회의와 대동소이하다. 또한, 외무장관회의의 결정에 의해 새로운 회기간회의를 추가하는 것도 가능한데, 과거에는 재난구호와 평화유지 등을 집중 논의하는 회기간회의도 열린 바 있으며, 2002년 7월 31일 브루나이에서 개최된 제9차 ARF 외무장관회의에서는 향후 "대테러와 초국가적 범죄에 관한 회기간회의"9)를 새로 개최키로 합의한 바 있다.

ARF는 1994년 7월 방콕에서 개최된 제1차 ARF 회의 이후 꾸준히 회원국을 확대해 왔다. 출범 당시에는 6개 아세안 회원국(태국, 싱가포르, 말레이시아, 인도네시아, 필리핀, 부르나이)과 7개 아세안 대화 상대국(미국, 일본, 호주, 뉴질랜드, 캐나다, EU, 한국), 그리고 아세안 3개 옵서버국(베트남, 라오스, 파푸아뉴기니) 및 2개 협의 상대국(중국, 러시아) 등 총 18개국이 참여하였다. 이후 1995년 제2차 ARF에서 베트남이 아세안에 가입하고, 캄보디아가 아세안 옵서버로 참여하였다. 1996년 제3차 . ARF 외무장관회의에서는 중국, 러시아, 인도가 아세안 대화 상

---

9) InterSessional Meeting on Counter-Terrorism and Transnational Crimes(ISM on CT-TC)

대국으로, 미얀마가 아세안 옵서버국으로 참가하였다.

제3차 ARF에서는 특히 신규 회원국 가입기준을 마련하였다. 신규 회원국은 첫째, 가입 전에 ARF의 결정과 성명을 충분히 준수, 존중할 것을 동의(Commitment)해야 한다. 두 번째로 새로운 가입국들은 지리적으로 동북아, 동남아, 오세아니아의 평화와 안정에 영향을 미치는(relevance) 국가로 한정된다. 세 번째로는 ARF의 효율성을 보장하는 한도 내에서 회원국을 확대(Gradual Expansion)하여야 한다. 마지막으로 신규가입 희망국은 ARF 의장국에 가입서를 제출하고, ARF 의장국은 ARF 회원국과 협의하여 콘센서스로 가입 여부를 결정 (Consultation)한다.

이러한 원칙에 따라 제6차 ARF부터 몽골이 참가하였고, 2000년 제7차 ARF에서는 북한이 정식회원국으로 가입하게 된다. 북한이 가입한 제7차 ARF에서는 당분간 회원국 확대에 대해서는 논의하지 않고(Moratorium) ARF를 심화하는 기간을 갖기로 합의하였다.

현재, ARF에 가입하고자 노력하는 국가는 파키스탄, 영국, 프랑스, 동티모르 등이 있다. 파키스탄은 1996년부터 ARF 가입을 희망하고 가입 지지 확보를 위해 노력중이나, 대부분 회원국들은 인도·파키스탄의 대립으로 실효성 있는 회의운영이 어려울 것을 우려하여 파키스탄 가입에 부정적이거나 미온적인 입장이다. 영국·프랑스는 현재 ARF에 참가하고 있는 EU 의장국과는 별도로 개별 회원국으로서 가입하기를 희망하고 있으나, EU 의장국이 이미 참가하고 있으므로 대부분 회원국들은 필요성을 느끼지 못하고 있으며, 지리적으로도 멀기 때문에 당분간은 논의가 되지 않을 전망이다. 동티모르는 독립 이후 아세안 및 ARF에 참여하겠다는 의사를 보였는데, 가입절차 등이 비교적 까다롭지 않고 가입에 대한 부담이 적은 ARF에 먼저 가입신청을 할 것으로 예상된다. 현재, 동티모르의 가입에 대해 호주 등은 2002년 제9차 ARF에서 지지의사를 분명히 하였으나 여타 국가들에 의한 토의는 없었다. 동티모르의 ARF 가입은 아세안 내부에서의 컨센서스 형성에 의해 좌우될 것으로 전망된다.

4. ARF의 향후 발전전망

앞서 설명된 바와 같이 ARF는 신뢰구축 → 예방외교 → 분쟁해결의 메카니즘으로 점진적으로 발전해 나가는 것을 목표로 하고 있다. 현재 ARF는 신뢰구축의 단계에 머물러 있다고 할 수 있는데, 회원국간의 신뢰구축을 위한 갖가지 제안과 협력사업이 진행10)되고 있다.

그런데 ARF가 예방외교의 단계로 어떻게 이행할 것인가에 대한 논의 결과, 1995년 8월 제2차 외무장관회의에서는 신뢰구축과 예방외교는 서로 중첩되는 분야가 존재하며 예방외교의 단계로 이행하기 전이라도 이러한 중첩 분야를 병행, 추진할 수 있다는 합의를 이루게 되었다. 이러한 결정에 따라 회원국들은 중첩 분야를 규정하고, 중첩 분야를 어떻게 발전시켜 나갈 것인가를 논의하였다.

이에 따라 1997년 11월 신뢰구축 회기간 회의에서 회원국들은 신뢰구축과 예방외교의 중첩 분야로서 ① 의장역할 강화(Enhanced Role of the ARF Chair) ② 전문가/저명인사 등록(Register of Experts and Eminent Persons) ③ 연례 안보전망보고서 발간(Annual Security Outlook) ④ 주요 안보문

---

10) 각국은 이러한 협력사업을 자발적으로 제안하여 매회의에서 리스트를 작성하고 있다. 1년 내에 시행할 사업은 basket 1, 2~3년에 거쳐 시행할 사업은 basket 2로 지정하여 제안을 하며, 5~10개의 사업들이 매년 제안되고 있다.

제에 대한 자발적인 브리핑 실시(Voluntary Background Briefing on Regional Security Issues) 등을 거명하였다. 이후 2000년 5월 제7차 ARF 고위관리회의에서는 중첩 분야와 더불어 예방외교의 개념과 원칙정립 논의를 지속할 것을 합의하였으며, 이어 2001년 제8차 외무장관회의에서는 표2의 '예방외교', '전문가/저명인사 등록규정', '의장역할 강화'의 세 가지 개념문서를 채택하기에 이르렀다.

예 방 외 교
(Preventive Diplomacy: PD)
(싱가포르 초안 작성)

- 예방외교의 논의배경, 정의,
개념 및 원칙 설명

신뢰구축 (Confidence Building)	⇒	의장역할 강화 (Enhanced Role of the ARF Chair) (일본 초안 작성)	⇒	예방외교 (Preventive Diplomacy)

- 원칙 및 ARF 의장의 정의, 역할, 의장 활동을 지원하는 제도 및 ARF 의장의 활동내용

전문가 / 저명인사 등록 규정
(Terms of References for the
Register of Experts/Eminent
Persons: EEP TOR)
(한국과 말레이시아 초안 작성)

- EEP 선정, 등록내용, 등록 명부 관리에 대한 문제, 활동범위 및 운용절차 및 재정 문제

표 2. ARF 발전방향에 관한 3개 문서

ARF의 발전방향에 대한 토의 결과에 따라 각국은 2000년 제7차 ARF 외무장관회의부터 자국의 안보전망을 정리한 '연례안보전망 보고서(Annual Security Outlook)'를 자발적으로 제출하고 있으며, 의장국이 이를 편철하여 배포하고 있다. 2002년 제9

차 외무장관회의에서는 자국의 전문가/저명인사를 등록하여 명부를 작성하여 배포함으로써 회원국들이 이를 활용할 수 있게 하였다. 특히, 우리는 말레이시아와 함께 전문가/저명인사 등록규정 (Terms of References for the Register of Experts/Eminent Persons: EEP TOR)의 초안을 제출한 국가로서, 향후 동 제도가 ARF 내에서 뿌리내릴 수 있도록, 전문가/저명인사 명부의 활용방안을 연구하여 보고하기로 하는 등 지속적으로 ARF 발전방향 논의에 기여할 예정이다. 이외에도, 회원국들은 ARF 주요회의 계기에 주요 안보문제에 대해 자발적인 브리핑을 실시하고 있다. 예방외교와 의장역할 강화를 둘러싸고는 현재 회원국간 추진에 대한 원칙적인 합의는 이루고 있으나, 구체적인 실천방안이 마련되고 있지 못하고 있다. 특히, 몇몇 국가가 제기하고 있는 예방외교와 의장역할 강화를 위한 제안은 ARF 출범시부터 인정되어 온 아세안의 주도적 역할이 일정 부분 수정될 수도 있는 사안이므로, 당분간 회원국간 컨센서스가 쉽지는 않을 전망이다.

이러한 제안의 핵심은 현재 아세안 국가가 맡고 있는 의장의 역할을 강화하기 위해 의장을 보좌하고 ARF에서의 결정을 수행할 수 있는 시스템을 만들자는 것이다. 예를 들면, 아세안과 비아세안 국가의 공동의장, 유럽안보협력기구(OSCE : Organization for Security Cooperation in Europe)의 경우와 같이 전·현·후 의장을 중심으로 하는 트로이카 체제, 저명인사나 아세안 사무국장 등이 의장역할을 보좌하는 제도(friends of chair) 등이 논의되고 있다. 2002년 제9차 ARF 외무장관회의에서는 의장국인 브루나이측이 마련한 ARF의 발전을 위한 권고사항 9개 항11)이 채택되었고, 한 항목에서 아세안사무국이 ARF

---

11) ①국제테러 근절방안 논의 ②정보공유, 경찰협력, 테러자금 차단 강화 ③반테러 및 초국가적 범죄에 관한 회기간 회의 ④의장역할 강화 및 아

의장의 보좌를 추진하는 것이 규정되어 있는데, 이것은 상기 논의가 반영된 것이라고 할 수 있다. 향후 ARF의 발전방향에 대한 논의는 동 9개 항을 중심으로 이루어질 전망이다.

5. ARF의 평가

ARF가 비록 유럽안보협력회의(CSCE: Conference on Security and Cooperation in Europe)와 같이 '최종 합의서(Final Act)'를 채택하고, 정치·경제·사회·안보 등 모든 분야에서의 국가간 협력문제를 포괄적으로 규정하고 있지는 못하나, 그 동안 회원국들간 합의되어 온 사항을 문서화하고, 천천히 그러나 의미있는 걸음을 딛고 있는 것으로 평가할 수 있다. 아·태지역 국가들은 앞서 설명되었듯이 지역을 안보공동체로 인식하는 정도가 낮고, 회원국간의 안보상황이 상당한 차이가 있으며, 군사력에 있어서도 현격한 차이를 보이고 있기 때문에 단기간에 걸쳐 유럽 수준의 안보협력체를 구성한다는 것은 무리이며 부작용이 오히려 우려된다. 따라서, 현재까지 ARF의 발전과정과 유용성이 만족스러울 정도는 아닐지는 몰라도, 아·태지역 내 다자안보 협력에 많은 기여를 해오고 있다고 평가할 수 있다.

ARF의 유용성에 대한 평가는 여러 가지 차원이 있다. 무엇보다 의미있고 각 회원국들이 공감하고 있는 것은 ARF가 회원국들에게 정치·안보 대화의 장을 제공하고 있으며, 참가국들이 민감한 정치·안보문제를 대화하는 습관이 형성되었다는 점이다. 흔히 ARF가 기구화 단계에 이르지 못하고, 돌발적인 위기발생이나 특정 문제에 대해 근본적인 그리고 회원국을 구속하는 결정을 내

세안 사무국의 ARF 의장활동 지원 ⑤EEPs 활용 ⑥CBMs 강화 ⑦국방대화 활성화 ⑧ARF와 아세안 ISIS, CSCAP과의 연계 강화 ⑨예방외교 Paper 후속조치

리지는 못하고 있기 때문에 실속없는 대화의 장(talk shop)에 불과하다고 폄하하는 논자도 있다. 그러나 미국, 중국, 러시아, 일본, EU 등 세계 주요 강대국과 북한, 미얀마 등 폐쇄국가들이 모두 한자리에 모여 각국의 정치·안보문제에 대해 대화를 가진다는 자체가 큰 의미가 있는 일인 것이다.12) 아세안의 성공 경험, 즉 '문제를 해결하는 능력'보다는 '문제를 다루는 능력'13)을 배양한다는 것을 다시 한 번 주목할 필요가 있다. ARF는 현재 아·태지역의 주요 안보문제, 세계정세, 테러리즘, WMD, 군축 및 비확산 등 실로 모든 문제를 의제로 하여 토의와 토론을 진행하고 있다.

ARF에서는 또한 활발한 양자외교도 이루어진다. ARF가 그야말로 대화의 장소를 제공하는 격인데, 특히, 북한과 같은 고립적인 나라의 외무상이 한국·미국·일본·EU 등과 대화의 장을 갖기도 하는 등, 양자적인 차원에서의 대화의 장을 제공하는 역할도 ARF의 유용성을 높이는 기능을 한다.

다자안보 협력이 성공을 거두기 위해서는 지속적인 대화의 장을 갖는 것이 매우 중요하다. 일단 현재보다 지역안보 상황이 악화되지 않도록 하는 것이 중요하며, 주요 안보문제에 대한 각국의 이견이 대화와 협상을 통해 해결될 수 있도록 분위기를 조성해 나가야 한다. 다자안보협의체에서 분쟁과 갈등을 공개적으로 토의한다는 것은 현상에 대한 정확한 평가, ARF와 같은 다자안보협의체라는 대화의 장 제공으로 중재의 모색, 오해로 인한 우발 분쟁의 방지 등에서 큰 의미가 있는 것이다. 다자안보협의체가 가지는 강제력 부재라는 결점도, "대화가 지속되는 한 심각한

---

12) Shin, Dong-ik, <Current development of the ASEAN Regional Forum>, IFANS Review, December 2000, p.73.
13) 변창구, <탈냉전과 아세안의 다자안보대화>, ≪국제정치논총≫, 제36집 2호, 한국국제정치학회, 1996, p.263.

분쟁은 약화된다"라는 교훈처럼, 참가국들로 하여금 자율적인 변화를 유도할 수 있는 시간을 배려하는 기능도 있는 것이다.14)

또 하나 거론되는 ARF의 유용성은 ARF의 현단계로 지목되고 있는 신뢰구축 조치의 이행을 통해 역내 긴장완화에 기여15)하고 있다는 것이다. ARF에서는 앞서 살펴본 바와 같이 군사적 투명성을 높이고 각국의 각종 정책에 대한 이해를 제고시키기 위한 신뢰구축 협력사업16)이 진행되고 있다. 이와 동시에 유엔 재래식 무기 등록을 ARF에서도 회원국과 교환하고, 국방백서 또는 방위백서 등을 자발적으로 교환하는 등 초보적인 수준에서나마 신뢰구축 조치가 시행되고 있다. 2000년부터 제출되기 시작한 연례 안보전망보고서(ASO) 또한 각국이 ARF 회의의 틀안에서 제기하지 못한 문제들까지 망라하여 문서화함으로써 신뢰구축에 기여하고 있다.

이러한 조치들은 비록 원론적인 수준에서 이루어지고 있고 자발적이라는 한계를 지니고는 있으나, 점점 더 많은 국가들이 참석하고 있고 향후 이러한 관행이 반복적으로 쌓여 규범화된다면 역내 긴장완화에 크게 기여할 전망이다. ARF가 지니고 있는 기능적 의의는 결국 이 포럼이 예방외교의 수단이 되어야 한다는데 있다. 현단계의 ARF는 문제해결보다는 예방외교의 실용적 이익에 그 초점이 맞추어져 있다. 즉, 참가자들의 건설적인 개입이

---

14) 이원우, <지역 다자안보 협력현황과 우리의 대응방향>, ≪한반도 군비통제≫, 1998.8., pp.194~195.

15) 이서항, <ARF 평가와 발전방향 전망:3개 운영관련 문서 채택·시행과 관련하여>, 외교안보연구원 금요세미나 자료, 2002.8., pp.2~3.

16) 일례로, 2002.8. 서울에서는 국방부(국방연구원) 주최로 'ARF 국방관리 협력에 대한 위크숍'이 개최되어, 각국의 국방정책 및 국방관리간 협력방안 등에 대한 의견이 교환되었다. 이러한 세미나와 위크숍은 재해예방, 조기경보, 군수, 국방대학총장간 회의 등 실무적인 분야에서부터 예방외교의 개념, PKO 활동 등 정책적인 분야에 이르기까지 다양하게 시행되고 있다.

이해와 신뢰, 상호소통과 안정을 촉진시킴으로서 지역안보에 기여하게 되는 것이다.

그 유용성과 점진적인 발전에도 불구하고 ARF가 한층 더 발전하기 위해서는 해결해야 할 문제들도 가지고 있다. 첫번째로 지적되는 것은, 앞서 ARF의 성격에서 살펴본 바와 같이, 아세안이 주도하도록 되어 있는 ARF의 구조문제이다. James Lacey같은 학자는 "아세안 지역안보 포럼이 아닌 아시아 지역안보 포럼"[17]으로 ARF가 발전해야 한다고 주장하고 있다. 즉, 아세안 지역안보 포럼이 한층 발전하기 위해서는 아세안의 주도가 아시아 국가들의 공동 주도로 변화 발전해야 할 필요성이 있는 것이다.

아세안의 주도가 한계에 부딪히고 있는 대표적인 분야는 ARF의 제도화 문제와 향후 발전방향과 관련[18]해서이다. ARF는 그 출범 초기부터 발전방향을 설정하고, 명시적이지는 않지만 제도화의 단계로 나아가도록 합의된 바가 있다. 그런데 ARF의 제도화 문제 및 향후 발전방향에 대해 아세안과 기타 국가들 간 견해차가 존재하고 있다. 아세안은 기본적으로 주도권을 상실하지 않기 위하여 ARF가 공식적 형태를 띤 지역안보 협력기구로 급속히 제도화되기보다는 가급적 비공식적 형태를 유지하면서 점진적이고 단계적으로 발전해 나가기를 선호하고 있다. 즉, 천천히 그리고 모두에게 편안한 속도로 다음 단계로 이행해야 한다는 것이다. 이러한 점은 중국 등의 나라도 지지하고 있다. 반면, 미국과 호주, 캐나다, 뉴질랜드 등 역외 서방국가들을 중심으로 ARF가 제도화 과정을 통하여 보다 구체성을 띤 지역안보 협력기구로 빠르게 전환되어 가기를 희망하고 있다.[19] 이러한 견해차는 현재까지

---

17) Far Eastern Economic Review, December 7, 1995, p.23.

18) 김용호, <양자주의와 다자주의:동아시아의 현황과 전망>, ≪환동해권 협력의 국제정치경제≫ 세미나보고서, 98.1. 외교안보연구원 p.35

19) 배긍찬, <아태지역 다자안보 대화 전망:제3차 ARF를 계기로>, 주요 국제문제분석, 1996.8., 마항

는 표면화되고 있지는 않지만, ARF의 발전방향에 대한 토의시 의견차로서 제기되고 있다. ARF의 제도화 수준은 아세안의 주도권과 밀접한 관련이 있는데, 특히 아세안에 새롭게 가입한 캄보디아와 라오스 등이 의장국을 맡게 됨에 따라 이들의 능력에 대한 의구심도 제기되고 있다.[20] ARF에서 다음 단계의 발전방향으로 명기하고 있는 예방외교를 실현시키기 위해서는 이러한 문제에 대한 해결책을 반드시 마련해야 한다.

예방외교의 단계로 진입하기 위해서는 예방외교를 위한 ARF의 결정을 또는 분쟁의 사전적인 예방을 실현할 수 있는 자체의 제도적 기반을 마련해야 하는 것이다. 따라서 사무국의 설치, 의장역할의 강화 등 ARF의 제도화 문제는 이러한 측면에서도 시급히 논의되고 합의되어야 할 사항인 것이다.

ARF가 지니고 있는 또 하나의 문제는 의제의 다양성에도 불구하고 새롭게 생겨나는 문제에 대해 적극적으로 대처하는 능력이 결여되어 있다는 것이다. 이러한 상황은 사무국의 부재에서 기인하기도 하고, ARF 의장의 한계점, 즉 아세안 주도의 한계로도 볼 수 있다. 1년에 한 번씩 외무장관들이 회동하여 안보 현안을 논의하고 그 결과를 의장성명에 담는 것이 전부인 현재 회의운영 시스템에서는 새로운 안보 위협요인이 발생한다고 하더라도 대처가 늦어질 수밖에 없다. 예를 들어, 9.11 테러 직후 많은 국제기구들은 특별회의를 소집하여 대처방안 등을 논의하였지만, ARF는 의장명의로 성명을 발표하는 데에 만족해야만 했다. 이러한 문제에 관련해서 회원국들 중 일부는 ARF에 조기경보 시스템을 도입하자는 의견을 내놓은 바도 있다. 즉, ARF에 정보교류와 분석을 전문으로 하는 기구를 도입하여, 안보 위협요소를 사전에 분석하고 현재 존재하는 또는 미래에 존재할 것으로 예견되는 분

---

20) 캄보디아는 2003년 아세안 의장국이자 ARF 의장국이며, 라오스는 2002/2003년 뉴질랜드와 함께 ARF 회기간 회의 공동의장국이다.

쟁에 대해 객관적인 분석, 보고를 수행해야 한다는 것21)이다. 더 나아가, 이러한 기구가 조기경보의 역할을 수행하는 것이다.

ARF는 의제의 다양성과 광범위함이 장점으로 지적되기도 하지만, 이른바 핵심 안보문제, 즉 직접적인 영토분쟁이나 미사일방어(MD) 등 강대국이 직접 관련된 민감한 안보 이슈 등은 본격적으로 논의되지 못하고 있다는 점도 한계로 지적될 수 있다. 이러한 문제는 강대국들간의 또는 적대적인 국가들간의 소모적인 언쟁으로 회의가 표류하는 것을 방지한다는 긍정적인 측면도 지니고 있으나, ARF 스스로를 일정한 한계의 틀속에 가두어 미리 한계를 긋고 있다는 점도 간과해서는 안 될 것이다.

ARF의 운영상의 문제점도 고려되어야 할 사항이다. ARF 신뢰구축 회기간 회의는 아세안과 비아세안 국가가 공동으로 의장을 수임하고 있고, 따라서 아세안 국가에서 한 번 비아세안 국가에서 한번씩 개최된다. 그런데 ARF 외무장관회의는 항상 아세안 의장국에서 개최되며, 더군다나 아세안 장관회의(AMM), ASEAN+한·중·일 회의에 이어서 개최되고, 또 ARF 이후에는 ASEAN PMC가 개최된다. 그런데 동 회의들에는 대부분의 참석자들이 중복되는 형편이며, 심지어 주제도 중복되는 경우가 많은 실정이기 때문에 토론의 효율성을 저하시키고 있다. 이러한 문제를 해결하기 위해 과거 아세안 사무총장이던 Dato Ajit Singh과 서구 국가들은 1년에 2회의 회의를 주최하되, 한번은 현행대로 다른 한번은 비아세안 국가에서 개최하자고 제안한 바 있다.22) 이러한 제안은 현재에도 공동의장제도 등으로 끊임없이 제기되고 있는 바, 이러한 주장에 귀기울일 필요가 있을 것으로

---

21) Park, Hee-Kwon, <Stocktaking and Future Direction of the ARF after Sep. 11.>, Korean Observation on Foreign Relations, 2002., p.128

22) 변창구, <탈냉전과 아세안의 다자안보대화>, 《국제정치논총》, 제36집 2호, 한국국제정치학회, 1996

본다.

6. ARF 외무장관회의에서의 한반도 관련 논의

한반도 문제는 ARF의 주요한 의제 중의 하나로 취급되어 왔다. 제1차 회의에서부터 제6차 회의까지 북한이 ARF에 가입하지 않은 상황에서도 한반도 정세 및 이것이 동북아 정세에 미치는 영향 등이 토의되었으며, 우리 정부의 선도발언에 이어 거의 모든 회원국들이 한반도에의 관심을 표명하여 왔다. 2000년 7월 태국에서 개최된 제7차 ARF 외무장관회의부터 북한이 참여함에 따라, 남·북한, 미·일·중·러 등 한반도 문제의 당사자들이 모두 ARF라는 틀내에서 한반도 문제를 논의할 수 있는 여건이 형성되었다. 따라서, ARF에서의 한반도 문제의 토의는 더욱더 실질적이고 심도 있는 토론이 가능해진 것이다. 이번 항에서는 그동안 ARF 외무장관회의에서 한반도가 어떻게 논의되었는지 간단히 살펴보고자 한다.[23]

제1차 ARF 외무장관회의는 1994년 7월 방콕에서 개최되었다. 당시 북한의 핵문제는 지역안보의제 중 가장 시급하고 (urgent) 절실한 현안으로 논의되었으며, 참가국 외무장관들은 북한의 핵문제가 한반도 및 동북아뿐 아니라 아·태지역 안보 및 세계평화에 중대한 영향을 미치는 사안이라는 데 의견의 일치를 보았다. 이러한 상황은 의장성명에도 "국제평화와 안전의 유지에 있어 핵무기 비확산의 중요성을 유념하고, 미·북 간 협상 계속을 환영하며 남북대화의 조기 재개를 지지"한다는 구절이 포함되게 되는 계기가 되었다. 이때를 기점으로 하여, ARF 의장성명에는 이른바 한반도 조항이 항상 포함되게 되었다.

제2차 ARF 외무장관회의는 1995년 8월 브루나이에서 개최되

---

23) 회의내용에 대한 참고는 'ARF 개황(2002.7)'을 참고하였다.

었으며, 1994년에 이어 북한 핵문제가 논의되었다. 우리측은 미·북 제네바 합의, 쿠알라룸푸르 합의 등 북한 핵문제 해결을 위한 그간의 긍정적 진전을 평가하는 한편, 북한 핵문제의 궁극적 해결을 위한 조속한 남북대화 재개를 강조하였다. 미국은 북한 핵문제가 역내 안보현안 가운데 가장 큰 도전이자 가장 중요한 문제라고 강조하면서 그간의 한·미·일 3국의 공조체제, 특히 미·북 핵합의 이행을 위한 대북 유류지원 등을 위해 역내 국가들의 KEDO에 대한 지지와 지원을 요청하였으며, 상기 사항 등이 의장성명에 반영되었다.

자카르타에서 1996년 7월 개최된 제3차 ARF 외무장관회의에서는 한반도 평화체제 및 4자회담이 집중적으로 논의되었다. 우리는 4자회담의 배경을 설명하고 4자회담이 한반도 문제의 평화적 해결을 위한 가장 현실적이고 실현 가능한 방안임을 강조하였으며, 미국은 4자회담의 실현을 위해 한·미·일이 긴밀히 협력중이라고 언급하는 한편, 일본· 아일랜드(EU 의장국)·뉴질랜드·호주 등이 지지발언을 하였다. 우리측은 특히, 외무·국방 고위관리 및 학자가 참가하는 '동북아협력대화(NEACD)' 회의에 북한이 참가하도록 유도한 후 동 회의가 정부간 회의인 NEASED로 발전할 수 있도록 관련국들이 협조하여 줄 것을 요청하였다. 이밖에도 KEDO 사업의 진전사항이 논의되었으며, 우리측 및 미국은 KEDO에 대한 ARF 회원국들의 재정적 참여를 촉구하였다. 동 회의에서는 특히, 우리측은 북한이 4자회담을 수용하는 경우 신규회원국 가입기준에 따라 북한의 ARF 가입문제를 논의할 수 있을 것이라고 언급하였다.

제4차 ARF 외무장관회의는 1997년 7월 말레이시아에서 개최되었다. 우리는 그간의 북한정세를 설명하고 4자회담 개최 필요성을 강조하는 한편, 북한이 대화와 개방이 가져올 두려움 때문에 자기에게 무엇이 진정으로 좋은 것인지를 모르고 있으므로,

ARF 모든 회원국들이 한반도의 안정이 아·태지역 전체의 안정을 위해서 긴요함을 감안하여 북한이 우리와의 건설적인 대화의 길로 나올 수 있도록 적극적으로 지원해 줄 것을 요청하였다. 미국은 4자회담 관련 최근 진전사항을 기쁘게 생각하며 4자회담을 통해 한반도 내 평화가 달성되기를 희망한다고 언급하였으며, 중국과 러시아, 일본, 호주, 뉴질랜드, 필리핀, 인도네시아, 태국, 인도, 베트남, 룩셈부르크(EU 의장국), PNG 외무장관들이 4자회담을 지지하였다. 러시아와 일본 외무장관은 4자회담이 성공하기를 희망한다고 하면서 장기적으로는 자기들도 참여하는 동북아지역 안보대화가 이루어지기를 희망하였다.

특히, 이 회의에서는 대만 핵폐기물 북한 이전문제가 논의된 바, 대만 핵폐기물 이전 시도는 환경 악화뿐 아니라 동북아지역 안보에도 부정적 영향을 미치므로 중지되어야 한다고 강조되었다. 또한, KEDO 사업의 진행사항을 공유하고 회원국들의 KEDO 지원 필요성이 강조되었다. 이밖에도 북한 식량난에 대해 우리측은 농업의 구조적인 문제와 군사부문에 치우친 자원배분이 근본 원인임을 지적하고, 한국이 인도주의적 고려에 의한 지원을 하고 있으나 북한 식량난의 근본적 해결을 위해서는 구조적인 지원이 필요하다고 언급하였다. 미국·뉴질랜드·인도·룩셈부르크 외무장관들이 북한 식량난에 우려를 표명하였으나, 러시아 외무장관은 북한이 현재의 난국을 벗어나기 위해서는 중국의 예를 따라 개혁과 개방의 길로 나아가야 하며, ARF 회원국들의 이러한 공통적인 의견을 북한에 전달할 수 있어야 할 것이라고 주장하였다.

제5차 ARF 외무장관회의는 1998년 7월 마닐라에서 개최되었다. 이번 회의에서는 ARF 회원국들에게 한반도 평화유지가 아·태지역의 평화와 안전에 직결되어 있음을 인식시키고, 한반도 평화체제 수립과 이를 위한 4자회담의 필요성에 대한 회원국들의 이해와 지지를 구하고 KEDO에 대한 ARF 회원국의 계속적인 지원 필요성에 대한 지지를 확보하는 장이 되었다. 또한 한반도 문제는 기본적으로 남·북한 간 대화를 통해 해결할 문제이며, 최근 잠수정 및 간첩침투사건에도 불구하고 북한의 개방과 개혁을 유도하기 위한 대북포용정책을 계속 수행해 나갈 것임을 강조하여 참석자들의 지지를 받았으며, 정전협정 준수 필요성을 재강조한다는 내용을 의장성명에 추가하였다. 우리는 파키스탄 핵기술의 북한 이전 가능성을 우려, 핵기술의 제3국 이전금지 필요성을 적극 강조한 결과, 인도와 파키스탄의 핵기술·물질·장비의 제3국 이전금지 중요성을 강조하는 문안이 의장성명에 추가되었다.

1999년 7월 싱가포르에서 개최된 제6차 ARF 외무장관회의에서는 북한의 미사일 시험발사에 관한 토의가 집중적으로 진행되었다. 우리는 북한의 미사일 발사에 대한 우려를 표명하고, 한·미·일의 긴밀한 공조하에 이를 대처하고 있음을 설명하고, 동 사태에도 불구하고 제네바 합의와 KEDO 사업 등 포용정책의 큰 틀은 그대로 유지될 것임을 설명하였다. 미국은 북한문제를 가장 위험한 문제 중의 하나로 인식하며, 김대중 대통령의 대북포용정책에 대한 지지를 재확인한다고 언급하는 한편, 최근 한·미·일 3자 간에 긴밀한 협력이 진행되고 있음을 높이 평가하고, 북한이 페리의 제안을 받아들이고 4자회담, 장성급 회담을 비롯한 제반 대화에도 건설적으로 임하기를 희망한다는 의견을 피력하였다.

일본은 ARF가 의장성명을 통해 북한의 미사일 문제에 대한 우려를 표명해야 하며 북한이 긍정적인 자세를 취하도록 촉구해야 한다고 언급하였다. 이밖에도, 러시아는 북한의 미사일 재발사는 지역안보에 추가적인 긴장요인이 될 것이라고 보고, 미사일 및 우주개발은 관련 국제법을 준수하여 타국의 안보를 위협하지 않는 방법으로 추구하여야 한다는 입장임을 표명하였으나, 북한에 대해 과도한 압력을 가하는 것은 바람직하지 않고, 북한을 ARF

와 같은 다자안보 협력논의에 포함시키는 것이 필요하다고 언급하였다. 중국은 한반도의 비핵화가 유지되어야 한다는 입장이며, 동 지역에서의 대량파괴무기 확산을 반대한다고 하고 중국도 긍정적인 영향력을 계속 행사하겠다고 언급하였다. 이러한 회원국들의 우려표명에 따라 의장성명에는 1953년 정전협정 준수의 중요성, 1998년 8월 북한의 미사일 발사 및 관련 활동에 우려 표명, 한국의 포용정책 지지 등의 문항이 포함되었다.

제7차 ARF 외무장관회의에서 북한이 신규회원국으로 가입한 가운데, 2000년 7월 방콕에서 개최되었다. 우리는 6.15 남북공동선언의 내용을 설명하고, 동 '공동선언'의 충실한 이행을 통해 남·북한 관계가 개선될 것으로 예상되며, 남북공동선언의 성공적인 실현을 위해서는 남·북한 당사자뿐 아니라 미, 중, 일, 러 등 주변 4국과 ASEAN, EU 등을 포함한 국제사회의 협력이 필수적이라고 언급하였다. 북한은 남·북한 관계 진전 및 과거 적대적 관계에 있던 국가들을 포함하여 대외관계 개선을 위해 노력해 왔으며, 한반도의 평화정착은 외세의 간섭을 배제하고 북한과 몇몇 국가들과의 적대관계를 해소하는 문제와 직접 연결돼 있는 문제라고 지적하고, 역사적인 남북정상회담과 남북공동선언은 자주적이고 평화적인 통일을 위한 일대 계기를 마련한 획기적 사건임을 언급하였다. 각 회원국들은 북한의 ARF 가입을 환영하고, 남북정상회담 등 최근 한반도에서의 상황 진전을 높이 평가하였다.

이러한 분위기는 의장성명에도 반영되어, '6.15 남북공동선언'에 대한 지지 표명, 남·북한 간 대화, 북·미, 북·일 회담, 4자회담 등의 체제 내에서의 모든 당사국의 노력과 기타 광범위한 국제적 노력의 증진에 대한 기대, KEDO를 포함한 1994년 제네바 합의의 완전한 이행에 대한 기대 등이 표시되었다.

제8차 ARF 외무장관회의는 2001년 7월 하노이에서 개최되었다. 우리는 분단 이후 최초로 개최된 남북정상회담이 남북관계에 있어 획기적인 전환점이었고, 남북관계를 '대결'에서 '협력' 구도로 전환시켰음을 평가하고, 남북정상회담으로 이룩된 한반도 평화 프로세스의 모멘텀을 살려나가기 위해 북한을 포함, 모든 당사자가 함께 노력해야 하며, 특히 이를 위해서는 제2차 남북대화 추진 및 2차 남북정상회담의 조기 개최가 긴요하다고 언급하였다. 북한은 지난해 6월 역사적인 남북정상회담과 남북공동선언은 한반도의 화해·협력·통일을 위한 모멘텀을 조성하였고, 동북아 및 세계의 평화와 안정에 기여하였다고 하는 한편, 미 신행정부가 대북정책 검토라는 명목하에 모든 대화를 중단하고 북한에 대한 강경정책을 취하여 정상적으로 진행되던 한반도 상황을 거꾸로 되돌려 놓았다고 언급하였다.

미국은 한반도의 평화와 안정을 위하여 남북대화를 지지하며, 김대중 대통령의 건설적인 대북포용정책(constructive engagement)을 적극 지지한다고 언급하는 한편, 북한과 아무런 전제조건 없이 대화할 용의가 있음을 설명하였다. 일본 및 중국은 남북정상회담 이후 한반도에서 긍정적인 상황 진전이 있었음을 평가하였다. 이러한 회원국들의 토의는 의장성명에, "6.15 선언 이후 한반도 상황의 긍정적 발전에 대한 만족 표시", "향후 한반도 평화정착을 위한 제2차 정상회담의 개최 촉구" 등으로 명기되었다.

제9차 ARF 외무장관회의는 2002년 7월 브루나이에서 개최되었다. 우리측은 이 회의에서, 국제적인 긴장을 초래한 서해교전 사태에 대해 우려를 표명하고 앞으로 유사한 사태의 재발방지 필요성을 강조하였다. 한편, 북한의 대화재개 제안을 주목하고, 한반도 화해 협력이 실질적으로 진전되고 남북합의사항이 충실히 이행되도록 촉구하였다. 백남순 외무상은 6.15 남북공동선언의 충실한 이행의사를 피력하였다. 북측은 서해교전 사태에 대해서는 언급하지 않고, 기존의 정책적 노선을 되풀이하였다. 미, 일, 호주, 아세안 등 대부분의 참가국들은 서해교전 사태에 대해 유감을 표명하는 한편 남북대화 재개를 환영하였다.

회의 후 채택된 회의 최종보고서인 의장성명에서는 서해교전에 대해 우려를 표명하는 한편, 최근의 남북한 대화재개를 위한 움직임에 주목하였으며, 유사사건의 재발방지 보장의 필요성과 남북한 신뢰구축 조치 증진의 중요성 등이 강조되었다. 이와 더불어 남북한 간 화해·협력 증진과 6.15 공동선언의 이행을 희망하는 한편 제2차 남북정상회담 개최와 KEDO를 포함한 1994년 제네바 합의의 이행 중요성도 강조되었다. 제9차 외무장관회의는 9.11 테러 이후 처음으로 개최되어 테러리즘과 이에 대한 각국의 입장이 표명되었다. 따라서, 금번 회의에서는 '테러리즘 차단에 관한 ARF 성명'을 채택하고, '대테러 및 초국가적 범죄에 관한 회기간 회의'를 개최키로 결정하는 등 대테러 협력에 대한 논의가 두드러졌다.

7. 남·북한의 ARF 참여 및 의의

가. 한국의 ARF 참여

한국은 1994년 ARF 창설회원국으로서 지역정세에 대한 논의, 신뢰구축 사업(CBMs : Confidence Building Measures), ARF 향후 발전방향 논의 등 ARF에서의 모든 활동에 적극 참여하여 주도적인 역할을 담당하여 왔다. 우리나라가 최초로 서울에서 ARF 관련 회의를 개최한 것은 ARF의 신뢰구축 사업이었다. 우리 정부는 1995년 5월 서울에서 '예방외교에 대한 세미나(미국, 태국과 공동개최)'를 개최하여, ARF의 발전방향과 예방외교에 대한 개념 등을 토의하는 기회를 가졌다. 이후 국방대학원에서 1998년 9월 '제2차 ARF 국방대총장회의'를 서울에서 개최하였다. 이후, 우리는 말레이시아와 공동으로 2000~2001년 회기에 ARF의 실무그룹회의인 'ARF 신뢰구축 회기간회의' 공동의장국을 수임하였다. 관례에 따라, 서울에서 2000년 11월 제1차 회의를 개최하고, 2001년 4월에는 말레이시아 쿨라룸푸르에서 제2차 회의를 개최하였다. 동 회기간에는 회기간 회의와 함께 '초국가적 범죄에 관한 전문가회의(EGM : Experts Group Meeting)'을 동시에 개최하여 초국가적 범죄에 대한 회원국들의 관심이 반영되었고, 특히 2001년 제8차 ARF 외무장관회의에서 채택된 ARF 발전방향에 관한 3개 문서24)의 초안이 마련되는 등 ARF의 발전에 있어서 의미 있는 회기가 되었다. 2001년 5월에는 한국, 캐나다, 필리핀의 공동개최로 '평화유지에 있어서 민·관 협력'에 대한 세미나를 서울에서 개최하였으며, 국방대학원 주최로 '국방인사 협력에 대한 워크숍'이 2002년 8월에 서울에서 개최되었다. 세계적인 반테러 공조의 일환으로 2002년 10월에는 한국, 일본, 싱가포르 공동주최로 '제2차 ARF 테러예방 워크숍'이 일본 동경에서 개최되어 2002년 한·일 월드컵에서의 성공적인 대테러 조치를 ARF 회원국과 공유하는 기회를 갖기도 하였다.

나. 북한의 ARF 참여

(1) 북한의 ARF가입경위25)

1994년 ARF 출범 이후 북한은 ARF에의 가입 희망의사를 ASEAN 국가들에게 간헐적으로 표명한 적이 있으나 소극적 자세로 일관하였다. 그러던 중, 북한은 1998년 5월 제5차 ARF 의장국인 필리핀에게 북한의 ARF 가입을 위해서는 필리핀, 브루나이 등 외교관계가 없는 국가와의 수교가 선행되어야 한다고 주

---

24) 예방외교(싱가포르), 의장역할 강화(일본), 전문가/저명인사 등록규정 (한국, 말레이시아)
25) ARF 개황, 외교통상부 안보정책과, 2002.7.' pp.127~130 참조.

장하였고, 1999년 9월 UN총회 기간중 필리핀, 호주와의 외무장
관회담에서 ARF 회원국 중 미수교국과의 관계정상화 이후 ARF
가입문제를 검토하겠다는 입장을 표명하였다.

2000년에 이르러 북한의 이 같은 입장이 보다 구체화되어, 같
은 해 4월에는 백남순 북한 외무상이 제7차 ARF 의장국인 태국
외무장관 앞으로 서한을 통해 ARF 공식가입을 신청하였다. 이에
따라, 2000년 5월 방콕에서 개최된 제7차 ARF 고위관리회의
(SOM)에서 이 문제를 토의하였으며, 7월 개최하는 ARF 외무
장관회의부터 북한이 참여하도록 외무장관회의에 건의하였다. 이
에 따라, 북한 백남순 외무상이 2000년 7월 27일 ARF 외무장
관회의에 참석함으로써 북한은 ARF에 23번째 회원국으로 가입
하였다. 북한은 가입 이후 공식 ARF 회의뿐만 아니라, 2000년
10월 헬싱키에서 개최된 'ARF 신뢰구축 세미나'를 시작으로
2001년 2월 프놈펜 개최 'ARF 재래식 무기관련 세미나' 등
ARF 신뢰구축 사업에도 재외 공관원을 중심으로 참여하였다.
2001년 7월 하노이에서 개최된 제8차 ARF 외무장관회의에는
마지막 순간에 백남순 외무상의 참석이 변경되어, 허종 본부 순
회대사가 대리로 참석하였다. 2002년 7월 브루나이에서 개최된
제9차 ARF 외무장관회의에는 백남순 외무상이 예정대로 참석하
였다.

(2) 북한의 ARF 가입의 의의

아·태지역에서 가장 고립적인 국가 중 하나인 북한이 ARF에
참여하게 됨으로써 대화의 장을 제공하고 이를 통해 긴장완화,
신뢰구축을 제고한다는 ARF의 설립목적이 한층 더 강화되는 계
기가 되었다. 특히, 대화의 습관축적이라는 ARF의 효용성으로
볼 때 북한의 ARF 참여는 첫째, 북한의 국제사회 편입 가속화
와, 둘째, 국제무대에서의 남북한 접촉과 협력 확대하는 두 가지

측면에서 의의를 가진다.

　북한으로서는 그간의 국제적인 고립을 탈피하고 처음으로 다자안보협의체에 진출하게 되어 동 포럼을 통해 자신의 입장을 공개적으로 표명하고 관련 당사국들과 토론하는 기회를 갖게 되었다. 북한은 또한 이 자리를 빌려 활발한 양자외교도 자연스럽게 가지게 되는 등 다자무대에 본격적으로 데뷔하게 되었다. 한편, 북한은 또한 다자안보협의체의 일원으로서 갖게 되는 의무도 수행하게 되었는데, 이로써 북한은 국제사회의 책임 있는 일원이 되기 위한 첫발을 내딛은 것이라고 평가할 수 있다. 북한은 ARF 회원국들이 자발적으로 제출하고 있는 연례안보전망보고서(ASO)를 2001년 이후 매년 제출하고 있으며, ARF의 의장역할 강화를 위한 제도인 전문가·저명인사(EEPs)의 명단도 제출하는 등 다자안보협의체에 적응해 나가고 있다.

　북한의 ARF 가입으로 각종 ARF 관련 활동 및 국제무대에서 남·북한 간 회동 및 협력 가능성이 높아졌다고 할 수 있다[26]. 그 일례로 방콕에서 개최된 2002년 7월 제7차 ARF 외무장관회의에서는 남북한 외무장관회담이 최초로 개최되기도 하였다. 또한 각종 회의에서 채택되어지는 이른바 '한반도 조항'의 교섭을 위해 남·북한간의 접촉이 이루어지는 등 비공식적인 접촉과 협력도 증가할 것으로 보인다.

---

26) 홍규덕·이서항, <북한의 ARF 가입에 따른 동북아 다자안보 대화 실현가능성 평가와 향후 한국의 다자외교 활동방향>, 외교통상부 안보정책과 연구용역자료, 2000.12., p.14.

III. 여타 아·태 안보협의체

1. 아·태 안보협력이사회(CSCAP)
: Council for Security Cooperation in the Asia-Pacific

가. 성격 및 회원국

아·태 안보협력이사회는 아·태지역 국가 민간안보문제연구소 간 비정부 차원(Track II) 협력기구로서 학자, 관리, 기타 전문가들이 개인자격으로 참가하여, 아·태지역 내 주요 안보문제에 대한 토론 및 연구를 수행하는 기구이다. CSCAP은 민간 차원의 회의 중에서도 회의의 결과를 정책건의를 통해 정부 차원(Track I)의 안보 협의를 촉진, 지원하는 역할도 수행하고 있어서 그 유용성이 날로 증대하고 있다.

CSCAP에는 정회원으로 21개국[27])이 참석하고 있으며, UN 아·태지역 평화군축센터와 UN 동아·태 정치위원회가 옵서버로 참가하고 있다.

나. 출범 및 발전

1991~92년간 한국, 미국, 일본, 아세안의 안보 관련 연구소들이 주축이 되어 개최된 아·태지역 안보 협력에 관한 세 번의 회의에서 역내 신뢰구축과 안보증진을 위한 조직적인 활동 필요성에 대해 합의하였다. 이후, 1993년 6월 제7차 아·태 Round Table 계기에 CSCAP 창립에 대한 콸알라룸푸르 선언(Kuala Lumpur Statement on the Establishment of the

---

27) 한국, 북한, 미국, 일본, 중국, 러시아, 호주, 캐나다, 인도네시아, 말레이시아, 필리핀, 싱가포르, 태국, 베트남, 몽골, 뉴질랜드, 인도, 파푸아뉴기니, 캄보디아, EU, 브루나이

CSCAP)을 채택하였으며, 1994년 6월 5일 콸라룸푸르에서 제1차 회의가 개최되었다. 제2차 운영위(1994년 12월, 콸라룸푸르)에서 러시아와 북한이 새로 가입하였다.

다. 조직 및 운영

CSCAP의 조직으로는 우선 운영위(Steering Committee)가 있다. 운영위는 가입국(기관) 대표로 구성되며, CSCAP의 활동을 주도하며 연 2회 개최된다. 공동의장(Co-Chair)은 아세안과 비아세안국가에서 각각 1인이 2년의 임기를 수행하고 있다. 현 공동의장은 호주의 Desmond Ball, 싱가폴의 Barry Desker가 맡고 있으며, 우리나라에서는 한승주 전 외무장관이 1999~2000년간 CSCAP 공동의장을 역임한 바 있다. CSCAP은 사무국(Secretariat)을 두고 있지 않으나, 당분간 말레이시아의 전략 및 국제문제 연구소(ISIS : Institut of Strategic & International Studies)가 그 역할을 대행하고 있다. 이외에도 CSCAP은 회원국 학계인사 및 정부관리가 개인 자격으로 참가하는 국별위원회(National Committee)가 17개 회원국 내에 설립되어 있으며, CSCAP-Korea는 94.5.16.에 설립되었다(현 회장 : 김달중 연세대 교수). CSCAP 총회는 부정기적으로 개최되는데, 5개 작업반 논의사항을 한자리에서 협의하는 모임의 성격을 띠고 있다. CSCAP의 실제 활동은 모두 작업반회의(Working Groups)에서 이루어지며, 현재 신뢰구축(Confidence & Security Building Measures; CSBM), 해양안보 협력(Maritime Cooperation), 북태평양(Security Cooperation in the North Pacific), 포괄적·협력적 안보(Cooperative Security), 초국가적 범죄(Transnational Crime)의 5가지 작업반이 활동하고 있다.

라. CSCAP 활동내용

CSCAP은 광범위한 분야의 의제를 다루고 있는데, 구체적으로 작업반별로 논의사항을 살펴보면 아래와 같다.

(1) 신뢰구축 W/G

UN 무기등록, 국방백서 발간 등 군사 투명성(military transparency) 문제를 논의하며, PACATOM(Pacific Atomic Energy Community) 등 핵안보와 비확산 관련 문제 및 핵전문가회의(Nuclear Expert Meeting) 지원 등을 논의하고 있다. 특히, 예방외교 개념 및 원칙도 논의되고 있는바, 이 논의의 결과는 ARF에도 보고되어 ARF에서의 예방외교 논의에 기여하고 있다.

(2) 해양안보 W/G

'해양안보 협력지침(Guidelines for Regional Maritime Cooperation)' 작성을 완료하였으며, 현재 '해양법의 공동이해 및 아·태지역의 관행(Common Understanding of the Law of the Sea and State Practice in the Asia Pacific)'에 관한 지침을 작성 준비중이다.

(3) 포괄적·협력적 안보 W/G

'포괄적 안보 및 협력적 안보개념(The Concepts of Comprehensive Security and Cooperative Security)'을 작성한 바 있으며, 아·태 지역에서 안보와 경제문제의 상호작용 연구하고 있다.

(4) 북태평양 W/G

이 작업반에서는 북한이 지속적으로 참여중이므로 그 의의가

더욱 크다고 하겠다. 의제도 한반도 문제, 동북아 4강 관계가 주
의제로 되어 있다.

(5) 초국가적 범죄 W/G

급증하는 초국가적 범죄문제를 논의하기 위해 신설된 동 작업
반에서는 해적, 소형무기, 불법이민, 마약 불법거래 등 초국가적
범죄 관련, 각국 현황 및 대처방안을 논의하고 있다. 특히, 역내
초국가적 범죄문제 해결을 위해 ARF 및 각국 정부에 대한 지원
가능성을 모색하는 등 단순한 학자들간의 토의를 넘어서 구체적
인 실천방안을 강구하고 있다.

마. ARF와 CSCAP

ARF에서는 CSCAP를 공식적으로 ARF의 Track Ⅱ 활동으
로 승인하지는 않고 있다. 단, ASEAN이 작성한 1995년 제2차
ARF에서 채택된 ARF Concept Paper에서는 ARF의 실질적
진전을 위해 two-track approach를 제시하고 CSCAP를 그 예
로 열거한 바 있다.[28] 그러나 당시 CSCAP 회원국이 아니었던
중국의 반대로, 제2차 ARF 의장성명에서는 구체적인 예를 드는
대신 "모든 ARF 회원국이 참가하는 단체"에 의한 ARF Track
Ⅱ 활동을 언급[29]하였다. 또한, 제5차 ARF 의장성명에서는 신
뢰구축을 위한 안보대화의 장(場)으로서 CSCAP의 역할을 평가
하는 구절[30]이 삽입되었다. 제6차 ARF에서 Track Ⅱ와의 연계

---

28) Track two activities will be carried out by strategic
institutes and non-government organizations in the region,
such as ASEAN-ISIS and CSCAP.

29) Track two activities will be carried out by strategic
institutes and relevant non-governmental organizations to
which all ARF participants should be eligible.

30) The Minister also welcomed the regular security dialogues

를 위한 의장역할 강화를 승인함에 따라, ARF 의장국인 태국에서 CSCAP과의 비공식적(informal) 연계 구축을 제안하는 동시에 CSCAP 회의 결과 및 권고안들을 ARF 의장국에 전달해 줄 것을 제안한 바 있다.

ARF가 CSCAP의 활동성과가 반영될 수 있는 아·태지역 내 유일한 정부간 다자안보협력체라는 점에서 CSCAP은 동회의의 활동이 ARF 내에서 검토되고 반영될 수 있기를 희망하고 있다. 제9차 CSCAP 운영위원회에서도 ARF와의 협력관계 강화가 필요하다는 점에 인식을 같이하고, 협력강화 방안을 모색, 추진하기로 합의한 바 있으며, 2000년 6월 제13차 CSCAP 운영위원회에서는 ARF 의장국(태국)의 ARF와 CSCAP 간의 비공식적 연계구축 제안 서한과 관련하여 가능한 협력방안에 관하여 논의하였다.

CSCAP은 ARF의 활동 중 특히 신뢰구축 조치(CBMs)에 있어서 지원능력을 보유하고 있는 것으로 평가되고 있다. CSCAP는 제3차 ARF 예방외교에 관한 세미나(1997년 9월, 싱가포르)를 주관하고, 1999년 3월 ARF 신뢰구축 회기간 회의 직전에 예방외교에 관한 워크숍을 개최(방콕)하여 사례연구 및 예방외교에 관한 working definition 작업을 통해 직후에 열린 ARF 회의에 기여한 바 있다. 이러한 ARF와 CSCAP 회의의 연계 개최(Back to Back 회의)는 그 효율성을 인정받아, 그후 2000년 4월 ARF 신뢰구축 회기간 회의 직전에 예방외교에 관한 워크숍을 개최하고 2002년 4월 ARF 신뢰구축 회기간 회의 직후 예방외교에 관한 워크숍을 개최하고 있다.

---

in various ASEAN meetings and among Northeast Asian countries at various Track II forums. The Ministers also noted with appreciation the security dialogue that takes place in CSCAP and other non-ARF Track II Forums.

2. 아시아 교류 및 신뢰구축 회의(CICA)

: Conference on Interaction and Confidence-Building Measures in Asia

카자흐스탄의 나자르바예프 대통령은 1992년 7월 CSCE 정상회의와 1992년 10월 제47차 UN총회에서 아시아에서의 상호 신뢰구축과 분쟁예방을 위해 OSCE와 유사한 지역안보협의체의 설립을 제의하였고, 이후 카자흐스탄의 주도로 추진중이다. CICA에는 현재 16개국이 회원국으로 참가[31]하고 있고, 8개국이 옵서버로 참가[32]하고 있다. 북한은 출범 당시 정회원국이었으나 카자흐스탄이 북한핵과 관련, 우리 입장을 지지함에 따라 1994년 10월 고위관리회의 이후 불참하고 있다. 회원국 이외에도 UN, OSCE, 아랍연맹 등이 국제기구로서 참가하고 있다.

CICA는 1993년 3월 제1차 전문가회의를 시작으로 1999년까지 고위관리회의, 차관급회의, 외무장관회의 등의 준비회의를 카자흐스탄의 알마티에서 개최하였으며, 1999년 9월 외무장관회의에서 '회원국간 기본관계에 대한 선언서'에 서명함으로서 CICA 추진과정이 한 단계 진전, 안보 협력기구 창설을 위한 기초를 마련한 것으로 평가되고 있다. '회원국간 기본관계에 관한 선언문'은 (1) 주권 평등, 주권에서 발생하는 권리(영토의 통합성, 정치적 독립 등) 존중, (2) 주권, 영토의 통합성, 정치적 독립에 반하는 무력사용 또는 위협 금지 (3) 영토의 통합성을 존중, 국경 침해나 영토의 무력점령 금지, (4) UN헌장과 국제법의 원칙과 방법에 따른 분쟁의 평화적 해결, (5) 내정 불간섭, (6) 군축 및 군

---

31) 러시아, 중국, 아프가니스탄, 아제르바이잔, 우즈베키스탄, 이란, 이스라엘, 이집트, 인도, 카자흐스탄, 키르기스스탄, 타지키스탄, 터키, 파키스탄, 팔레스타인, 몽골

32) 한국, 미국, 일본, 호주, 우크라이나, 베트남, 태국, 말레이시아

비통제, (7) 경제, 사회, 문화 협력증진, (8) 인권과 개인의 기본
적 자유 존중이 규정되어 있다. 이어, 2002년 6월 4일 알마티에
서 개최된 제1차 CICA 정상회의에서 16개 회원국 대표는 '테러
퇴치 및 문명간 대화증진 성명' 및 '알마티 의정서'를 채택하는 등
기구의 형태를 갖추어 나가고 있다.

CICA는 아시아 전체를 포괄하는 안보협력체 건설을 목표로 하
고 있으나, 회원국 구성을 볼 때 서아시아(중동, 서남아시아, 중
앙아시아) 국가가 중심으로서, 지리적 범위의 규정문제는 아직
제대로 논의되지 못하고 있는 상황이다. 장기적으로는 유럽의
OSCE, 동아시아의 ARF와 함께 CICA가 지리적으로 중첩[33])하
면서 서아시아 중심의 지역안보협력체로 자리잡을 것으로 전망되
고 있다. 그러나 인도-파키스탄, 이스라엘-이란, 비이슬람-이슬람
등 회원국간 이해관계가 대립[34])되는 경우가 많아 정식 출범까지
는 계속 어려움을 겪을 것으로 예상되고 있다.

우리나라는 주도국인 카자흐스탄과의 우호 협력관계와 주요 회
원국인 서아시아 국가와의 관계 강화를 위해 옵서버 자격으로 참
가하면서 향후 진전 동향을 주시중이며, CICA가 제도화 단계에
접어들고 지리적 범위를 정한 이후에는 회원국의 권리와 의무 등
을 고려하여 정식회원 가입을 검토하고 있다.

3. 아·태 라운드테이블(Asia-Pacific Round Table)

아·태 라운드테이블은 말레이시아 전략 및 국제문제연구소
(Malaysia ISIS: Institute of Strategic and International

---

33) 현 회원국 중 OSCE 회원국이 6개국(카자흐스탄, 아제르바이잔, 키르
  기스스탄, 우즈베키스탄, 타지키스탄, 터키), ARF 회원국이 4개국(중
  국, 러시아, 인도, 몽골)
34) 이란은 2000.4. 특별실무그룹(SWG)에서 이스라엘의 축출을 주장.

Studies)가 ASEAN ISIS를 대표하여 주관하는 아·태지역 안보
세미나이다. 1987년 제1차 회의 이래 매년 6월 콸라룸푸르에서
개최되고 있으며, ASEAN 회원국, 남·북한, 미·일·중·러시아 등
아·태지역 내 대다수 국가에서 정부관리(개인자격) 및 학자가 참
가하여 아·태지역의 안보문제에 대한 의견을 교환하는 자리이다.
전체회의와 분과회의를 개최하여 다양한 안보문제를 논의하고 있
으며, 역내 분쟁방지 및 신뢰구축 등 평화와 안보관련 사항, 중국
부상의 함의, 아·태지역 초국가적 범죄, 9.11 이후 아·태지역의
경제상황, 한반도 정세, 일본의 국방정책, 이슬람과 서방 등 다양
한 의제가 논의되고 있다.

4. 상해협력기구(Shanghai Cooperation Organization)

상해협력기구는 1996년 4월 중국의 주도로 시작된 상해-5 정
상회의[35]에서 태동되었다. 이들 5개국은 제1차 정상회의 후 회
원국 주요 도시에서 매년 정상회의를 개최하였으며, 2001년 6월
제6차 상해-5 정상회의시 '상해협력기구' 창립선언을 발표하고,
과거 옵서버였던 우즈베키스탄을 회원국으로 인정하여 기구로 공
식출범하게 되었다. 2001년 6월의 정상회의에서는 '테러리즘, 분
열주의 및 극단주의 타파를 위한 상해협약'에 서명하는 등 정치적
협력을 강화하였다. 이후, 2002년 4월 상해협력기구 외무장관
회의에서는 상해협력기구헌장(조직구성 포함)을 준비하여, 러시
아 상트 페테르부르크에서 개최된 2002년 6월 상해협력기구 정
상회의에서 SCO 헌장 채택, SCO 정치선언문 발표 및 대테러기
구 창설협의를 이루어내었다. 2002년 정상회의에서는 SCO 사무
국을 북경에 설치키로 합의하고, 키르기스스탄의 비슈케크에 대
테러기구를 설치하기로 합의하였다.

---

35) 중국, 러시아, 카자흐스탄, 키르키스스탄, 타지키스탄

SCO는 기본협력 분야로서 회원국간 안보협력과 경제·통상협력을 양대 협력분야로 제시하고 있다. 따라서, 지역안보문제, 특히 중앙아시아지역에서의 군축 및 군사분야 신뢰구축 문제, 국제 반테러협력, 아프간 및 인·파사태 등을 주로 논의하면서, 회원국간 경제·통상·과학기술·문화분야에서의 협력 확대를 추진하는 것을 목표로 하고 있다. 상해협력기구는 정상회의뿐만 아니라 총리회의, 외무장관회의, 국방장관회의, 문화장관회의 등 실질 협력회의도 번갈아 가며 개최하여 협력 범위를 확대하고 있다.

상해협력기구는 향후 경제·통상을 비롯한 협력분야를 더욱 확대해 나가는 노력을 경주할 것으로 관측되고 있으며, 이를 본격적으로 논의할 경제·통상 관련 장관회의도 개최 예정이다. 2002년 정상회의에서 SCO는 여타 국가에 대하여 개방되어 있으나 당분간 신규회원국을 받아들이기보다는 기존의 협력체제를 더욱 공고히 하는 데 우선순위를 두고 있다고 표명한 바 있다. 그러나 회원국간 상이한 정치제도와 문화적 배경, 그리고 경제력의 차이 등의 제약요인을 감안해 볼 때, 동 협력기구가 여타 지역 협력기구와 같이 결속력이 강한 국제기구로 발전하기보다는 상호 이해가 중첩하는 중앙아시아 지역에서의 군사 신뢰구축, 테러리즘 대처 등 지역안보문제를 중심으로 유대를 강화해 나갈 것으로 전망되고 있다.

참 고 문 헌

1) 아세안 개황, 외교통상부 동남아과, 2000년 1월

2) 아세안지역안보포럼(ARF) 개황, 외교통상부 안보정책과, 2002년 7월

3) 박홍규, <ARF의 발전방향 평가 : CSCE의 경험 비교>, 주요 국제문제 분석, 2000년 10월호

4) 변창구, <탈냉전과 아세안의 다자안보 대화>, ≪국제정치논총≫, 제36집 2호, 한국국제정치학회, 1996년

5) 이원우, <지역 다자안보 협력현황과 우리의 대응방향>, ≪한반도 군비통제≫, 1998년 8월호

6) 이서항, <ARF 평가와 발전방향 전망:3개 운영 관련 문서 채택·시행과 관련하여>, 외교안보연구원 금요세미나 자료, 2002년 8월호

7) 김용호, <양자주의와 다자주의:동아시아의 현황과 전망>, 환동해권 협력의 국제정치경제 세미나보고서, 1998년 1월호

8) 배긍찬, <아태지역 다자안보 대화 전망:제3차 ARF를 계기로>, 주요 국제문제 분석, 1996년 8월호

9) 홍규덕·이서항, <북한의 ARF 가입에 따른 동북아 다자안보 대화 실현가능성 평가와 향후 한국의 다자외교 활동 방향>, 외교통상부 안보정책과 연구용역자료, 2000년 12월

10) Chang-beom Kim, <ASEAN Regional Forum(ARF) : Today and Tomorrow>, *IFANS Review*, Vol.9, No.2, December 2001

11) Ron Huisken, <ASEAN Regional Forum Needs the Defense Ministers>, *The PacNet Newsletter* 2002. April 12, 2002

12) Udai Bhanu Singh, <Outlook for the ARF:Relevance ·for India>, *Strategic Analysis*, IDSA, September 1999(No.6)

13) The ASEAN REGIONAL FORUM: A Concept Paper. Prepared by ASEAN Senior Officials and presented to the ARF on August 01, 1995

14) Gary J. Smith, <Multilateralism and Regional Security in Asia: The ASEAN Regional Forum (ARF) and APEC's

Geopolitical Value>, *The Weatherhead Center for International Affairs*, Harvard University, Paper No. 97-2, February 1997

15) Shin, Dong-ik, <Current development of the ASEAN Regional Forum>, *IFANS Review*, December 2000

16) Far Eastern Economic Review, December 7, 1995

17) Park, Hee-Kwon, <Stocktaking and Future Direction of the ARF after Sep. 11.>, *Korean Observation on Foreign Relations*, 2002

제7장 유럽의 다자지역안보체

- 유럽안보협력기구(OSCE)를 중심으로-

유럽의 다자지역안보체
- 유럽안보협력기구(OSCE)를 중심으로 -

이 홍 엽

I. 서 론

1945년 2차 세계대전이 종전된 후 유럽과 아시아는 모두 미군과 소련군의 진주에 따라 공산주의와 민주주의체제로 분할되는 유사한 안보상황에 처하게 되었다. 유럽에서는 미국을 중심으로 한 북대서양조약기구(NATO)와 소련을 중심으로 한 바르샤바 조약기구(WTO)의 대치상태가 발생하였으며, 아시아에서는 미국 중심의 양자동맹 체제와 소련과 중국 등 공산주의 세력 국가 간의 대립이 이어졌다. 이러한 동서간의 대립양상은 1949년 중국 공산화, 1949~50년의 베를린 위기, 1950년 한국전쟁 등의 양상을 보이며 냉전시대라는 이름으로 1989년 미·소간의 말타협정 체결시까지 지속되게 되었다.

그러나 반세기가 지난 지금 유럽과 아시아의 안보상황은 현저한 차이를 보이고 있다. 유럽이 NATO라는 집단방어체제(collective defence system)와 유럽안보협력기구(Organization for Security and Cooperation in Europe)라는 공동안보체제(collective security system)를 바탕으로 역내 안정을 유지하고 중·동구 국가들을 대상으로 민주주의와 시장경제를 확산시켜 나가고 있는 반면, 아시아 국가들은 여전히 냉전적 잔재 구조를 청산하지 못하고 있는 것이다.

본고에서는 OSCE를 중심으로 유럽지역에서의 다자안보체제의 형성과정과 현황, OSCE와 협력 동반자국인 한국과의 관계 등을 조망해 보고, 동북아지역에서 OSCE의 신뢰구축체제가 원용될 수 있는지 여부를 살펴보고자 한다.

II. OSCE의 발전과 현황

유럽안보협력회의(CSCE; Conference on Security and Cooperation in Europe)는 1975년 8월 헬싱키 선언으로 탄생된 이래 유럽 안보에서 중요한 역할을 수행해 왔다. CSCE는 미국과 캐나다를 포함한 동·서 유럽 35개국이 참여한 다자안보협력회의로 처음 출발하였으나 1989년 동구권 붕괴 이후 새로운 안보상황에 대처하기 위해 CSCE의 기능이 점차 강화되었고, 1995년 1월 이래로 유럽안보협력기구(OSCE; Organization for Security and Cooperation in Europe)로 개칭되어 현재는 55개 회원국이 참여하는 다자안보 협력기구로서 전 유럽국가가 참여하는 유일한 범유럽 안보체로 발전되었다.

1. CSCE 형성 배경

CSCE가 1972년 동·서 냉전구조하에서 태생되었다는 점을 감안한다면 CSCE의 창설은 동서 냉전이 화해단계로 들어선 데탕트의 시기를 반영한다고 할 수 있다.[1] 1970년대 초반 데탕트

---

1) 키신저 전 미 국무장관은 CSCE의 탄생을 가능하게 한 원인을 데탕트가 아닌 1972년 닉슨의 중국방문 등 미·중 관계개선과 미·소 간 핵전력 균형에서 찾고 있다. 즉, 소련은 미·중 관계의 개선으로 아시아와 유럽에서 모두 고립될 것을 우려하여 유럽에 대한 평화공세를 취하게 됐

의 시기는 아래와 같은 특징을 갖고 있다.

첫째, 1970년대 초반은 다양한 유형의 군비통제·안보레짐이 등장한 시기이다. 1963년 8월 미·영·소 3국 간 제한적 핵무기 실험 금지조약 서명, 1968년 7월 핵 비확산조약(Nuclear Non-Proliferation Treaty) 체결, 1972년 5월 미·소 간 전략무기제한협정(SALT I) 조인 등 안보레짐의 등장은 CSCE라는 포괄적인 안보레짐을 태동시키는 기반이 되었다.

둘째, 이 시기는 미·소를 중심으로 한 양국 체제에 변화가 생겨 다극화 경향이 강화된 시기이다. 중국의 핵무기 개발, 중·소 국경분쟁 등에 따라 소련을 중심으로 한 공산주의 블록이 분열양상을 보이기 시작했으며, 프랑스의 NATO 탈퇴와 유럽문제에서의 EC의 독자 행보는 서방 진영에서 미국의 주도력 약화를 초래하였다. 이러한 동서 양진영에서의 미·소의 영향력 약화는 유럽 국가를 중심으로 한 CSCE의 탄생을 가능케 한 주요 요인이 되었다.

셋째, 이 시기에 유럽 안보환경에서 중요한 변화는 서독 빌리 브란트 수상의 동방정책에 따른 동·서독 관계정상화와 서독과 체코슬로바키아 간의 영토문제 해결이다.2) 이와 같은 독일문제의 해결로 유럽에서 다자간 안보협력을 시작할 수 있는 여건이 마련되었다.

위와 같은 배경하에서 1966년 루마니아의 수도 부카레스트에서 열린 바르샤바조약기구(WTO) 수뇌회의에서 소련측이 유럽안

으며, 핵 전력 균형에 따라 군사분야에서 신뢰구축 조치에 응할 수 있게 되었다는 것이다(Henry Kissinger, ≪Diplomacy≫, Simon & Shuster, 1994).

2) 독일 빌리 브란트 수상의 동방정책으로 1972년 12월 21일 '동·서독 관계기초조약'이 체결되었으며, 1973년 12월 11일에는 2차 세계대전의 최초 발생원인이 된 체코 Sudentenland 지역을 체코 영토로 인정하는 조약이 독일·체코 간에 체결되었다.

보문제 논의를 위한 대화협의체 결성을 공식 제기하고, '유럽의 평화 및 안보 강화를 위한 선언'을 통해 이를 서방측에 제안하였다. 바르샤바조약기구를 주도하는 소련은 이 선언을 통해 NATO와 WTO의 해체, 전 유럽 경제공동체의 창설과 함께 동유럽의 현상유지 인정을 위한 다자간 대화협의체로서 전유럽안보회의의 개최를 제안했는데, 당시 소련의 진정한 의도는 제2차 세계대전 이후 동구권에서 수립된 소련의 헤게모니와 두 개의 독일이라는 현실을 서방으로부터 인정받는 것이었다. 소련과 바르샤바조약기구의 이러한 제의는 1967년 유럽공산당대회 등에서 반복되었다.

서방 국가들은 당초 동유럽에서 소련의 헤게모니를 인정하는 전유럽안보회의 개최에 관심을 보이지 않았으나, 1972년 닉슨 대통령이 모스크바 방문시 제의한 중부 유럽에서의 상호 균형감군 협상(Mutual and Balanced Force reduction : MBFR)에 대한 소련의 수락과 비유럽 NATO 회원국인 미국, 캐나다의 동등한 참가, 인권문제의 의제화 등을 조건으로 참가를 결정하였다.3) 이렇게 하여 1972년 9~11월까지 대사급 비공식모임을 헬싱키에서 열어 조율을 거친 끝에 1972년 11월 22일 헬싱키 외곽의 디폴리에서 다자간 준비회의가 개최되었다. 이 회의는 1973년 6월 8일 종결되어 향후 CSCE의 의제와 절차를 확정한 'Blue Book'에 합의했으며, 그후 2년간 3단계의 협상을 거쳐 헬싱키 최종 의정서(Helsinki Final Act)를 채택함으로써 알바니아를 제외한 전유럽 국가와 미국·캐나다 등 35개국(NATO 16개국, 바르샤바 조약기구 7개국, 비동맹 및 중립국 12개국)이 참여하는 CSCE가 본격적으로 운영되기 시작했다.4)

---

3) Standard arms control groups, ≪International arms control : Issues and Agreements≫, Stanford University Press, 1984, p.209

4) CSCE 협상 전개과정에 대해서는 Luigi Vittorio Ferraris(ed.) < Report on a Negotiation: Helsinki-Geneva-Helsinki 1972-1975

2. CSCE의 OSCE로의 변천과정

1975년 헬싱키 최종 의정서는 소위 바스켓으로 불리는 세 개의 합의문서로 구성되어 있다. 첫번째 바스켓은 국가간의 관계에 관한 기본원칙과 신뢰구축 및 군축을 포함한 안보 영역에서의 협력, 두 번째 바스켓은 경제·통상·과학기술·환경 분야에서의 협력, 세 번째 바스켓은 정보의 자유로운 소통, 교육·문화 분야에서의 교류 등 인권 분야에서의 협력 등을 다루고 있다.[5] CSCE는 이러한 헬싱키 의정서를 바탕으로 1975년 발족된 이래 그 기능을 지속적으로 확대·강화시켜 왔다.

가. 제1기 : 1975~1986

CSCE의 제1기는 벨그라드 후속회의(1977.10.4~1978.3.9)와 마드리드 후속회의(1980.11.11~1983.9.9) 및 일련의 전문가회의가 개최된 시기가 해당된다. 벨그라드 후속회의에서는 1979년 소련의 아프가니스탄 침공에 따른 신냉전의 발생과 인권을 강조하는 미 카터 행정부의 등장으로 실질적인 합의가 도출되지 않았다. 그러나 이러한 벨그라드 회의의 실패에 따른 국가들의 위기의식은 1984년 1월 17일에서 1986년 11월 19일까지 개최된 스톡홀름 회의에서 신뢰안보 구축조치(CSBMs)를 탄생시켜 CSCE 발전에 중요한 역할을 하였다.

제1기의 CSCE의 발전은 군사적 신뢰구축 분야에서 주로 이루어졌는데, 이는 군비통제레짐과 검증레짐의 발전으로 나누어진다. 군비통제레짐에서는 운용적 통제를 위한 방안이 더욱 정교해지는 한편, 구조적 통제인 군축을 위해 협상을 시작할 것에 합의

>, Sijthoff & Noooordhoff International Publishers BV, 1979 참조

5) 헬싱키 최종의정서 내용은 Luigi Vittorio Ferraris(ed.) Ibid 참조

하여 CSCE 군비통제 레짐은 운용적 통제와 구조적 통제를 동시에 갖는 이중구조를 갖게 되었다. 또한, 모든 회원국이 지상과 공중에서 매년 세 차례의 현장사찰을 의무적으로 받기로 합의함으로써 검증레짐의 발전도 함께 가져왔다.

나. 제2기 : 1986~1990

CSCE의 제2기는 비엔나 후속회의(1986.11.4~1989.1.19)와 전문가회의, 파리정상회의(1990.11.19~11.21) 등이 개최된 시기로 CSCE의 전환기에 해당한다. 1985년 3월 고르바초프 집권 이후 동·서 간 화해·협력 무드는 비엔나 회담 등에도 영향을 주어 CSCE 안보레짐에 근본적 변화를 가져올 수 있는 국제환경을 조성해 주었다.

이 시기의 가장 큰 성과는 비엔나 메커니즘으로 불리는 포괄적 인권감시 메커니즘의 도입과 유럽 재래식무기 감축조약(CFE) 체결합의이다. 비엔나 메커니즘은 인도적 문제에 관한 정보교환과 선거에 관한 정보교환 및 민주적 절차, 법치제도, 인권에 관한 세미나 개최를 주임무로 하는 자유선거사무소(Office of Free Election) 설립으로 구성되어 있다. 이러한 인권감시 메커니즘은 전후 유럽정치에 있어서 처음으로 인권이 공동의 가치로 인정되었다는 점에서 중요한 의미를 지닌다. 유럽 재래식무기 감축조약(CFE) 체결합의는 NATO와 바르샤바 조약기구에 소속된 유럽 23개 국가들이 우랄 산맥에서 대서양까지 배치된 재래식무기를 감축키로 합의했다는 점에서 의미가 있다.

한편, 이 시기에는 비엔나에 분쟁예방센터(Conflict Prevention Center)가 설치되어 CSBMs에 관련된 모든 군사정보를 총괄 관리하게 되는 등 CSCE 군비검증레짐에도 현저한 발전이 있었다. '비정상적 군사행동에 관한 협의 및 협력 메커니즘'이 채택되어 회원국이 비정상적 군사행동 발생에 대한 정보를 요구할 경우 48시간 이내에 쌍방간에 정보를 교환하며, 요청국이 만족하지 못하면 양자 또는 모든 CSCE 국가가 참여하는 비상회의 소집을 요구할 수 있게 되었다. 또한, '군사적 성격의 위험한 사고에 관한 협력'이 채택되어 군사적 성격의 위험한 사고가 발생했을 경우 해당 국가가 동 사고에 대해 모든 CSCE 국가들에게 통보하게 되었다.

다. 제3기 : 1990~현재

CSCE의 제3기에는 헬싱키 정상회의(1992.6.9~6.10), 부다페스트 정상 회의(1994.12.5~12.6), 리스본 정상회의(1996.12.1~3), 이스탄불 정상회의(1999.11.17~18) 등이 개최되었다. 이 시기의 가장 큰 변화는 CSCE가 1995년 1월 1일부로 OSCE로 개칭되어 기존의 Process에서 명실상부한 국제기구로 발전한 것이다. 이러한 변화는 첫째 NATO 국가들이 더 이상 CSCE를 NATO의 잠재적 경쟁자로 보지 않게 되었다는 점, 둘째, 중·동구 유럽국가들이 바르샤바조약기구의 해체와 구소련 붕괴 이후 생긴 힘의 공백을 다루기에 적절한 대안으로 CSCE를 인식하게 되었다는 점에 기인한다. 즉, 이러한 동·서 유럽국가들의 인식은 범유럽적인 안보문제를 다루는 장으로서의 CSCE의 발전 필요성을 증가시켰던 것이다.

우선 CSCE의 군비통제 메커니즘과 관련, CFE 1A부속서가 1990년 CFE 체결국 22개국과 구소련 7개국을 포함한 30개국 간에 체결되어 군인력 감축에 합의하였다. 또한, 1990년 파리정상회의시 채택된 CSBMs가 1992년 헬싱키 정상회의와 1994년 부다페스트 정상회의에서 더욱 진보된 조치로 대체되었다. 한편, 이 시기의 가장 두드러진 변화는 분쟁관리레짐에서 나타났는데 CSCE 소수민족 고등판무관(High Commissioner on National Minorities) 제도를 도입하여 소수민족 관련 분쟁발생 예방을 위한 조기경보 및 조치를 취하는 역할을 수행케 하였다. 1992년 헬싱키 정상회의에서는 CSCE 평화유지군이 도입되었으나, CSCE가 자체적 군사수단을 확보하지 못했다는 점에서 실제 운용상에는 제약이 불가피하였다.

3. OSCE의 조직 및 기구

OSCE의 조직과 기구는 OSCE가 Process인 CSCE에서 발전되었다는 점에서 주요 회의체와 운영기구로 구분된다.

가. 주요 회의체

(1) 정상회의(Summit)

정상회의는 OSCE 회원국의 국가원수 또는 정부수반이 참석하는 가장 높은 수준의 정치적 회의체로서 전반적인 역내 안보환경을 논의하는 한편, OSCE 임무의 우선순위와 향후 정책방향을 결정하는 역할을 수행한다. 정상회의는 부정기적으로 개최되나 최근에는 통상 2년에 1회, 2~3일간 열리며 1975년 헬싱키정상회의 이후 1999년 이스탄불 정상회의까지 총 6회가 개최되었다.

(2) 평가회의(Review Conference)

평가회의는 기존의 후속회의(Follow-up Meetings)의 명칭을 변경한 것으로서 대사급 대표가 참여하는 실무급 회의이다. 정상회의에서 채택될 문서의 초안작성 등 정상회의 준비와 신뢰안보구축조치, 경제, 환경영역 등 특정 분야 문제를 논의하는 업무를 담당한다. 통상 회기는 3개월 이내로 정상회의에 앞서 개최된다.

(3) 각료이사회(Ministerial Council)

OSCE 회원국 외무장관들이 참석하는 회의로서 OSCE와 관련된 각종 사안을 논의하고, 필요한 조치를 결정하는 전반적인 의사결정 임무를 수행한다. 정상회의 개최연도를 제외하고 매년 개최된다. 각료이사회는 1991년 6월 베를린 회의 이후 2002년 12월 포루투갈 포루토회의까지 총 10회가 개최되었다.

(4) 고위이사회(Senior Council)

고위이사회는 OSCE 각료이사회를 보좌하여 회기 사이에 OSCE 업무를 조정하기 위해 개최되며, 주로 조직 및 운영, 분야별 전문가회의 개최준비, 예산, 회계규칙, 절차안 협의 등의 임무를 수행한다. 체코 프라하에서 매년 2회 이상 개최되며 그 중 1회는 경제포럼으로 열린다.

(5) 상설이사회(Permanent Council)

OSCE 회원국 상임대표(대사급)로 구성되며 매주 1회 개최된다. OSCE 내의 정치적 합의 및 일상적 운영담당 조직으로 의장(CiO)을 대리하여 OSCE와 관계가 있는 모든 이슈들에 대한 정치적 조언과 의사결정을 담당하며, 긴급사태 발생시 최초 대응조치를 논의한다.

(6) 안보협력포럼(FSC ; Forum for Security Cooperation)

군비통제, 군축, 신뢰구축 등에 관한 교섭 및 유럽의 안정적 안보환경 조성을 위한 구체 조치의 협의를 시행하기 위한 회의체로서 매주 1회 개최된다.

나. 운영기구

(1) OSCE 의장(CiO ; Chairman in Office)

OSCE 집행활동의 총괄적 담당기관으로서 각료이사회 개최국 외무장관이 1년간 수임한다. OSCE를 대표하고 OSCE 기구들간의 업무조정을 포함한 집행업무를 담당하며 분쟁예방과 위기관리, 분쟁 후 복구 등과 관련된 행동들에 대해 조언하는 역할을 수행한다.

OSCE 의장을 보좌하는 기관으로는 전임·현임·후임 의장으로 구성되는 Troika와 특별운영단, 의장대리인이 있다. 특별운영단은 분쟁방지 및 해결, 위기관리 등을 다루기 위해 필요시 설치되며, 의장대리인은 특정 위기나 분쟁을 다루는 데 의장을 지원할 목적으로 임명된다.

(2) 사무총장

사무총장은 OSCE 조직관리 및 운영, 결정사항 이행감독, 의장활동 보좌, 국제기구들과의 관계 유지, OSCE 각종 활동에 대한 연례보고서 작성 등의 업무를 수행한다. 사무총장은 OSCE 의장이 각료이사회 및 고위이사회에 건의하면 consensus로 임명되며, 임기는 3년으로 1회에 한하여 연임할 수 있다.

OSCE 사무국은 비엔나에 소재하며 이의 지원을 위해 프라하에 분소가 설치되어 있다. 사무국하에는 분쟁방지 관련 업무를 담당하는 분쟁예방센터(CPC : Conflict Prevention Center), 각종 OSCE mission에 대한 지원을 담당하는 운영센터(Operation Center), 회의 관련 행정지원을 담당하는 행정지원국(Department for Support Services and Budget), 인사관련 업무를 수행하는 인력개발국(Department for Human Resources), 그리고 역내 경제협력의 조정업무를 담당하는 경제·환경활동 조정관(Co-ordinator of OSCE Economic and Environmental Activities) 등이 있다.

(3) 민주제도·인권사무소(ODIHR; Office for Democratic

Institutions and Human Rights)

민주제도·인권사무소는 인권 분야의 실질 협력을 강화하기 위해 기존의 자유선거사무소(Office for Free Election)를 92년 1월 확대·개편한 것으로 폴란드 바르샤바에 소재하고 있다. 이 기구는 매년 '이행평가회의'를 개최하여 회원국의 인권 분야 공약 이행 상태를 점검하는 한편, 선거감시 등을 통해 중·동구권 국가의 민주적 선거를 촉진하고 인권 분야 세미나를 개최, 구사회주의 국가의 민주체제로의 조속한 이행을 지원하는 역할을 수행한다.

(4) 소수민족문제 담당 고등판무관(HCNM; High Commissioner on National Minorities)

소수민족문제 담당 고등판무관은 최근 분쟁발생의 원인으로 대두되고 있는 민족간 갈등을 사전에 파악하여 필요한 대응조치를 권고하는 역할을 수행한다. 즉, 독립적으로 분쟁발생 초기 단계에서 예방외교 조치를 취하고, 각종 mission을 운영하는 것이다. 소수민족문제 담당 고등판무관은 오랜 경험과 국제적 명망을 갖춘 인사 중에서 고위이사회의 권고에 의해 각료이사회가 임명하며, 임기 3년으로 1회에 한해 연임이 가능하다.

(5) 언론자유대표(RFM ; Representative on Freedom of Media)

언론자유대표는 회원국 내에 다수의 자유롭고 독립적인 대중매체들을 양성하는 데 있어서 각국 정부를 지원하는 역할을 수행한다. 즉, 언론자유의 견지에서 모든 회원국들의 관련 OSCE 공약 이행 여부를 감독하여 위반행위를 적발하고, 이에 대해 적절한 조치를 취하는 것이다. 언론자유대표는 97년 상설이사회 결정에 의해 신설되었으며 비엔나에 소재하고 있다.

（6） OSCE 의회(PA; Parliamentary Assembly)

1990년 파리 정상회의시 합의에 따라 설립된 OSCE 의회는 의결권이 없는 자문기구로서 회원국 의회간 협력증진의 역할을 수행한다. 동 의회는 인구비례에 따라 배분된 55개 회원국 315명의 의원으로 구성되며, 매년 7월 초에 연례회의를 개최, 각료이사회, 의장(CiO), 회원국에 대한 Final Declaration을 채택한다.

4. OSCE의 주요 활동

가. Mission 및 Field 활동

OSCE의 Mission과 Field 활동은 유럽 내 분쟁 및 위기를 관리하고, 이에 대응하기 위해 임시적으로 설치되는 사무소의 총체적인 활동이다. 동 활동은 상설이사회의 결정과 당사국의 동의에 따라 조직되며, 통상 1년간 업무를 수행하며 필요시 연장된다. 이러한 활동은 1990년대 사회주의권 국가의 붕괴에 따른 민족분쟁 격화 등에 따라 시작되었으며, 특히 옛 유고지역인 코소보, 보스니아, 크로아티아 등에서 활발한 활동을 보이고 있다. 주 활동분야는 선거 및 인권상황 감시, 소수민족보호, 신뢰구축, 분쟁예방 및 중재 등이다.

나. 군사·안보 분야

OSCE의 군사·안보 분야 활동은 회원국간의 군사력에 대한 정보교환 및 검증활동 등을 위주로 한 신뢰안보 구축조치(CSBMs)와 유럽재래식 무기감축조약(CFE)에 의한 군비통제로 크게 구분된다. 특히, OSCE의 군사·안보 분야 활동은 1975년 헬싱키 최종 의정서 체결 이후 30여 년 간 발전시켜온 신뢰구축 조치와 검증 메커니즘에 가장 큰 특징이 있다. 이러한 검증 메커니즘의 발전은 군사안보 분야의 개방성과 투명성 제고를 통해 실질적인 군축협상을 가능케 한 기반이 되었다는 점에서 더욱 큰 의미를 지니고 있다.

다. 경제·환경 분야

OSCE의 경제·환경 분야 활동은 군사적 안보를 넘어서 포괄적 안보(comprehensive security)를 지향하는 최근 안보개념의 변화가 드러나는 분야이다. 경제·환경 분야 활동은 1975년 헬싱키 최종 의정서의 제2 바스켓에 해당되는 분야로 1990년대 사회주의국가 붕괴에 따라 이들 국가의 시장경제 발전을 지원하고 촉진하는 역할을 담당하고 있다. 구체적으로 OSCE는 각종 회의 및 세미나 개최를 통한 회원국간 공통기준 및 규범 형성, 관련 국제기구와의 관계증진 및 심화 등을 위해 노력하고 있다.

라. 인권 분야

1975년 헬싱키 최종 의정서 제3 바스켓에 해당하는 인권 분야의 활동은 크게 OSCE 인권 규범 및 기준의 발전, 민주주의 및 언론자유 확산, 소수민족보호 등으로 구분된다. 1990년대 이후 인권분야의 활동이 두드러지게 증가하고 있으며, 특히 구사회주의국가들을 대상으로 한 각종 세미나 개최를 통한 민주주의 및 언론자유 확산, 옛 유고지역 및 구소련지역을 대상으로 한 소수민족보호에 중점이 두어지고 있다. 민주주의 확산 및 소수민족보호는 민족 및 종족간 분쟁발생 가능성을 사전에 예방한다는 측면에서 유럽지역의 안정과 평화에 크게 기여하고 있다.

5. OSCE와 한국과의 관계

한국은 1994년 10월 부다페스트 평가회의에 참가한 이래 일본, 태국과 함께 아시아지역 협력동반자(partner for cooperation)로서 OSCE 각료회의 및 정상회의 등에 참석해 왔다.6) 1996년 리스본 정상회의와 1999년 이스탄불 정상회의에는 유종하 외무장관과 홍순영 외교부장관이 각각 참석하였으며, 1995년 부다페스트 각료이사회에 이시영 외무차관이 참석한 이래 그후 개최된 4차례 각료이사회에 차관보급 대표를 매년 참석시켜 왔다.

또한, 유럽에서 OSCE를 통한 신뢰구축 경험을 동북아지역에 원용할 수 있는 방안을 검토하기 위해 OSCE가 주최하는 각종 세미나에 적극 참여해 왔으며, 이러한 차원에서 2001년 3월에는 정부간 회의를 OSCE와 공동으로 개최한 바 있다.7) 'OSCE 신뢰안보 구축 조치의 동북아 적용 가능성(Applicability of OSCE CBMs in the Northeast Asia)'이라는 주제로 개최된 동 회의는 35개 OSCE 회원국과 아시아·지중해 협력동반자국, 중국·베트남 등 45개국에서 120여 명의 고위관리 및 민간학자들이 참석해 한반도 및 동북아에서의 신뢰구축 조치 도입 필요성에 대한 공감대를 확산시키는 계기가 되었다.

한편, 한국은 1990년대 중반 이후 OSCE의 주요 활동으로 대

---

6) OSCE의 9개 협력동반자국에는 한국, 일본, 태국 등 3개 아시아지역동반자국과 알제리, 이집트, 이스라엘, 요르단, 모로코, 튀니지 등 6개 지중해지역 협력동반자국이 있다. 협력동반자국은 정상회의, 각료이사회 등에서의 발언권 및 토의권이 인정되나, 의사결정에는 참여할 수 없다.

7) 3개 아시아지역 협력동반자국은 매년 순차적으로 OSCE와 공동으로 세미나를 개최해 오고 있다. 2000년 일본, 2001년 한국에 이어 태국은 2002.6.19~6.21간 방콕에서 '인간안보(Human Dimension of Security)'에 관한 세미나를 개최했다.

두된 OSCE의 선거감시활동에도 적극적인 기여를 해오고 있다. 1996년 보스니아 총선 및 대선에 12명의 선거감시요원 파견 및 10만 불 상당의 선거기재 지원, 1997년 보스니아 지방선거에 10만 불 기여, 1998년 보스니아 총선에 선거지원요원 5명 파견, 1999년 마케도니아 대선에 선거감시요원 2명 파견, 2002년 코소보 지방선거에 선거감시요원 4명 파견 등 총 4차례에 걸쳐 선거감시단을 파견하고, 20만 불을 기여함으로써 OSCE의 주요활동인 선거감시활동을 지원해 오고 있다.

III. OSCE의 성과와 한계

1. OSCE의 성과

가. 범유럽적 안보대화체 제공

1975년 설립 이후 OSCE[8)]의 가장 큰 성과는 미국을 중심으로 한 NATO와 소련을 중심으로 한 바르샤바조약기구로 양분되어 있던 동·서 유럽국가 간에 안보문제를 협의할 수 있는 대화의 장을 제공해 주었다는 점이다. 즉, 과거 동·서 유럽관계는 미국과 소련 두 초강대국 간의 관계에 종속되어 규정되는 측면이 강했으나, OSCE의 설립으로 유럽 안보문제에 대한 유럽국가들의 발언권이 강화되었으며, 이에 따라 미·소 간 대립관계의 연장선상에서 Zero-sum game적 양상을 보였던 동·서 유럽관계를 Positive-sum game적 관계로 변화시킬 수 있었던 것이다.

또한, OSCE의 설립으로 그 동안 NATO회원국과 바르샤바조

---

8) III부터는 이해의 편의를 위해 OSCE로의 명칭 개칭 전인 1995년 이전의 상황에도 CSCE 대신 OSCE를 사용한다.

약기구 간 양자적 관계에 의해 결정지어졌던 유럽 안보문제 논의
에서 소외되었던 유럽지역 중립국과 비동맹 국가들의 참여가 가
능해짐에 따라 명실상부한 범유럽적 안보 협의가 가능하게 되었
다는 점에서도 의의가 있다. 중립국과 비동맹 유럽국가의 참여는
대립양상을 보이던 NATO와 바르샤바조약기구 회원국간에서 조
정 및 중재역할을 수행케 함으로써 OSCE의 발전 자체에도 크게
기여하였다.

나. 군사적 상호 신뢰기반 조성 및 제도화

OSCE는 설립 이후 헬싱키·스톡홀름·비엔나 Document를 통
한 정교한 신뢰안보 구축조치(CSBMs) 도입을 통해 동·서 유럽
국가 간 군사력 및 군사배치 상황에 대한 투명성을 제고시킴으로
써 양측간의 군사적 상호 신뢰기반 조성에 기여했다. 특히, 단순
한 신뢰구축조치의 합의에 그친 것이 아니라 영공개방 등
CSBMs의 이행을 검증할 구체적 검증체제를 제도화함으로써 유
럽 재래식무기 감축 조약(CFE) 등 동·서 간 군축협상을 가능케
한 기반이 되었다는 점에서도 의의가 있다.

OSCE의 정교한 CSBMs와 검증체제의 제도화는 군비통제와
군비감축을 위해서는 관계국의 정치적 의지 못지않게 상호 신뢰
를 가능케 할 수 있는 정교한 제도적 장치의 도입이 필요하다는
점을 인식시켜 줌으로써 유럽만이 아닌 전세계적 군축협상에도
큰 영향을 주었다. 또한, 이러한 제도화 과정에서 발전된 OSCE
내의 각종 협상기법[9] 역시 의의가 있다.

---

9) 1976년 헬싱키 최종 의정서 협상과정에서 도입된 협상기법으로는 상호
   주의(reciprocity), 이슈 연계(issue linkage), 괄호넣기(bracketing),
   데드라인 설정(deadline setting) 등이 있다. 상세 사항은 Hong,
   Ki-Joon, <The CSCE Security Regime Formation> :
   Macmillan, 1997 참조

다. 비전통적 안보 분야로의 협력 확대

OSCE는 1975년 창설 당시부터 전통적인 군사안보 외에 인권, 민주주의, 경제, 환경 등 비전통적 안보 분야에서의 협력을 도모했다는 점에서 다른 지역의 안보협력체와 차별성을 지니고 있었다고 할 수 있다. 이러한 OSCE의 포괄적 안보기구로의 지향은 그후 많은 다자안보체의 발전에 선례가 되었다.

1990년대 사회주의권 붕괴 이후에는 민족분쟁 등 새로운 안보위협을 다루기 위해 민주제도·인권사무소(ODIHR), 소수민족담당 고등판무관 (HCNM), 언론자유대표(RFM) 등 각종 조직 신설 및 확대를 통한 적극적 대응으로 외부의 비판에도 불구하고 어느 정도 성과를 보여주었다. 특히, 동구권 국가의 민주주의 확산을 위한 각종 세미나 및 회의 개최, 선거감시단 지원과 시장경제제도 이해 확대 등은 포괄적 안보기구로서의 OSCE의 역할이 돋보인 분야라고 할 것이다.

라. 역내 정세안정을 통해 유럽통합에 필요한 우호적 환경 조성

OSCE는 지난 30여 년 간 유럽의 역내 정세안정에 기여함으로써 EU를 통한 유럽통합과 앞으로 EU의 동구권 확대를 위한 우호적 환경을 조성해 왔다. 특히, 1970년대 냉전의 와중에서도 동·서 유럽의 안보가 서로 단절된 것이 아닌 하나라는 점을 분명하게 인식시킴으로써 대서양에서 우랄 산맥까지 '유럽은 하나'라는 관념을 보다 강화시키는 계기가 되었다.

한편, 동구권 국가의 민주화 및 경제개혁을 위한 OSCE의 그간의 역할은 동구권 국가들이 민주주의와 시장경제체제라는 2가지 EU 가입조건을 충족시키는 데 적지 않게 기여해 왔다고 할 것이다. 따라서, 2002년 10월 EU 정상회의 합의대로 2004년에 중·동구 10개국의 EU 가입10)이 이루어질 경우, 포괄적 안보기구로서의 OSCE의 역할이 더욱 빛나게 될 것이다.

2. OSCE의 한계

NATO나 EU 등이 OSCE가 유럽에서 가장 포괄적인 안보기구인 동시에 유럽의 안정과 평화 유지를 위한 중요한 역할을 하고 있다고 평가하고 있음에도 불구하고 OSCE는 범유럽 안보기구가 가지는 태생적 한계를 지니고 있다. 특히, 1990년대 유고지역의 민족분쟁에 대한 OSCE의 무기력한 대응은 OSCE와 같은 공동안보기구의 무력함을 증명하는 사례로 거론되어 왔다.

가. 강제력과 제재수단의 결여

OSCE의 가장 큰 문제점은 90년대 보스니아와 코소보 등에서 대규모 인종학살을 사전에 방지하지 못한 점에서 나타나듯이 자체적인 강제력과 효과적 제재수단을 보유하지 못했다는 점이다.11) OSCE는 그 설립헌장 자체에 UN 헌장 7장과 같은 강력한 제재수단이 없으며, NATO와 같은 자체적인 무력수단을 보유하지 못하고 있다. 예컨대 1992년 헬싱키 정상회의시 OSCE의 활동에 휴전감시 등 평화유지활동(PKO)을 포함시키기로 합의했음에도 불구하고 아직까지 독자적인 평화유지활동을 수행하지 못

---

10) EU 정상들은 2002.10.25 브루셀 정상회의시 10개 신규회원국들이 오는 2004년 EU에 가입한다는 데 합의했다. 키프로스, 체코, 에스토니아, 헝가리, 라트비아, 리투아니아, 몰타, 폴란드, 슬로바키아, 슬로베니아 등 10개 신규가입국들은 2003년 4월 아테네에서 가입협약에 서명하게 된다.
11) Stefan Troebst, <Conflict in Kosovo: Failure of Prevention?: An Analytical Documentation, 1992~1998>, ECMI Working Paper May 1998, p.21.

하고 있는 것이다. 옛 유고지역의 민족분쟁에 대한 OSCE의 무기력한 대응은 1991년 구소련 및 바르샤바조약기구 해체 이후 유럽 안보의 가장 적합한 모델로 NATO와 같은 군사적 동맹을 대체할 수 있다고 칭송받던 OSCE의 위상에 심각한 손상을 입혔다. 결국 보스니아사태와 코소보사태는 유럽의 문제였음에도 불구하고, OSCE나 EU가 아닌 미국의 압도적 군사력을 중심으로 한 NATO의 개입으로 해결됨에 따라[12] 탈냉전시대에도 전통적 안보동맹이 여전히 중요함을 재인식시키는 계기가 되었다.

나. Consensus에 의한 의사결정 과정의 비효율성

OSCE의 Consensus에 의한 의사결정 방식은 참여회원국의 평등성을 존중한다는 점에서 민주주의 원칙에는 충실하나, 효과적 안보기구가 되기에는 문제점을 지닐 수밖에 없다고 할 것이다. 특히, 군사적 위기상황이나 민족분쟁과 같은 긴급사태 발생시 회원국의 consensus 확보는 사태에 대한 즉각적인 대처에 어려움을 초래할 가능성이 크기 때문이다. 즉, consensus에 의한 의사결정은 심각한 위기상황에서는 의사결정을 지연시키거나 의사결정 자체를 방해할 가능성이 보다 크다고 할 것이다.

다만, OSCE의 이러한 의사결정 과정의 문제점은 대부분의 국제기구가 consensus에 의한 의사결정제도를 채택하고 있다는 점에서 의사결정 자체의 문제점이라기보다는, 정치·경제적으로 차이가 있을 수밖에 없는 전유럽 국가를 회원국으로 포함하고 있는 OSCE의 태생적 한계라고 보는 것이 보다 적합할 것이다.

---

12) 보스니아사태와 코소보사태의 해결과정에서 미국을 제외한 NATO 회원국의 군사력이 거의 제기능을 수행하지 못함에 따라 90년대 유고의 민족분쟁은 NATO의 진로에 대해서도 심각한 고민을 안겨주는 계기로 작용하였다.

Ⅳ. OSCE 체제의 동북아지역 원용 가능성

동북아지역은 전세계에서 자체적인 지역안보협력체를 보유하지 못한 거의 유일한 지역이다. 아세안지역안보포럼(ARF)은 지역안보문제를 논의할 수 있는 유용한 대화의 장을 제공하고 있으나, 동북아와 동남아지역의 안보환경이 서로 이질적이라는 점에서 동북아지역의 안보협력체로서는 한계를 지닐 수밖에 없다.

그러나 동북아지역은 한반도와 양안간 분쟁발생 가능성 외에도 일·중 간 군비경쟁, 중국 위협론에 대한 미·일의 견제, 북방도서 영토문제를 둘러싼 일·러 간 갈등 등 구조적 불안요인이 잠재하고 있다는 점에서 역내 국가간 안보대화의 필요성은 그 어느 지역보다 크다고 할 것이다. 이러한 점에서 가장 성공한 신뢰구축 체제로 평가받는 OSCE의 동북아지역으로의 원용 가능성을 고찰해 보는 것은 의미가 있다고 할 것이다.

1. OSCE 체제의 동북아지역 원용의 장애요인

가. 현상유지(status quo)에 대한 합의 부재

OSCE 체제를 동북아지역에 적용하는 데 가장 큰 장애요인은 동북아지역 국가간에 아직까지 현상유지에 대한 합의가 없다는 점이다. 미국, 일본과 북한은 아직까지 상대방을 인정하는 수교도 하지 못하고 있는 상태이며, 일·러 간 북방영토 분쟁, 중·일 간 조어도(釣魚島) 분쟁 등 과거 영토문제에 대해서도 분쟁이 해결되지 않은 상태이다.

OSCE의 형성을 가능케 한 중요한 요인 중 하나가 독일 등 서방 국가가 동구에서의 소련의 우월적 지위 및 영토 등 현상의 인정이었다는 점을 감안할 경우, 아직까지 국가간 영토문제가 해결되고 있지 못한 동북아지역에 OSCE 체제를 적용하기에는 한계가 있어 보인다. 따라서, 동북아지역에서 OSCE 체제를 적용하기 위해서는 우선 북한과 미·일 간 관계정상화와 관계국간 영토문제의 해결이 선행되어야 할 것이다.

나. 과거사 문제와 공동가치의 결여

동북아지역은 일제의 식민통치와 제2차 세계대전 등 과거사 문제로 인한 역내국간 갈등이 완전히 해결되지 못하고 있다. 최근 일본 총리의 야스쿠니 신사방문, 일본 역사교과서 왜곡문제에서 보이듯이 과거사 문제로 인한 한·일, 중·일 간 갈등이 상존하고 있으며,13) 일·러 간의 평화협정 미체결 등 2차대전의 종전 처리 문제도 미결된 상태이다.

한편, 한·미·일 등 성숙된 자유민주주의체제 국가들과 중국·북한 등과의 정치체제의 이질성 등으로 인해 동북아지역에서는 인권과 민주주의 등에 대한 공동가치가 결여되어 있다고 할 것이다. 역내국간 인권, 자유민주주의, 시장경제 등 근본 가치에 대한 공유가 없다면 군사적 안보를 넘어선 포괄적 안보를 지향하는 OSCE 체제를 적용하기에는 장애가 따를 수밖에 없다고 할 것이다.

다. 현실적 위협 및 주도 국가의 부재

역설적이지만 안보레짐은 현실적 위협이 있을 때 형성하기가 가장 쉽다. 예컨대 OSCE도 동·서 간 대치라는 현실적 위협이 없었다면 그 형성이 쉽지 않았을 것이다. 이러한 측면에서 본다면 미국의 역내 영향력에 대항할 현실적 위협대상이 부재한 동북아 지역에서는 구조적 불안정 요인이 잠재되어 있음에도 불구하

---

13) 2002년 4월 고이즈미 총리의 야스쿠니 신사방문으로 일·중수교 30주년을 기념하여 2002년 가을 예정되었던 공식방중이 취소되는 등 일·중간 과거사 문제는 일·중 관계발전의 장애요인으로 상존하고 있다.

고 안보레짐 형성에 대한 유인이 약할 수밖에 없다고 할 것이다.

또한, 안보레짐의 형성을 위해서는 이를 주도적으로 추진하는 국가가 필요하다. 최근 러시아와 일본은 6자회담 추진 필요성을 제기하고 있으나 미국이 적극적인 태도를 보이지 않음으로써 한 동북아지역의 안보레짐 형성은 요원하다고 할 것이다.

2. OSCE 체제가 동북아 안보 협력에 주는 시사점

OSCE 체제는 위에서 상술한 문제점으로 인해 동북아지역에 바로 적용하기에는 어려움이 따를 것이다. 그럼에도 불구하고 집 단방어체제가 아닌 공동안보체제를 통해 역내 국가간 신뢰구축을 달성한 OSCE는 냉전적 갈등요인이 잔존하고 있는 동북아지역에 서 여전히 매력적인 대상이라고 할 것이다. 따라서, 다음에서는 OSCE의 신뢰구축체제가 동북아지역 안보 협력에 대해 주는 시 사점을 살펴보고자 한다.

첫째, 동북아지역에서는 OSCE와 같은 협력안보레짐의 형성이 바람직하다는 점이다. 현재 동북아의 안보가 한·일/미·일 간 양 자 동맹을 통한 미군의 주둔에 의존하고 있으며 미·일과 중국이 상대방을 잠재적 경쟁자로 간주하고 있는 점을 감안할 경우, NATO와 같은 집단방어체제의 형성은 비현실적이다. 따라서, 역 내 국가가 모두 참여하여 역내 국가간 분쟁을 방지하고 위기를 관리하는 OSCE 체제가 현실적 대안이 될 수밖에 없다. 특히, 정 교한 검증제도를 통해 군비통제와 군축을 실현한 OSCE의 신뢰 구축체제는 역내국간 군비경쟁을 완화시킬 수 있다는 점에서 도 입 필요성이 인정되는 것이다.

둘째, OSCE가 동북아지역의 안보 협력에 주는 또 다른 시사 점은 CSCE에서 OSCE로의 발전과정에서 보듯이 안보협력체는 중·장기적 관점에서 추진되어야 한다는 점이다. CSCE가 1975

년 헬싱키 최종 의정서에 의해 process로 창설된 후 OSCE라는 국제기구로 발전하기까지 20년이 소요되었다는 점을 감안해 당장 지역안보체의 형성을 추진하기보다는, 기존의 NEACD 등 동북아지역의 비정부간 대화체를 점진적으로 발전시켜 나가는 방안을 고려해 볼 필요가 있다고 할 것이다.

셋째, OSCE와 같은 공동안보체가 전통적인 군사동맹을 대체할 수 없다는 점이다. OSCE는 90년대 초반 NATO와 같은 군사동맹체를 대체할 수 있다고 평가되었지만 그후 유고분쟁에서 보듯이 직접적 군사력을 보유하지 못한 공동안보체는 위기관리에서 그다지 효과적이지 못해 왔다. 특히, 1999년 폴란드·체코·헝가리 등 중·동구 3국이 NATO에 가입하고 러시아를 제외한 대부분의 중·동구 국가들이 NATO 가입을 희망하고 있다는 점에서14) 동북아 지역에서 안보협력체가 형성되더라도 현재의 한·미 안보동맹을 대체할 수 없다는 점을 분명히 인식해야 할 것이다.

동북아와 유럽은 2차 대전 종전 이후 동일한 시련을 맞이했지만 그후 반세기가 지난 현재 동북아와 유럽은 역내 안보체제 구축면에서 현격한 격차를 보이고 있다. 동북아지역 국가들이 서구의 시장경제체제를 조기에 수용해 놀라운 경제성장을 이룩했듯이, 새로운 천년을 맞이한 이제는 동북아의 안정과 평화를 위해 동북아 국가간 안보 협력의 점진적 확대를 모색해 나가야 할 것이다.

---

14) 2002.11.21~22간 개최된 프라하 NATO 정상회의에서는 발틱 3국 (리투아니아, 에스토니아, 라트비아)과 슬로바키아, 슬로베니아, 루마니아, 불가리아 등 7개국의 NATO 가입이 확정되었다.

참 고 문 헌

1) <OSCE 개황>, 외교통상부, 2001

2) 김경수,<유럽 안보 협력의 가능성과 한계 : OSCE와 NATO를 중심
   으로>, ≪국제문제≫ 1999년 4월호.

3) 홍기준, <OSCE와 ARF 사례연구를 통해서 본 동북아지역 안보 협력
   의 방향>, ≪국방논집≫ 1997년 겨울호.

4) 이서항, <유럽안보협력의 진전과 전망 : CSCE의 OSCE 전환을 중심
   으로>, 주요 국제문제 분석, 1995년 제13호.

5) Henry Kissiger, *Diplomacy*, Simon & Shuster, 1994.

6) Standard arms control groups, ≪International arms control ;
   Issues and Agreements≫, Stanford University Press, 1984

7) Luigi Vittorio Ferraris(ed.) ≪Report on a Negotiation:
   Helsinki- Geneva-Helsinki 1972~1975≫, Sijthoff &
   Noooordhoff International Publishers BV, 1979

8) Stefan Troebst, <Conflict in Kosovo: Failure of Prevention?:
   An Analytical Documentation, 1992~1998>, *ECMI Working
   Paper*, May 1998

9) Hong, Ki-Joon. *The CSCE Security Regime Formation*: An
   Asian Perspective, London: Macmillan, 1997.

제3부
초국가적 범죄 현황

제8장. 초국가적 범죄의 현황과 국제적 대응 노력

초국가적 범죄의 현황과 국제적 대응 노력

고 재 명

I. 서 론

세계화는 국가간의 상호 의존성이 증가함에 따라 일부 국가에서는 경제적인 번영과 민주주의 확산에 따른 혜택을 받고 있으나 세계화에 뒤져 있는 지역이나 국가에서는 경제불황, 정치 불안정, 빈부격차 등으로 인해 소외집단의 반발과 종교적 극단주의로 인해 대립의 양상을 띠고 있다.

초국가적 범죄 또는 초국가적 위협은 탈냉전 이후 중요시되고 있는 새로운 위협으로 국가 또는 비국가 행위자가 군사적 이외의 수단으로 국경을 초월하여 야기하는 비군사적 위협의 한 형태로 볼 수 있다. 9.11 테러는 국경을 초월하는 초국가적 위협이 국가 안보에 미치는 영향이 얼마나 큰가를 절실히 느끼게 하였다.

세계화가 진행될수록 초국가적 위협이 확산되고 있고 이는 어느 한 국가의 노력만으로 해결되기 어려운 국제적인 현상으로 나타나고 있다. 또한 초국가적 범죄인 테러, 마약거래, 소형무기거래, 조직범죄, 인신매매 등은 상호 연계되어 있어 한 국가의 국가안보, 경제안보, 나아가 인간안보에도 부정적인 영향을 미치고 있어 이러한 초국가적 위협에 대해 국가간 공조체제, 특히 지역 협력이 절실한 상황이다.

이 글에서는 초국가적 범죄의 정의, 아·태지역에서의 초국가적 범죄 현황 그리고 불법마약거래, 소형무기, 해적, 사이버 범죄,

자금세탁, 불법이민 등 초국가적 범죄의 대표적인 유형과 이에 대한 우리의 대처 노력을 살펴본 후 초국가적 범죄에 대처하기 위한 국제적 노력에 대해 살펴보고자 한다.[1]

II. 초국가적 범죄와 안보

1. 초국가적 범죄의 정의

초국가적 범죄(transnational crime)란 현재 확립된 정의는 존재하지 않으나 일반적인 의미에서 국경을 초월하여 민간에 의해 자행되는, 일국의 법적 질서와 사회적 안녕을 파괴하는 모든 범죄행위로 정의될 수 있다. 1978년부터 1985년까지 인터폴(Interpol) 사무총장을 역임했던 앙드레 보사르(Andre Bossard)에 따르면, "사람(범죄자, 도망자, 피해자), 물건(총기류, 마약, 돈세탁) 혹은 범죄의지(컴퓨터 범죄)가 국경을 넘어 감으로써, 이와 관련된 두 개 이상의 국가가 국제협약, 범죄인 인도조약, 그리고 여타 국내법을 작동시키기 위해 이를 국가적 그리고 국제적으로 범죄로 인정한 상황을 가리킨다.[2] 냉전 종식 이후

---

1) 테러와 초국가적 범죄의 상관관계에 대해서는 Han Dong-man, < Terrorism and its impact on East Asian Security : A Korean Perspective>, *IFANS Review*, Vol. 10. No. 1. July 2002 pp.54~55 참조

2) "the crossing of a border by people (criminals, fugitives or victims), by things (firearms, drugs, money laundering) or by criminal will (computer fraud, etc), together with the international recognition of the crime at both national and international levels, so that the fact is considered a criminal offence by at least two states, thereby bringing into effect international conventions, extradition treaties or concordant

국가간 전면적 분쟁발생 가능성이 낮아지고, 안보를 국가의 총체적 안위로 이해하는 포괄적 안보개념이 도입됨에 따라 국내적 안녕과 질서를 파괴하는 초국가적 범죄가 국가 또는 지역 차원의 안보에 미치는 영향에 많은 관심이 점증하고 있다.

교통·통신의 발달, 국가간 교류의 확대, 경제의 세계화를 기반으로 초국가적 범죄행위자의 국적 및 활동영역이 갈수록 다국적화되어 가고 있으며, 행동방식 또한 조직화, 대규모화되어 가고 있는 추세이다. 요컨대, 초국가적 범죄는 21세기 들어 국가의 경제적, 사회적, 문화적 안정을 저해하는 새로운 유형의 안보위협 요인으로 대두하고 있다.

현재 국경을 초월하여 국제적 혼란을 야기하고 있는 주요 초국가적 범죄로는 ① 마약거래 ② 소형무기거래 ③ 해적행위 ④ 컴퓨터 범죄 ⑤ 불법이민(illegal migration): 이민자의 불법수송(smuggling of migrants, human smuggling) 및 인신매매(human trafficking) ⑥ 불법자금세탁 등이 대표적이라고 할 수 있다. 과거에는 안보문제가 주권국가에 대한 전통적인 위협의 범주에 국한되었으나, 조직범죄와 테러리즘, 환경파괴 등 새로운 안보위협 요소들은 외교 제재 혹은 군사력과 같은 기존의 표준화된 도구로는 간단히 해결될 수 없게 되었고, 이러한 새로운 안보위협들은 전통적인 안보문제를 넘은 연성(soft) 위협으로 등장하게 되었다. 이러한 초국가적인 안보위협들은 국경과 무관하게 국가의 정치·사회적 통합 혹은 그 국민의 건강을 위협하는 비군사적 위협 또는 비전통적 안보위협이 되고 있다.3)

---

national laws." Andre Bossard, *Transnational Crime and Criminal Law*(Chicago : The Office of International Crminal Justice, University of Illinois at Chicago, 1990), p.5. 현인택 < 인간안보와 한국외교>, 외교부 연구용역보고서, 1999, 16쪽에서 재인용

3) 운영식, <초국가적 위협과 군사력의 역할>, ≪국방정책의 이론과 실제

2. 아시아·태평양지역에서의 초국가적 범죄

우리가 살고 있는 아·태지역은 중남미지역과 더불어 다른 지역에 비해 초국가적 범죄가 크게 성행하고 있는 곳으로, 느슨한 정부통제, 부패한 관료조직 등으로 인해 주요한 요인으로 평가되고 있다. 이러한 추세는 향후에도 이 지역의 경제발전에 따른 범죄수익성 증대와 맞물려 더욱 가속화될 전망이며, 더욱이 다양한 경제발전 수준의 국가가 공존함에 따라 일종의 국가간 분업현상이 발생(일본의 야쿠자 또는 중국계 Triad 조직의 자금과 유통망을 활용한 동남아 재배 마약 거래 등)하는 등 그 심각성이 더해가는 형편이다.4)

현재 지적되고 있는 주요 아·태지역 초국가적 범죄발생국으로는 중국, 베트남, 태국, 일본, 인도네시아, 미얀마 등을 들 수 있으며, 주요 범죄유형으로는 마약재배 및 판매, 불법이민알선, 불법자금세탁, 소형무기거래 등을 들 수 있다. 이외에도 컴퓨터를 활용한 국가기밀 및 고급 산업정보 유출 등 신종 범죄가 급속히 증가하고 있다.

한국의 경우 그 동안 지리적 원격성과 엄격한 출입국, 통관절차 등으로 인해 초국가적 범죄로 인한 피해가 비교적 심각하지 않은 국가로 간주되어 왔으나, 최근에는 각종 출입국 및 외환관리 규제조치의 완화에 따라 초국가적 범죄의 발생빈도와 피해 규모가 확대되고 있는 추세이다. 특히 사회적으로 많은 피해를 야기하고 있는 초국가적 범죄로는 마약거래, 불법이민 알선, 고급 산업기술 유출 등을 들 수 있으며, 이밖에도 급속한 외환자유화

≫ (2002.5., 오름) p.121.

4) John McFarlane, <Transnational Crime and Asia-Pacific Security>, ed., Sheldon W. Simon, *The Many Faces of Asian Security*, Boston : Rowman & Littlefield Publishers, Inc., 2001, pp.202~208.

에 따른 세금포탈, 외환유출 등의 불법행위 등이 점증하고 있는 것으로 파악되고 있다.5)

III. 초국가적 범죄의 유형과 현황

1. 불법마약 거래

가. 마약의 정의 및 심각성

마약이란, 세계보건기구(WHO)의 보고에 따르면, 약물 사용에 대한 욕구가 강제적일 정도로 강하고, 사용 약물의 양이 증가하는 경향이 있으며, 금단현상이 나타나고, 개인에 한정되지 않고 사회에도 폐를 끼치는 약물로 정의되어 있다. 마약은 치료방법이 매우 어렵고 시간이 오래 걸리며 비용이 많이 드는데, 오늘날에 들어 교통·통신수단의 발달과 함께 전세계적으로 그 폐해가 확산되고 있다. 특히, 9.11 대미 테러 공격사건 이후에는 마약문제가 국제테러리즘, 자금세탁, 인신매매 등 다른 초국가적 범죄와 연계되어 있다는 점에서 더욱 큰 국제적 문제가 되고 있다.6)

마약과 환각제 이용의 증가는 범죄의 증가로 이어질 가능성이 높으며, 사용자의 파멸과 함께 사회를 불행하게 한다는 데 문제의 심각성이 있다. 즉, 마약을 장기복용할 경우 중독증이 나타나는데, 약효가 없어지면 피해망상이나 과잉공격 등에 사로잡히는

---

5) 외교통상부 발간 ≪21세기 아·태지역의 안보환경과 새로운 안보 위협 ≫ 1999.8., pp.36~37에서 재인용

6) Yossef Bodansky, bin Laden : *The Man Who Declared War on America*, Roseville : Prima Publishing, 1999, pp.307~336. Yossef Bodansky는 이슬람 테러주의자들이 마약판매, 돈세탁, 위조화 폐 등으로 활동자금을 확보하며, 테러작전을 위해 매춘 등 비밀성이 높은 조직범죄 네트워크를 이용한다고 지적하고 있다.

등의 금단현상이 생길 수 있다. 중독증이 심화되어 망상형 정신 분열증이나 반사회적이고 비윤리적인 포악한 동물 같은 행동이 나타나면 거의 완치가 불가능한 폐인으로 전락하고 만다.

오늘날 마약생산 및 소비로 인한 사회적 폐해가 매우 큰 지역으로 아·태지역, 중남미지역을 들 수 있다. 양지역은 전세계 천연 마약의 대부분을 생산, 공급하고 있는 것으로 평가된다. 특히 미얀마, 태국, 라오스의 접경지역에 형성되어 있는 황금 삼각지대(Golden Triangle)는 전세계 아편생산량의 70% 이상을 생산(아프가니스탄, 이란, 파키스탄 접경지인 황금의 초생달(Golden Crescent) 지역과 함께 전세계 아편의 94%를 생산)하고 있으며, 지난 20년간 전세계적으로 생산과 남용이 증가해 온 암페타민류 합성마약(ATS; Amphetamine-Type Stimulants)의 생산, 남용은 아·태지역에서도 증가하고 있다. 최근에는 미얀마의 Wa 부족이 제조하는 저순도의 정제형 ATS인 '야바'가 태국을 중심으로 동남아에서 밀매되고 있다. 생산이 쉽고 값싼 ATS의 수요가 늘어남에 따라 황금 삼각지대의 전통적인 헤로인 생산자들이 합성마약을 같이 생산, 기존의 헤로인 유통경로를 통해 보급하고 있다. 또한 아·태지역에서 불법마약생산과 거래는 역내 일부 국가에서 반독립적 지방정치체의 수입원으로, 그리고 각국 범죄조직의 자금원으로 사용됨으로써 정치불안을 더욱 악화시키고 사회 안정을 저해하는 요인이 되고 있다. 중앙정부의 권력이 거의 미치지 못하는 황금 삼각지대 주변 산악지역, 특히 미얀마 지방군벌과 범죄조직으로는 중국계 삼합회(Triads), 일본의 야쿠자 등이 그 대표적인 예이다.

우리나라의 경우 1970년대까지 동남아 및 중국에서 생산된 마약이 일본, 호주로 운반되는 경유국가(Transit Country)였으나, 1980년대부터 소비국가로 변모하고 있다. 우리나라에서는 결정체 메스암페타민(필로폰) 및 신종 엑스터시가 주로 사용되는 마약으로 알려지고 있다. 국내 메스암페타민 생산, 소비 추이를 살펴보면, 1950년대에는 2차 대전 종전 이전 일본에서 기술을 익힌 제조업자들이 일본 공급업자에게 고용되어 일본 수출을 위한 생산을 시작하였다. 1970~80년대에는 제조기술의 확산과 일본정부의 강력한 마약단속을 배경으로 국내소비가 급증하였다. 메스암페타민과 관련된 범죄가 증가하는 등의 사회적 부작용으로 인해 정부의 단속이 강화된 1989년 이후에는 국내생산이 줄어드는 대신 중국산 유입이 증가하고 있다. 현재 국내 유통 메스암페타민의 90% 이상이 중국에서 밀반입되고 있는 것으로 알려지고 있다. 한편, 국제교류 증대, 국내체류 외국인 증가와 함께 최근에는 헤로인, 코카인 등 우리나라에서는 비주류에 속하던 마약의 반입 또는 제3국으로의 반입을 위한 경유가 늘어나고 있으며, 이에 따라 이들 마약의 국내소비도 늘어나고 있는 추세이다. 이 과정에서 외국인들이 개입되는 경우가 증가하고 있는데, 국내의 경기 현상에 따라 증감을 거듭하여 왔던 외국인 마약류 사범이 2000년도에는 불법체류자에 대한 단속강화정책 등의 영향으로 급감하였으나, 2001년 들어 정부의 외국인 관광객 적극유치정책에 따른 출입국심사 완화 및 통관절차 간소화 등의 영향을 받아 3배 이상 규모로 급증한 것으로 알려졌다.7)

나. 불법마약 생산과 거래를 근절시키기 위한 국제적 협력

마약류 퇴치를 위한 방안은 크게 첫째, 접근방식에 따라 공급감축을 위한 방안과 수요감축을 위한 방안으로 나뉘며, 둘째, 지역적으로 개별 국가, 지역 차원, 세계 차원의 노력으로 나뉠 수 있다. 마약은 생산·유통·소비가 일국의 국경 내에 한정되지 않기 때문에 문제해결을 위해서는 국제협력이 필수적이며, 그간 유

---

7) ≪마약범죄류 백서≫, 대검찰청, 2001, p.25.

엔을 중심으로 하여 마약문제 해결을 위한 국제협력이 꾸준히 추진되어 왔다. 과거에는 공급 측면에서의 감축 노력(마약생산과 유통의 단속과 통제, 마약작물 재배농가의 전작 지원 등)이 마약류 통제방안의 주를 이루었으나, 마약문제의 근본적인 해결을 위해서는 수요감축을 위한 노력(예방교육, 마약사범에 대한 재활교육 등)이 필요하다는 인식이 확산되면서 오늘날에는 공급과 수요의 균형적인 통제를 위한 접근이 이루어지고 있는 추세이다.

현재 불법마약 생산과 거래를 근절시키기 위한 국제적 협력을 살펴보면, 유엔 마약통제본부(UNDCP; UN Drug Control Programme) 등 유엔을 중심으로 한 노력이 대표적이다. 1990년 2월 뉴욕에서 유엔 마약특별총회가 개최되어 "1991~2000년간을 마약퇴치 10년대"로 결의한 '정치선언문'을 채택함에 따라 마약류 공급통제 및 수요감축 방안 등 불법마약 거래철폐에 활동의 중점을 두게 되었다. 또한 유엔은 각지역과의 협력을 도모하고 있는데, 아·태지역을 예로 들어 보면, 미얀마-태국 국경지역의 마약남용 통제를 위한 미얀마-태국-UNDCP 3자간 프로그램, 캄보디아·중국·라오스·미얀마·베트남, 태국, UNDCP 간 마약통제에 대한 양해각서 체결, 아·태지역 마약법 집행기관장회의(HONLEA ; Heads of National Narcotics Law Enforcement agencies)[8] 등이 있다.

아세안도 마약 거래를 역내 주요 초국가적 범죄 중 하나로 규정하고, 마약 없는(drug-free) 동남아 건설을 강조하고 있다. 아세안에서는 마약의 남용에 대처하기 위한 원칙선언(The ASEAN Declaration of Principles to Combat the Abuse of Narcotic Drugs, 1976), 마약문제에 관한 고위관리회의(ASEAN Senior Officials on Drug Matters, 1984), 마약 예방교육을 위한 훈련센터(ASEAN Training Center for

---

8) UN 마약위원회 산하 지역별 마약류단속책임자회의

Preventive Drug Education, 필리핀 소재), 마약 없는 아세안을 위한 선언(The Declaration for a Drug Free ASEAN, 1998), 2015년 마약 없는 아세안 추구를 위한 방콕 정치선언(Bangkok Political Declaration in Pursuit of Drug-Free ASEAN 2015, 2000), 유해약품 퇴치를 위한 아세안-중국간 협력협정(ASEAN and China Accord on Cooperative Operations in Response to Dangerous Drugs, 2000) 등 각종 선언이나, 기관설립을 통한 마약퇴치 노력을 경주하고 있다. 이외에도 마약류 단속 국제협력회의 (ADLOMICO; Anti-Drug Liaison Official's Meeting for International Cooperation)[9]나 미국 마약청(DEA)과 각국의 마약 관련 기관간 공조 및 한·일 마약대책회의 등 양자간 협력이 이루어지고 있다.

우리나라의 경우 국내 마약류 사범이 1만 명대를 돌파하는 상황을 맞이하여 강력하고, 전문적인 수사지휘체제 구축 필요성이 제기됨에 따라 대검찰청에 마약부를 신설하는 한편 지방검찰청에도 마약수사반을 신설하였다. 또한 관계기관이 참여하는 국가 마약류 대책협의회가 설립되어 관련 부처간 업무조율을 맡고 있다.[10]

2. 소형무기(Small Arms)

가. 소형무기의 정의 및 위험성

소형무기에 관해 확립된 국제적 정의는 없으나 1997년 <소형무기에 관한 UN 정부간 전문가회의보고서>에 의한 정의는 다음과 같다. 소형무기(small arms)란 개인이 단독으로 휴대, 사용

---

9) 우리나라 검찰청이 주최하고 우리나라 주재 대사관 마약관계관, 아·태 지역 사법당국자, 인터폴, UNDCP 등이 참석하는 회의

10) Ibid, p.30.

하도록 고안된 연발권총, 자동소총, 기관단총, 경기관총 등을 지칭하며, 경무기(light weapons)란 2~4인이 팀을 이뤄 운용할 수 있는 중기관총, 구경 100mm 이하 박격포, 휴대용 대전차포 및 고사포 등을 지칭한다.

소형무기 거래는 그 자체로서보다는 다른 범죄를 위한 불법적 무력을 제공한다는 점에 위험성이 있으며, 경우에 따라서는 반군, 국가전복단체, 특정 종교집단 등에 무력수단을 제공함으로써 직접적인 국가안보 위협을 초래하기도 한다. 1990년 이래 경·소형무기에 의한 인명피해가 약 400만 명 이상이라는 사실은 소형무기 거래의 위험성을 잘 나타내고 있다. 소형무기는 주요 재래식 무기에 비해 저렴하고 민간인도 특별한 훈련 없이 사용 가능하고, 개인 또는 소규모 인원에 의해 운반이 가능하며 은닉도 용이하기 때문에 도심지역에서의 정치적 테러 또는 험준한 산악, 정글지역에서 반정부 군사활동에 용이하다. 따라서 마약과 더불어 국제사회의 규제 노력이 가장 필요한 분야라 할 수 있으나, 현재 효율적인 국제적 규범 또는 규제기준 등이 부재한 실정이다.

소형무기의 폐해는 북미 일부 지역 및 동남아 일부 지역이 매우 심각하나, 아·태지역의 경우 소형무기 거래로 인한 피해가 일반적으로 그다지 심각하지 않다. 정정이 불안한 동남아 일부 지역 및 총기소지가 비교적 자유로운 북미 일부 지역과 달리 아·태지역에는 사회적으로 총기 소지 또는 사용에 거부감을 느끼지 않는 총기문화(gun-culture)가 부재하기 때문에 총기관리가 비교적 엄격하게 이루어지고 있다. 따라서, 총기 사용 또는 그 위협에 의한 범죄가 직접적인 사회적 혼란을 야기하는 경우도 많지 않다.11)

그러나 현재 이 지역에서도 대규모 범죄조직을 중심으로 소형

---

11) Alan Dupont, *East Asia Imperilled*, Cambridge :Cambridge University Press, 2001, p.29.

무기가 꾸준히 확산되고 있으며, 특히 최근에는 구소련, 중국 등지로부터의 소형무기 유입이 급증하고 있는 추세이므로 이에 대한 지역 차원의 대비책 마련 필요성이 점증하고 있다.

한국은 불법 소형무기에 관한 한 비교적 안전한 상황이라고 할 수 있으나, 북한과 대치하고 있는 상황에서 정치적 테러 등에 사용될 수 있는 총기류에 대한 단속과 규제의 필요성은 어느 나라보다도 높은 실정이므로 가능한 모든 국제적 규제 노력에 동참할 필요가 있다. 특히 최근 러시아 등지로부터의 소형무기 유입사례가 적발되는 등 범죄목적의 소형무기 밀반입 기도가 증가하고 있다는 사실을 볼 때, 소형무기 불법거래를 억제하기 위한 국가간 협력의 필요성은 더욱 크다고 할 수 있다.

나. 소형무기 거래규제를 위한 국제적 노력

현재 UN 및 지역적 차원의 소형무기 거래규제와 관련된 국제적 노력은 소형무기를 군사력의 일환으로 파악하고 이를 군비축소의 대상으로 포함시켜 규제하려는 방식 위주로 진행되고 있다. 이러한 노력은 정정불안 지역 등에 대규모의 소형무기가 유입되어 무력분쟁의 수단으로 이용되는 것을 방지하는 데에 중점을 둔 것이다.

유엔 차원의 노력을 보면, 1991년 제46차 유엔 총회에서는 결의(46/36 H)를 통해 무기의 불법거래 방지를 위해 무기보유 및 이전에 관한 회원국들의 확고한 통제를 촉구하였다. 또한 2001년 7월 뉴욕에서 소형무기 불법거래에 관한 UN 회의(2001-UN Conference on the Illicit trade in Small Arms and Light Weapons in All Its Aspects)가 개최되어 소형무기의 수출대상 제한 및 수출 허가기준 정립, 소형무기의 사적 소유금지, 소형무기 표식(marking), 추적(tracing) 및 중개활동 (brokerage) 규제를 위한 국제문서 체결문제, 잉여무기 처리 등이 논의되었다.

이밖에도, 유엔군축위원회(UN Disarmament Commission)에서는 1996년 5월 국제무기이전에 관한 지침(Guidelines for International Arms Transfers)을 채택하였는데, 이는 회원국 간 불법무기 거래 방지를 위한 행동지침으로서의 역할을 수행하고 있다. 또한 유엔경제사회이사회(ECOSOC)에서는 1997년 4월 범죄예방, 공중보건 및 안전을 위한 소형무기 규제 관련 결의를 채택한 바 있다.

한편, 지역 차원의 노력으로서 1997년 11월 미주기구(OAS) 제24차 특별총회에서 소형무기, 탄약, 폭발물 및 관련 물질의 제조와 불법거래 방지를 위한 OAS 차원의 범미주 협정(Inter-American Convention Against the Illicit Manufacturing of and Trafficking in Firearms, Ammunition, Explosives, and Other Related Materials)을 채택하였다. 동 협정은 1998년 발효된 바, 소형무기 규제에 관한 법적 구속력이 있는 최초의 국제적 협정으로 평가된다. 또한 1997년 9월 페루에서는 소형무기 및 탄약의 국제이동 통제를 위한 범미주 마약남용통제위원회 규제안이 채택되어 역내 소형무기 퇴치 노력에 기여하였다.

구주지역을 살펴보면 1997년 6월 유럽연합(EU) 각료이사회에서 '재래식무기 불법거래 방지를 위한 EU 프로그램'이 채택되었는데, 동 프로그램은 소형무기 불법거래 방지에 초점을 맞추고 있다. 또한 1998년 5월 유럽연합(EU) 차원의 무기수출 통제를 위한 공동행동규범으로서 유럽연합무기수출규범(EU Code of Arms Exports)이 채택되었다. 이는 무기수출 거부 등 진보된 내용을 담고 있으나, 소형무기 포함 여부 등 통제대상 범위를 확정하지는 못하였다. 유럽안보협력기구(OSCE)에서도 2000년 11월 '소형무기 / 경화기에 대한 OSCE 문서(OSCE Document on Small Arms and Light Weapons)'를 작성하여 역내 소형무기 퇴치를 위한 노력에 동참하였다. 한편, 아세안 지역 안보포럼(ARF)은 2000년 제1차 초국가적 범죄전문가회의를 개최하여 소형무기 거래를 의제로 상정함으로써 그 논의의 시발점을 마련하였다.

우리나라의 경우 97년 7월 국내 관계법령인 '전략물자 수출입 공고(Public Notice on Export and Import of Strategic Goods)'를 개정하여 소형무기의 수출입시 반드시 정부의 허가를 받도록 규정하는 등 엄격한 통제를 실시하고 있다. 우리나라는 동 법령에 의거 분쟁지역(분쟁가능지역 포함) 및 테러지원국가에 대한 소형무기 수출은 법적으로 금지하고 있다. 또한 소형무기는 아니나, 유엔(연1회) 및 바세나르체제(연2회)에 정기적으로 통제대상 무기류의 이전 실적을 통보함으로써 무기 이전 투명성 제고를 위한 국제사회의 노력에 적극 동참하고 있다.

3. 해 적(Piracy)

가. 해적행위의 정의 및 발생배경

유엔 해양법협약에 따르면, 해적행위란 민간선박 또는 민간 항공기의 승무원이나 승객이 사적 목적으로 공해상의 다른 선박이나 항공기 또는 그 선박이나 항공기 내의 사람이나 재산, 국가 관할권에 속하지 아니하는 곳에 있는 선박·항공기, 사람이나 재산에 대한 불법적 폭력행위, 억류 또는 약탈행위를 말한다.

명백한 불법행위인 해적행위가 발생할 수 있는 것은 현 국제체제상 법적 공백 또는 사각지대가 많다는 데에 기인한다. 즉, 연안국의 통제권이 효율적으로 행사되지 못하는 영해 또는 관할수역이 많으며, 공해의 경우 광대한 공해의 지리적 범위와 효율적인 국제협력 체계의 미비로 인해 현실적으로 해적행위를 단속하는 것이 대단히 어렵다는 사정이 해적행위를 가능하게 하는 요인이다.

공해의 경우 해적행위는 UN 해양법상 '만인에 대한 범죄'로 간주되어 모든 국가의 공선에게 해적선에 대한 나포권이 주어져 있기는 하나, 현실적으로 해적행위에 가장 효과적으로 대처할 수 있는 인접 연안국이 적극적인 단속활동을 벌이지 않는 한 실효적 규제와 처벌을 기대하기는 무리이다. 특히 일부 동남아 및 동아시아 국가들이 해적행위를 불법적이지만 생계를 유지하는 수단중의 하나로 묵인하는 경향이 있다는 점도 해적행위를 조장하는 요인으로 작용한다. 또한 냉전 후 미·러·영 등 주요국들의 해군력 감축과 영토분쟁 등으로 관할권이 교차하는 수역에서의 법적 공백도 최근의 동남아지역 해적행위 증가의 요인으로 작용하고 있다. 한편, 최근 9.11 이후에는 LPG 등 위험물 운송 선박을 납치하며, 이를 이용한 해상테러 가능성도 제기되고 있다.[12]

해적행위 발생건수를 지역별로 보면 2001년 한해 동안 발생한 전세계 해적행위는 총 335건이며, 그 중에서 동남아와 동북아지역에서 171건이 발생하여 약 51%를 차지하고, 동 지역 내에서도 인도네시아 수역에서 발생한 해적행위가 약 절반을 차지하고 있다.[13]

---

12) <Piracy in South-East Asia>, Strategic Comments, Vo. 6, No. 5, London : IISS, June 2000.
13) ≪해적피해 예방대책≫, 2002, 해양수산부

<해역별 및 연도별 피해현황>

해 역	1996	1997	1998	1999	2000	2001	합 계
동남아시아(SE ASIA)	124	92	89	161	242	153	861
극동(FAR EAST)	17	19	10	6	20	18	90
인도양(INDIAN SUB CONTINENT)	24	37	22	45	93	53	274
중남미(LATIN AMERICA)	32	37	35	28	39	21	192
아프리카(AFRICA)	25	46	41	55	68	85	320
기타(REST OF WORLD)	6	16	4	5	7	5	43
미상	0	0	1	0	0	0	
전체(Total)	228	247	202	300	469	335	1780

우리나라 선박 피해현황을 살펴보면, 1993년 1건, 1994년 2건의 피해가 보고되었고, 1998년 9월 발생한 텐유호 사건14) 및 글로벌 마스호 사건15)은 일반인에게 해적행위의 경각심을 제고하는 계기가 되었다. 어선의 경우 해양경찰에 따르면 주로 한반도 주변 수역에서 1997년 이후 10건의 피해를 입었다.

<우리나라 선박(어선 제외)의 해적 피해>

연도	91	92	93	94	95	96	97	98	99	2000	2001	합계
건수	0	0	1	2	0	0	0	2	0	1	0	5

---

14) 텐유호 실종사건 : 2명의 한국인을 포함, 15명의 선원이 승선한 파나마 선적 화물선 '텐유'호가 98년 9월 말라카 해협에서 실종된 사건으로, 동 선박은 3개월 후 '산에이-1' 이라는 새로운 이름을 달고 중국의 한 항구에서 발견되었다. 그러나 운반중이던 알미늄괴 3,600톤과 선원들의 행방은 묘연하여 한·중 양국 경찰은 정확한 사건진상과 선원 소재파악을 위해 수사를 진행중이나 아직 구체적 결과가 없는 상황이다.

15) 글로벌 마스(Global Mars)호 사건 : 7명의 한국인 선원을 포함, 17명의 선원이 승선한 파나마 선적 화물선 '글로벌 마스'호가 야자유 6천톤을 적재하고 항행중 2000년 2월 인도네시아 해상에서 무장해적 12명에 피랍된 사건으로 선원들은 이후 구조되었으며, 동선박도 5월 30일 중국 당국에 의해 회수되어 선주에게 되돌려졌다.

나. 해적행위에 대한 국제적 대처 노력

UN 해양법 협약 제100조에서 모든 국가는 최대한도로 공해상 또는 관할권 밖의 장소에서의 해적행위를 진압하는 데 상호 협력하도록 규정하고 있다. 이에 근거하여 국제해사기구(IMO)는 공해상이나 근해에서 해적의 습격을 받을 경우 해당 선박은 가까운 구조조정센터(RCC), 연안국 및 기국에 동 사실을 즉시 알리도록 권고하고 있다. 또한 신고를 접수한 RCC, 연안국 또는 기국은 즉각 필요한 모든 조치를 취하도록 규정하고 있다.

또한, 1992년 국제상공회의소(ICC)는 콸라룸푸르 해사사무국(IMB) 내 해적신고센터(PRC)를 설립하였는데, 동 센터는 그간 해적행위 발생현황, 양태, 대처방법에 대한 보고서를 수시로 작성하여 선박회사에 대한 주의를 촉구하고, 해적행위 발생보고를 접수시 이를 인근 사법당국에 전파하는 등 해적행위 대처를 위한 민간 차원의 노력을 전개하고 있다.

한편, 지역적 차원에서 인도네시아와 싱가포르는 1992년 7월 반해적(anti-piracy) 협정을 체결하여 말라카 해협에서의 공동 감시 및 순찰협력을 강화하기로 합의하였다. 그 결과, 동 해협에서의 해적행위를 1991년 32건에서 1992년 이후 7건 이하로 낮추는 성과가 나타났다. 특히 1997년 말레이시아, 인도네시아, 싱가포르는 공동해양경찰을 창설하여 주변 해역 감시활동을 통해 남중국해에서의 해적행위를 줄이는 데 성공하였다.

그러나 이러한 국제적, 지역적 차원의 노력에도 불구하고 동아시아 지역에서의 해적행위는 평균 100건 이상 발생하고 있으며, 여러 이유로 보고되지 않은 피해건수를 포함할 경우 실제 피해상황은 훨씬 심각할 것으로 추측된다는 사정을 감안할 때 지역 차원의 실질적 대책 마련이 시급하다 하겠다. 또한 아·태지역에서 해적행위가 주로 발생하고 있는 말라카 해협 등 주요 해양로가 여러 국가의 관할권이 미치는 수역을 통과하는 한편, 도서영유권

분쟁으로 인해 법적지위가 불분명한 수역도 포함하고 있다는 점을 감안할 때, 이 지역에서의 해적행위를 근절하기 위한 지역적 협력방안 마련이 시급하다.

이러한 상황에서 1999년 제6차 및 2000년 제7차 ARF 외무장관회의에서 각국 외무장관들은 해적행위를 주요한 안보위협의 하나로 파악하고 이의 근절을 위한 지역 차원의 협력이 필요하다는 데 합의하였다. 이러한 합의에 근거하여 ARF 차원에서 2000년과 2001년 해적에 관한 초국가적 범죄전문가회의(Experts' Group Meeting : EMG)가 개최되었다. 또한 일본 오부치 총리가 1999년 11월 ASEAN＋일 정상회담시 아시아지역의 해적문제에 대처하기 위한 지역회의 개최를 제안하여 2000년 4월 '해적행위에 대처하기 위한 국제회의'가 개최되었다. 동 회의에서는 각국간 협력방안을 권고하는 'Asian anti-piracy 2000' 및 'Tokyo Appeal' 등이 채택되었다. 한편, 일본 모리 총리가 2000년 11월 ASEAN＋3 정상회의시 '해적 억제를 위한 아시아지역 협력회의' 개최를 제안한 데 근거하여 '해적 억제를 위한 아시아지역 협력협정' 체결 논의가 시작되었다. 2002년 7월 구체적인 협정안 성안을 위한 제1차 정부 전문가 작업반 회의가 개최되었는데, 2003년 여름경 성안을 목표로 하고 있다. 한국의 경우 총 교역의 40% 이상 및 대부분의 원유가 말라카 해협을 통과하므로 아·태지역 해역에서의 해적행위 근절은 우리 선박의 안전항행에 중요하다고 볼 수 있다.

4. 사이버 범죄(Cyber-Crime)

가. 사이버 범죄의 정의 및 위험성

사이버 범죄에 대한 확립된 정의는 존재하지 않으나 일반적으로 사이버 공간에서 행하여지는 모든 범죄적 현상, 즉 "사이버 공간을 범행의 수단, 대상 혹은 무대로 삼는 범죄현상"이라고 할 수 있다.16) 이 사이버 범죄는 대체로 두 그룹으로 나눌 수 있는데, 하나는 방해공작(sabotage)과 사기행위처럼 사이버 공간에서 '행위를 통해' 악용하는 그룹이고, 다른 하나는 음란물 유포처럼 사이버 공간에서 '내용물을 통해' 악용하는 그룹이다.17) 90년대 이후 인터넷의 폭발적 확산은 개인의 정보조작 능력을 크게 신장시킴으로써 잠재적 사이버 범죄 발생가능성을 더욱 증가시켰다.

또한 사회 전반에 걸쳐 정보통신 기반(Information Infra-structure)에 대한 의존도가 높아지면서, 국가기관 및 상업 전산망에 대한 직접적인 공격을 포함하는 사이버 테러는 안보위협 정도가 큰 새로운 종류의 테러로 부상하고 있는 상황이다.

아·태지역의 경우 동 지역 내 컴퓨터 보급이 급증함에 따라 싱가포르, 한국, 일본, 대만, 홍콩 등에서 높은 사이버 범죄 증가율을 보이고 있다. 또한 민주주의와 인권문제가 취약한 일부 아·태지역 국가에서는 사이버 공간에서의 반정부투쟁이 일어나고 있으며, 해당 국가들은 이의 규제를 위해 강력한 단속을 펴고 있기도 한다. 1998년 중국, 인도정부의 인권문제 선전용 홈페이지가 해킹을 당해 인권탄압을 고발하는 내용으로 바뀌는 등도 좋은 사례이다. 우리나라의 경우 경찰청에서 해결한 사이버 범죄 사건수는 1997년 126건, 1998년 397건에서 2000년 1,715건으로 증가한 바 있다. 사이버 범죄 발생건수는 2001년 24,455건으로 전년 대비 11.2배 증가하였다.18)

---

16) 이천현(한국형사정책연구원 연구원, 법학박사), <사이버범죄(Cyber crime)의 개념>, 사이버 범죄연구회 홈페이지, 2001.6.16
  ⟨http://www.cybercrime.re.kr⟩
17) Hans Lilie, <Cybernet-Kriminalität and Prävention>, ≪비교형사법 연구≫ 제3권 제1호, 2001, 하태역 역
18) 경찰청 통계, '경찰청 홈페이지', 2002.8.22
  ⟨http://www.police.go.kr/date/statistics/investigation_01.shtml⟩

나. 사이버 범죄에 대처하기 위한 국제적인 노력

초국가적 범죄로서의 사이버 범죄에 대처하기 위한 국제적인 노력은 G-8과 EU를 중심으로 진행되어 왔다. G-8은 1995년 캐나다 Halifax G-7(당시) 정상회담에서 조직범죄에 대한 고위 전문가그룹(리용그룹)을 구성하였다. 이후, 동 그룹의 지원하에 1997년 12월 처음으로 개최된 G-8 법무·내무장관회의에서는 하이테크 및 사이버 범죄 등 정보화시대의 범죄의 수사와 기소를 위한 협력방안을 논의하였다. EU는 1995년 9월 정보와 관련된 범죄에 대한 형사소송절차 관련 권고를 채택한 후 1998년 1월 EU 법무·내무장관회의에서도 사이버 범죄에 대처하기 위한 협력방안을 논의하였다. 특히 EU 이사회(Council of the EU)는 사이버 범죄에 대한 최초의 국제협약인 Convention on Cyber Crime을 작성하기도 하였다. 또한 2001년 11월 유엔에서는 '정보기술의 범죄적 사용 억제(Combating the Criminal Misuse of Information Technologies)'에 관한 결의안을 채택한 바 있다. 사이버 범죄에 대처하기 위한 국제기구로는 형사 분야 전반에 걸친 국제협력기구인 인터폴과 함께, 세계 각국의 정부·기업·대학 등이 컴퓨터 침해사고 대처에서의 협력과 정보 공유를 목적으로 참여하는 '국제 컴퓨터 침해사고 대응협의회(FIRST; Forum of Incident Response and Security Teams)'가 있다.[19]

아·태지역에서는 아직 사이버 범죄에 대처하기 위한 본격적인 국가간 협력 노력이 나타나고 있지 않으나, 사이버 범죄의 확산 추세에 따라 역내 협력 필요성이 제기되고 있다. 현재 우리나라와 싱가포르 등을 중심으로 지역안보협력체인 ARF에서의 사이버 범죄 논의를 추진중에 있다. 이와 같은 사이버 범죄 증가에 따

---

[19] 국제컴퓨터 침해사고 대응협의회 홈페이지 〈http://www.first.org〉

라 아·태지역 국가들은 사이버 범죄방지를 위한 국내 입법장치 및 전담기구를 설치하고 있기도 하다. 중국은 1997년 해킹방지법을 제정하였고, 일본은 '컴퓨터긴급대응센터', '대규모 산업설비·네트워크 보안대책위원회' 등을 설립하는 한편, 2002년 내각 사무국에 사이버 테러 대응 전담기구를 설립하였다. 또한 '정보보안 대책 업무지원 시스템'에 국내외 사이버 테러 추진 피해정보를 추적하여 긴급상황시 부처간 및 외국정부와 공동대응할 수 있는 데이터베이스 시스템을 가동하고 있다. 호주의 경우 2001년 10월 '사이버 범죄 방지법'을 채택하였다. 우리나라는 1996년 '정보화촉진기본법'에 의거하여 한국정보보호센터를 설치하는 한편, 1997년 경찰청 산하 사이버 범죄수사대를 창설하였고, 이를 2000년 사이버 테러 대응센터로 확대 개편하였으며, 대검찰청에도 2001년 '인터넷 범죄수사 센터'를 설치하여 운영중에 있다.

5. 자금세탁(Money Laundering)

가. 자금세탁의 정의 및 현황

자금세탁이란 범죄행위를 통해 발생한 수입에 대해 그 불법적 원천을 은폐하도록 조작하는 것이라 할 수 있다.[20] 이러한 자금세탁에 대한 최근 국제사회의 관심이 증가하고 있는데, 이에는 9.11 미국 테러사태가 상당한 역할을 하였다. 즉, 과거 단편적, 개별적으로 대처되어 왔던 자금세탁문제는 9.11 이후 테러자금 차단논의와 함께 국제사회의 초국가적 범죄논의의 중심에 위치하게 된 것이다. 9.11 이후 반테러 국제공조의 가장 주목할 만한 예로 꼽히는 UN 안보리결의안 1373호의 내용을 보면 대부분의

---

20) 국제자금세탁 대책반(Financial Action Task Force on money laundering) 홈페이지, 2002.8.21 〈http://www.oecd.org/fatf/MLaundering-en.htm# What is money laundering?〉

조치가 테러자금 차단 등 불법자금세탁에 관련한 대책이라는 것이 그 좋은 예이다. 따라서 지금까지 논의만 되어 왔지 구체적으로, 광범위하게 실천되지 못하였던 자금세탁 방지대책이 지금처럼 각국의 적극적 협력하에 실행에 옮겨질 수 있는 기회가 다시 오기도 힘들 것 같다.21)

불법자금세탁은 과거 마약거래자금에 한정되어 왔으나, 최근에는 밀수·조직범죄·뇌물·탈세 등 여타 중대 범죄로부터 유래된 불법자금으로 확대되고 있다. 자금세탁은 금융정보와 투명성이 부족한 전통적인 조세피난처 국가에만 국한된 현상이 아니라 법률구조가 취약한 모든 국가로 확산 추세이고 그 규모도 전세계적으로 연간 1조 달러로 추정된다. 자금세탁은 대체송금 시스템·유령회사·국제무역 등을 이용하여 불법자금을 세탁하고 있고, 최근에는 인터넷 금융거래 등을 통해 자금을 세탁하는 수법이 이용되는 것으로 추정된다. 특히 마약밀매, 인신매매, 도박, 조직범죄, 각종 사기 등을 통한 범죄수익금은 대체송금 시스템과 부동산 투자, 반복거래 및 현금밀수 등의 수법으로 세탁하는데, 대체송금 시스템은 중국·인도 등 거대한 두 개의 경제권 내에서 외화통제 회피수단으로 널리 이용되고 있는 것으로 알려져 있다.

나. 국제사회의 대응 노력

1989년 G7 정상회의 이후 자금세탁방지 관련 국제협력을 위해 FATF(Financial Action Task Force on Money Laundering)가 설립되었다. 현재 미국, 호주, 영국 등 29개 국가와 유럽연합위원회(European Commission), Gulf Co-operation Council 2개 국제기구가 회원으로 참여하고 있으며, 특히 OECD 회원국 중에서는 한국, 폴란드, 체코, 헝가리를 제외한

---

21) <Transnational Control of Money-laundering>, *Strategic Survey 2001/2002*, London : Oxford University Press, p.53.

25개국이 가입하고 있다. FATF의 주요 활동으로는 자금세탁 방지에 필요한 법적·금융적 조치사항 및 국제협력방안 등 40개 권고사항(Recommendations)을 제정하여 그 이행을 촉구하고, 자금세탁방지제도에 대한 회원국간 상호평가(Mutual Evaluation)를 실시하고 있다. 또한 1995년 6월 미국과 벨기에 주도로 전세계 금융정보분석원(Financial Internation Unit)간 협력증진을 목적으로 Egmont Group이 출범하였다. Egmont Group에 가입하기 위해서는 동 Group이 정의한 기준에 합당한 FIU를 설립 하여야 한다.[22]

아·태지역에서도 1998년 3월 '자금세탁방지 아·태그룹(APG)'을 중심으로 '자금세탁방지제도'를 강화해 왔으며, 동경회의(1999.3) 및 방콕 회의(2000.3) 등을 통해 지하금융 및 대체송금 시스템을 이용한 자금세탁 위협에 대한 효율적인 대응책마련에 노력중이다. APG에는 현재 한국, 미국, 호주, 일본, 대만, 싱가포르 등 20개국이 참여하고 있으며, 주요 활동으로는 자금세탁방지를 위한 역내 협조 및 정보교환, 자금세탁방법 및 유형에 관한 워크숍 개최 등이 있다.

우리나라 역시 국내 지하경제의 심각성을 인식하고 1993년 8월 '금융실명거래 및 비밀보장에 관한 긴급 재정경제 명령'을 발표하면서 자금세탁에 관심을 갖기 시작하였다. 우선 1997년 12월 '금융 실명거래 및 비밀보장에 관한 법률'을 제정하여, 불법수익의 가명·도명거래 차단에 노력하고 있다. 그후 1995년 12월 국내외적으로 심각한 사회문제로 대두된 마약류 범죄의 자금세탁 행위를 범죄로 규정한 '마약류 불법거래 방지에 관한 특례법'을 제정하여 처벌근거도 마련하였다. 또한 아시아 금융위기의 도래 및 우리나라의 외환위기 상황 조기극복 등을 위해 외환거래 자유

---

22) Nigel Morris-Cotterill, <Money Laundering>, Foreign Policy, May/June 2001, p.17~18.

화와 함께 불법·악성자금의 해외 유출입 등에 능동적으로 대처하기 위해 2001년 11일 '범죄수익 은닉의 규제 및 처벌 등에 관한 법률' 및 '특정 금융거래정보의 보고 및 이용 등에 관한 법률' 등 자금세탁방지 법률을 제정·시행하고 있다. 우리 정부는 동 법률을 근거로 2001년 11월 재경부 산하에 '금융정보분석원(FIU)'을 설립하여 혐의금융 거래 등을 금융기관으로부터 통보받아 범죄정보를 분석하여 법 집행기관에 제공하는 등의 업무를 수행하고 있다.

6. 불법이민(Illegal Migration)

가. 불법이민의 정의와 안보 위협

초국가적 범죄로서 문제가 되는 불법이민(illegal migration)은 이민자의 불법수송(smuggling of migrants, human smuggling)과 인신매매(human trafficking)이다. UN 국제범죄예방센터(CICP)에서 사용하는 정의에 따르면, 이민자의 불법수송이란 이윤추구를 목적으로 국적국이 아닌 국가로 사람의 불법입국을 알선하는 것이며, 인신매매는 매춘, 기타 성적착취나 강제노동을 목적으로 사기나 강제를 사용하여 사람들을 고용(recruitment), 수송(transportation), 수취(receipt)하는 것을 말한다.23)

불법이민은 다른 초국가적 범죄와 같이 세계화의 급속한 진전

---

23) "Protocol to Prevent, Suppress and Punish Trafficking in Persons, Especially Women and Children, supplementing the United Nations Convention against Transnational Organized Crime," Protocol against the Smuggling of Migrants by Land, Sea and Air, supplementing the United Nations Convention against Transnational Organized Crime." 제55차 UN 총회, 2000

과 함께 증가하고 있으며, 좀더 나은 일자리를 얻기 위한 경제적 이유가 주된 동기로 작용하고 있다. 이외에 환경재난, 전쟁 등으로부터의 피난도 불법이민의 원인이 된다. 환경재난, 전쟁 등에 의한 불법이민의 예로는 1997~98년 산불발생시 인도네시아인들의 주변국 유입, 기아로 인한 북한주민의 탈북, 내전을 피하기 위한 스리랑카인들의 불법이민 등이 있다. 또한 수용국의 엄격한 이민정책과 값싼 노동력에 대한 수요, 불법이민 수송 또는 인신매매를 규제할 사법체계의 느슨함 역시 불법이민을 부추기는 요소로 작용하고 있다.

불법이민은 이민자들이 신체적, 경제적 위협과 인권침해를 당할 가능성이 매우 높다는 점에서 주목할 필요가 있다. 즉, 불법이민 과정에서 겪는 생명에 대한 위협, 특히 여성과 아동의 경우 인신매매의 위협, 노동착취의 위협, 수용국 사회의 이민자에 대한 적대적인 분위기와 법률적, 사회적 보호의 불가능에서 비롯되는 위협 등이 매우 심각한 사회적 폐해로 지적되고 있다.

한편, 불법이민은 수용국의 영토주권(국경통제 등)에 대한 도전이 되고 사회안정을 저해할 수 있다는 점에서 국가와 사회에 대한 안보 위협요인이 될 수 있다. 불법이민에 대한 개입을 통한 조직범죄집단의 경제적 이익 취득, 조직범죄집단의 강제에 의한 불법이민자들의 범죄, 매춘 증가, 정부의 규제범위 밖의 값싼 노동력 이동을 통한 노동시장의 교란 등도 사회안정에 부정적 영향을 주고 있다. 불법이민에 대한 조직범죄집단의 개입은 점점 증가하고 있는 추세인데, 이를 통해 조직범죄집단은 새로운 자금원을 얻게 되고 불법이민은 더욱 조직화되는 결과를 가져오고 있다. 조직범죄집단의 개입 증가와 함께 불법이민과 다른 초국가범죄의 연계문제도 발생하고 있어서, 불법이민자에 의한 소형무기와 마약 운반이 증가하고 있는 추세 이다.24)

---

24) <Transnational Crime : A New Security Threat>, *Strategic*

우리가 살고 있는 아·태지역의 경우 불법이민의 특징은 역내 국가간 경제성장의 불균등에 기인한 역내 불법이민의 성행을 들 수 있으며, 인신매매는 아세안에서 지적된 초국가적 범죄의 하나이다.

동남아시아 국가간, 일본·캐나다·미국으로의 불법이민이 주된 문제로 파악되고 있으며, 서남아시아와 동남아시아 대부분 국가와 중국이 주된 불법이민 송출국으로 알려지고 있다. 캐나다의 경우 주로 미국으로의 불법이민을 위한 경유지 역할을 담당하고 있다. 최근 동아시아 경제위기는 구직을 위한 불법이민을 증가시켰을 뿐만 아니라 불법이민자들의 실업을 초래하는 결과를 가져 왔다.

나. 불법이민 문제에 대처하기 위한 국제적 노력

불법이민 문제는 주로 출입국관리 측면에서 수용국의 국내법으로 처리되어 왔으나 불법이민이 확대, 조직화하고 있는 상황에서 국내법만으로 대응하기에는 부족하며, 사법체계의 조화 등 국제적인 대처가 필요하다는 인식이 확산되고 있다. 그러나 아직까지는 마약문제에서 볼 수 있는 것과 같은 국제협력은 이루어지지 못하고 있는 상태이다.

우선 유엔 차원에서는 유엔 인권총회, 인구총회 등에서 이민자들의 인권보호에 초점을 맞추어 이민자들의 인권보호, 국제 인신매매 방지 등을 논의해 왔다. 1990년 유엔 총회는 '이민노동자와 그 가족의 권리보호에 관한 국제협약(International Convention on the Protection of the Rights of all Migrant Workers and Members of Their Families)'을 채택하였다.[25] 특히, 2000년 11월 유엔 총회에서 유엔 조직범죄 방지협

Survey 1994/1995, London : Oxford University Press, May 1995, p.28.

약(UN Convention against Transnational Organized Crime) 및 동 협약을 보완하는 이주자들의 불법 유입에 관한 의정서를 채택한 것은 매우 주목할 만한 진전으로 평가된다. 이에는 여성 및 아동인신매매방지 의정서(Protocal to prevent, Sup- press and Punish Trafficking Persons, Especially Wom- en and Children), 이민자 불법운송방지 의정서(Protocol against the Smuggling of Migrants by Land, Air and Sea) 등이 속한다. 한편, UN 국제범죄예방센터(CICP; Centre for International Crime Prevention)는 이민자들의 인권보호와 불법이민에 대처하기 위한 국가간 사법체계의 조화를 목적으로 1999년 2월 '인신매매에 대응하기 위한 지구적 프로그램(Global Programme against Trafficking in Human Beings)'을 제안하였다. 동 프로그램은 인신매매에 대한 조직범죄집단 연루문제, 인신매매 단속문제 등에 중점을 두며 각 회원국의 대처 노력을 지원하고 있다.26)

아울러 국제이민기구(IOM; International Organization for Migration)도 불법이민문제에 대한 조사, 연구와 함께 '이민노동자와 그 가족의 권리보호에 관한 국제협약'의 참여촉진운동을 펼치는 등의 활동을 벌이고 있다. 특히, 아·태지역에서는 IOM이 주도, 혹은 후원하는 불법이민 문제에 관한 협력 메커니즘으로 마닐라 프로세스(Manila Process)와 난민, 피이주민, 이민자에 관한 아·태협의회(APC; Asia-Pacific Consultations on Refugees, Displaced Persons and Migrants)가 운영되고 있으며, 이외에도 IOM이 주관하는 세미나 등에서 협력이 논의되고

---

25) 동 조약은 90년 UN 총회에서 채택되었으나 참여도가 저조하여, 미발효 상태(2002년 8월 현재 비준국 5개국으로 발효에 필요한 20개국에 미달)

26) UN 국제범죄예방센터 홈페이지
    〈http://www.undcp.org/trafficking_human_beings.html〉

있다. Manila Process란 IOM이 주관하는 지역 프로그램의 하나로서 역내 17개국의 대표가 정기적으로 모여 불법이민과 인신매매에 대한 정보교환을 목표로 하고 있으며, APC는 IOM과 UNHCR 공동후원으로 아·태지역의 난민, 이주, 이민문제를 논의하는 협의체이다.

아·태지역에서는 또한 1999년 4월 태국정부와 IOM 공동주최로 불법이민에 대한 역내 협력을 위한 국제 심포지움(International Symposium on Migration: Towards Regional Cooperation on Irregular / Undocumented Migration)이 동남아시아, 서아시아 18개국에서 참석한 가운데 개최되어 이민문제에 관한 정보은행, 역내 국가에 대한 정책지원 등 아·태지역 불법이민 문제 대처를 위한 양자, 다자간 협력 메커니즘 건설을 위해 노력할 것을 촉구한 바 있다. 2002년에는 호주와 인도네시아 정부가 제1차 인간밀매에 관한 지역 각료회의를 개최하여, 역내 협력증진에 기여하였다.

Ⅳ. 초국가적 범죄에 대처하기 위한 국제적 노력

위에서는 초국가적 범죄의 각분야에 대한 현황과 대처노력을 살펴보았다. 이제는 관점을 달리하여 마지막으로 초국가적 범죄 일반에 대한 국제사회의 대응노력을 살펴보기로 한다.

현재 초국가적 범죄에 대처하기 위한 국제적 노력은 범죄인 인도, 국가간 사법제도의 조화 등 법률 분야에서의 협력과 정보의 수집 및 교류, 인력훈련 등 기술 분야에서의 협력에 초점을 맞추고 있다.

우선 UN 차원에서는 UN 마약통제 및 범죄예방 본부(ODCCP; UN Office of Drug Control and Crime Prevention) 산하에 국제범죄예방센터(CICP; Centre for International Crime Prevention)를 설치하여 초국가적 조직범죄에의 대처, 형사 사법제도의 정착, 법치(法治) 강화를 위한 협력을 모색하는 한편, 부패와 인신매매, 초국가적 조직범죄 등 세 가지 분야에 대한 협력 프로그램을 추진중이다. 아울러 CICP와 협조관계에 있는 UN 범죄예방과 형사정의위원회(UN Commission on Crime Prevention and Criminal Justice)가 주도하여 초국가적 조직범죄에 대한 국제협약 (International Convention against Transnational Organized Crime)이 2000년 11월 UN 총회에서 채택되었는데, 우리나라도 동 협약에 서명하였다. 동 협약은 조사법제도의 조화를 주된 내용으로 하며 소형무기의 불법제조·거래, 불법이민 및 인신매매, 여성과 아동의 국제거래에 대한 의정서를 포함하고 있다.

또한 1994년 11월 나폴리에서 초국가적 조직범죄에 대한 세계각료회의(World Ministerial Conference on Organized Transnational Crime)가 열려 초국가적 조직범죄에 대항하기 위한 정치선언과 세계행동계획(The Naples Political Declaration and Global Action Plan against Organized Transnational Crime; UN 총회에서 승인-총회결의 49/159)을 채택하고, 초국가적 조직범죄의 구조적 특성(이윤추구, 폭력사용, 협박, 부패)을 감안하여 형법과 국제협력 분야에서의 대응책 마련이 필요하다는 점에 합의하였다.

G-8에서는 96년 5월 초국가적 조직범죄에 대한 공동대처방안으로 전문가그룹(리용그룹)을 조직한 이후, 경제성장을 위협하고 법치와 개인의 안전을 저해하는 초국가적 조직범죄에 대한 대처가 필요함을 강조해 오고 있다. 1998년 5월 마약과 국제범죄에 관한 성명(G-8 Statement on Drugs and International Crime)을 채택하였고, 2000년 7월에는 소형무기 행동계획

(Action Plan on Small Arms)을 발표하였다.

유럽연합 내 통합의 확대, 심화와 인터넷·금융전산 거래의 발달, 중·동구 지역과의 교류증대로 유럽연합 내 범죄의 국제화가 촉진 되었으며, EU는 96년 더블린 정상회의에서 범죄, 특히 조직범죄에의 공동대처 필요성에 합의한 이후, 이를 위해 여러 가지 노력을 기울여 왔다.27) 민주주의와 법의 지배, 자유, 인권 등의 가치를 위해 조직범죄에 대항해야 한다는 점에 동의하였고, 인권보호 차원에서 중·동구 지역의 여성 인신매매 방지를 위해 노력해 왔으며, 범죄인 인도를 위한 각종 협약과 Europol을 통한 협력도 활성화해 오고 있다.

아세안 회원국들은 역내 안정과 발전, 법의 지배와 개인의 안녕을 침해하는 국제범죄로서 테러리즘, 불법마약거래, 무기밀매, 자금세탁, 인신매매, 해적행위를 들고, 이에 대처하기 위해서는 정보교류, 정책조화 등 협력이 필요하다는 점에 합의하여 각종 회의를 통해 협력방안을 논의해 오고 있다.28)

---

27) 이러한 노력에는 각종 내부 입법, Amsterdam Action Plan 수립 (97.4), EU 가입신청국과의 협력조약 체결, 사법집행기관 및 수사인력 능력향상과 협력을 위한 프로그램 운영(Oisin programme, Falcone programme), 범죄예방을 위한 각종 회의 개최 등이 있음. EU는 특히 불법자금세탁, 사기(fraud)에 의해 발생하는 EU 예산피해, 조직범죄와 연계된 부패의 근절을 위해 총력을 기울이고 있으며, 집행이사회 산하 Uclaf가 사기, 부패, 자금세탁문제를 담당하는 행동조직으로 회원국 정부, 경찰과 협력관계 유지를 담당하고 있음. 또한 가입신청국과의 관계에 있어서도 초국가적 범죄에 대처하기 위한 지원과 협력을 제공하는 동시에, 초국가적 범죄 대처능력을 가입을 위한 전제조건에 포함시키고 있음.
28) 아세안의 초국가적 범죄 대처노력으로는 아래와 같은 예를 들 수 있다.
　○ ASEAN Vision 2020, Hanoi 행동계획(1997.12, 제2차 아세안 비공식 정상회의시 채택)
　- 마약없는 사회 구현을 포함, 국제범죄로부터 안전한 아세안을 하나의 목표로 설정

1996년 제3차 아세안 지역안보포럼(ARF)에서 마약 불법거래, 자금세탁 등의 경제범죄가 역내 안보에 영향을 미칠 가능성에 대해 논의한 이래, 1999년 제6차 ARF에서는 초국가적 안보위협요인으로서 소형무기와 해적행위 척결을 위한 역내 협력방안을 논의하였다. 한편, 2000년 10월 서울에서 ARF 초국가적 범죄 전문가회의가 개최되었다. 동 회의에서는 해적, 불법이민, 소형무기문제 대처에 관한 ARF 차원의 협력방안이 논의되었다. 이후 ARF 차원에서는 매 회의 때마다 초국가적 범죄가 주요 상정의제로 자리잡게 되었다.

한편, 1998년 3월의 초국가적 범죄에 관한 아시아지역 각료회의에서는 '초국가적 범죄예방과 통제에 대한 마닐라 선언(Manila Declaration on The Prevention and Control of Transnational Crime)'을 채택하였다. 이외에 아·태지역 민간안보협의체인 아·태 안보협력이사회(CSCAP)에서도 초국가적 범죄문제를 1996년 연구반(study group)에서 논의한 이래 1997년부터 별도의 작업반(working group)을 설치하여 지금까지 운용중에 있다.

지금까지 살펴본 바와 같이 초국가적 범죄는 개별 국가의 사법집행능력을 뛰어넘기 때문에 이에 대처하기 위해서는 초국가적 협력이 필요하다. 이와 관련하여 9.11 이후 국제테러리즘에 대한

○ 초국가적 범죄에 관한 아세안 각료회의

  - 97.12. 마닐라에서 1차 회의 개최, 국제범죄에 대한 아세안 선언(ASEAN Declaration on Transnational Crime) 채택

  - 99.6. 미얀마 양곤에서 2차 회의 개최, 공동성명(Joint Communique) 채택

○ 초국가적 범죄 대응센터(ACTC; ASEAN Center for Combating Transnational Crime) 설립 추진 합의(99.6, 제2차 초국가적 범죄에 관한 아세안 각료회의시)

  - 기존의 마약문제에 대한 고위관리 회의(ASOD), 아세안 경찰협의회(ASEANAPOL) 등의 활용과 병행

척결 차원에서 초국가적 범죄퇴치에 대한 국제적 공감대가 형성된 점은 초국가적 범죄퇴치를 위한 더할나위없는 우호적 환경이 조성되었다고 볼 수 있다. 이러한 국제적 연대에 동참하여 초국가적 범죄퇴치를 위한 노력을 경주하는 것은 우리의 국익수호 차원에서뿐만 아니라, 21세기 국제사회의 성원으로서 당연한 도리라고 할 것이다.

참 고 문 헌

1) ≪21세기 아·태지역의 안보환경과 새로운 안보 위협≫, 1999, 외교통상부

2) ≪마약범죄류 백서≫, 2001, 대검찰청

3) 윤영식, <초국가적 위협과 군사력의 역할>, ≪국방정책의 이론과 실제≫ 2002.5, 오름

4) ≪해적피해 예방대책≫, 2002, 해양수산부

5) 이천현(한국형사정책연구원 연구원, 법학박사), <사이버범죄 (Cyber crime)의 개념>, 사이버 범죄 연구회 홈페이지, 2001.6.16 〈http://cybercrime.re.kr〉

6) 국제 컴퓨터 침해사고 대응협의회 홈페이지〈http://www.first.org〉

7) 국제자금세탁대책반(Financial Action Task Force on money laundering) 홈페이지, 2002.8.21 〈http://www.oecd.org/fatf/MLaundering-en.htm# What is money laundering?〉

8) UN 국제범죄 예방센터 홈페이지
〈http://www.undcp.org/trafficking_human_beings.html〉

9) Andre Bossard, *Transnational Crime and Criminal Law*, Chicago : The Office of International Crminal Justice, University of Illinois at Chicago, 1990

10) John McFarlane, <Transnational Crime and Asia-Pacific Security>, ed., Sheldon W. Simon, *The Many Faces of Asian Security*, Boston : Rowman & Littlefield Publishers, Inc., 2001

11) Yossef Bodansky, bin Laden : *The Man Who Declared War on America*, Roseville : Prima Publishing, 1999.

12) Alan Dupont, *East Asia Imperilled*, Cambridge : Cambridge University Press, 2001

13) <Piracy in South-East Asia>, *Strategic Comments*, Vo. 6, No. 5, London : IISS, June 2000

14) Hans Lilie, <Cybernet-Kriminalität and Prävention>, ≪비교 형사법 연구≫ 제3권 제1호, 2001, 하태역 역

15) <Transnational Control of Money-laundering>, *Strategic Survey, 2001/2002*, London : Oxford University Press.

16) Nigel Morris-Cotterill, <Money Laundering>, *Foreign Policy May/June 2001*

17) "Protocol to Prevent, Suppress and Punish Trafficking in Persons, Especially Women and Children, supplementing the United Nations Convention against Transnational Organized Crime," Protocol against the Smuggling of Migrants by Land, Sea and Air, supplementing the United Nations Convention against Transnational Organized Crime." 제55차 UN 총회, 2000

18) <Transnational Crime : A New Security Threat>, *Strategic Survey* 1994/1995, London : Oxford University Press, May 1995

19) Han Dong-man, <Terrorism and its impact on East Asian Security : A Korean Perspective>, *IFANS Review*, Vol. 10. No. 1. July 2002

제9장. 테러리즘과 지역안보

테러리즘과 지역안보

한동만, 여운기

Ⅰ. 서 론

 냉전의 종식에 따라 국가간 전면적 분쟁 가능성은 감소하였으나 정치적, 민족적, 종교적 동기에 의한 테러행위의 발생 가능성은 더욱 높아지고 있다. 테러행위의 수법으로는 전통적으로 중요 인물의 암살, 납치, 주요 시설물 파괴, 불특정 다수에 대한 공격 등을 들 수 있으나, 과학기술의 발전과 함께 그 수법 또한 다양하게 발전하고 있다.

 테러는 다른 범죄와 달리 기존 체제의 전복 또는 변혁을 목적으로 수행됨에 따라 국가안보를 직접적으로 위협하며, 불특정 다수를 대상으로 함에 따라 정치적·사회적 불안을 야기하고, 특히 인간안보에 대한 직접적인 위협이 되고 있다. 또한 국가개입(state sponsorship) 테러의 경우 필연적으로 관련국간 분쟁을 야기하기도 한다.

 이러한 테러행위는 마약 및 소형무기 불법거래, 해적, 자금세탁, 위조, 사이버 범죄 등 초국가적인 위협(transnational threats)과 연계되어 종종 국경을 초월하여 발생하며, 지역 또는 국제안보를 위협하고 있다.

 9.11 테러와 그 이후에 발생한 탄저균 테러에 이어, 앞으로 핵 및 생화학무기 등 대량파괴무기를 이용한 테러 그리고 정보화시대에 있어서 사이버 테러 가능성이 점증하고 있어 이에 대한 대

비책을 강구하는 것이 중요하다. 테러리즘에 대응하는 방법은 크게 두 가지로 분류할 수 있는데 하나는 테러가 발생하기 전에 이를 예방하는 대테러(anti-terrorism)이고, 또 하나는 테러 발생 이후 이를 응징하는 반테러(counter-terrorism)이다. 그러나 반테러가 대테러의 연장선에서 이루어지는 후속조치라는 차원에서 보면 테러를 예방하고 반격하는 일련의 행위를 대테러의 범주 속에서 이해할 수 있다.[1]

이 글에서는 테러리즘에 대한 정의, 테러리즘과 초국가적 범죄 간의 상관관계, 테러리즘의 발생원인, 그리고 현대 테러리즘의 양상과 지역안보에 미치는 영향을 살펴봄으로써 우리의 반테러정책 수립에 도움이 되고자 한다.

II. 테러리즘의 정의

1. 개념 부재

9.11 테러 참사 이후 테러의 실제 문제 혹은 학문적 연구를 위하여 테러라는 용어가 빈번하게 사용됨으로써 과연 테러리즘과의 차이는 무엇인가라는 질문이 제기되고 있다. 테러가 국제적으로 당면한 심각한 문제임에도 불구하고 테러와 테러리즘에 대한 보편적인 정의가 존재하지 않아 정확한 구분이 어렵다. 그러나 테러와 테러리즘을 구분하는 것이 대테러 준비를 해야만 하는 국가나 조직에 크게 필요한 작업으로 보이지는 않으며, 테러 관련 연구자들이 종합한 테러리즘에 대한 개념을 일반적으로 적용하면 문제가 없을 것으로 생각한다.[2]

---

1) 김일수, <테러리즘 근절이 어려운 이유 : 제도화의 한계와 국제사회의 균열>, 《국가전략》 2002년 제8권 3호, p.82.

테러리즘은 오늘날 국제사회가 당면한 가장 심각한 문제 중의 하나임에도 불구하고 지금까지 테러리즘에 대한 보편적인 정의가 존재하지 않고 있다. 그 이유는 국가, 지역 그리고 정치적 이념에 따라 테러리즘의 동기와 원인에 따라 견해가 다르기 때문이다.

테러리즘의 동기, 대상, 범위, 주체, 이념 등의 포함 여부 그리고 학자들과 테러리즘 전문가들의 시각에 따라 테러리즘이 달리 정의됨으로써 테러리즘의 정의에 관한 연구와 논쟁은 끊임없이 계속되어지고 있다.

2. 테러와 테러리즘

테러리즘의 동의어로 테러라는 용어가 빈번하게 사용되고 있는데, 두 용어의 개념은 현격한 차이가 있다. 심리학자들에 의하면 테러란 특정한 위협이나 공포로 인해 모든 인간들이 심적으로 느끼게 되는 극단적인 두려움의 근원이 되는 것이라고 규정하고 있다. 즉 테러란 발생원인이 무엇이든간에 극도로 불안한 심리적 상태를 말하며 자연적인 현상이다. 반면에 테러리즘은 조직적인 폭력을 사용함으로써 복종을 요구하는 것, 특히 정치적 무기나 정책으로써 폭력이 사용되는 것을 말한다.

테러리즘은 테러와는 구별되는 폭력적 행위의 한 형태를 의미하는 것으로 항공기납치, 요인암살, 공중시설 폭파 등을 통해 사람에게 공포를 일으키게 하는 행위를 의미하는 것이다.

결국 테러는 자연적 현상인데 반해, 테러리즘은 폭력의 조직적·의도적 이용으로 강압적이며, 희생자 혹은 희생자와 연관된 모든 사람, 그리고 대중들의 의지를 이용하기 위한 총체적 행위로서, 이를 위해 가해·협박·위협을 통해 폭력을 체계적으로 활

---

2) 윤영식, <초국가적 위협과 군사력의 역할>, ≪국방정책의 이론과 실제≫(2002.5., 오름), pp.125~126.

용하는 것이라고 할 수 있다. 이러한 차이에 따라 테러는 테러리즘이 없이도 발생이 가능하며, 테러는 테러리즘의 중요한 요소가 된다고 주장하는 학자도 있다.

모두가 동의하는 보편적인 테러리즘의 정의를 도출하는 것은 결코 쉬운 일이 아니지만, 테러리즘의 정의가 없이는 테러리즘에 대한 연구를 할 수 없음은 물론이고, 대테러리즘정책을 수립하기 위한 첫단계도 테러리즘에 대한 정의도출에서 시작되어야 할 것이다.

테러리즘 정의상의 문제점을 분석하면서 제시한 학자들의 정의를 살펴보면 공통적인 요소들이 있다. 그것은 폭력 혹은 폭력사용에 대한 위협, 정치적 동기, 조직적인 사전준비, 무차별적인 공격양상 등이다. 그러나 점차 증가하고 있는 새로운 유형의 측면은 아무도 제시하지 못하고 있다. 이는 테러리즘의 양태 자체가 시대에 따라 변화하기 때문에 소홀하기 쉬운 부분이라고 할 수 있다.

지금까지 테러리즘의 정의에 있어서 가장 중요한 요소로 지적되어 왔으며, 단순한 범죄와 구별짓는 기준이 되어왔던 것은 정치적 목적의 유무였다. 그러나 최근에 발생하는 테러리즘은 보다 다양한 목적하에 자행되고 있다.

테러리즘은 단순히 정치적 목적만을 달성하기 위해서 이용하는 것이 아니고, 정치·사회·종교·민족주의적인 요소들이 복합적으로 작용하여 나타나는 것이다. 이러한 측면을 고려하여 학자들은 종교적 테러리즘, 이데올로기적 테러리즘, 민족주의적 테러리즘, 분리주의적 테러리즘, 국가 테러리즘 등으로 세분화하기도 하지만 이러한 시도는 테러리즘의 정의 도출에 혼란만을 초래하는 결과를 낳고 있다.3)

2001년 11월 28일 우리 정부가 국회에 제출한 '테러방지법안'

---

3) 국방부, 《국제테러리즘 - 21세기의 새로운 전쟁》, pp.3~7.

제2조 제1항에는 테러를 "정치적·종교적·이념적 또는 민족적 목적을 가진 개인이나 집단이 그 목적을 추구하거나 그 주의(主義) 또는 주장을 널리 알리기 위하여 계획적으로 행하는 행위로서 국가안보 또는 외교관계에 영향을 미치거나 중대한 사회적 불안을 야기하는 행위"라고 정의하고, 상세한 내용을 아래와 같이 명시하고 있다.[4]

> (1) 대통령령이 정하는 국가요인, 각계 주요 인사, 외국 요인과 주한 외교사절에 대한 폭행·상해·약취·체포·감금·살인

> (2) 국가 주요 시설, 대한민국의 재외공관, 주한 외국정부 시설 및 대중 이용시설의 방화·폭파

> (3) 항공기·선박·차량 등 교통수단의 납치·폭파

> (4) 폭발물·총기류, 그밖의 무기에 의한 무차별한 인명살상 또는 이를 이용한 위협

> (5) 대량으로 사람과 동물을 살상하기 위한 유해성 생화학물질 또는 방사능 물질의 누출·살포 또는 이를 이용한 위협

3. 테러리즘, 분리주의, 극단주의, 과격 이슬람주의와의 차이

테러리즘은 게릴라전을 통해 분리주의운동을 하는 행동과 혼동해서는 안 된다. 분리주의운동은 협상을 통한 해결방안을 강구할 수 있지만 테러리즘은 정치적 동기뿐만 아니라 경제적 박탈감, 사회적인 소외감, 종교적인 이유 등 다양한 원인으로부터 나오는 행동이다. 물론, 게릴라식의 분리주의운동은 자신들의 입장을 강

---

4) 신경엽, <테러리즘에 대한 국제법적 규제에 관한 연구>, 경희대 박사학위 논문, 2002년 8월, p.20. 영국의 국제전략문제연구소(IISS)는 테러리즘을 "the use of violence, often against people not directly involved in a conflict, by parties which generally claim to have high political or religious purposes"라고 정의하였다.

화하기 위해 민간인들을 공격하는 형태로 테러리즘을 이용하기도
한다.5)

동아시아에서 테러활동은 분리주의 활동과 밀접히 연계되어 있
기도 하다. 즉 분리주의(separatism)는 테러리즘을 유발하고 분
리주의운동은 테러폭력을 유발시킬 수 있는 환경을 조성하기도
한다.

아시아에서는 테러활동이 종교적 극단주의(religious extrem-
ism)와도 연계되어 있다. 종교적 극단주의는 분리주의자 극단주
의(separatist extremism)와 근본주의자 극단주의(funda-
mentalist extremism)로 나누어지며, 이슬람 근본주의는 코란
의 기본정신에 복귀하는 것을 의미한다. 근본주의자들은 현대 정
치체제를 수용하기를 거부하고 코란을 잘못 해석하고 있다.6)

동아시아에서 테러 발생은 여러 가지 요인들이 복합적으로 연
계되어 있다. 경제 호황을 누릴 시기에 인종적 또는 종교적인 소
수집단은 개발혜택 배분과정에서 소외되었으며, 이러한 소외지역
에 거주하고 있는 집단들은 경제적이고 정치적인 좌절감으로 결
국 테러행동을 하게 되었다.7) 동아시아의 사회경제적 자유화는
이러한 소외집단을 더욱 한계상황에 몰아넣게 함으로써 반발감을
갖게 되었고, 근대화 및 세계화의 혜택에서 완전히 소외되었다.
이로 인해 이들 소외집단은 세계화의 역작용으로 서구의 가치나
생활방식을 증오하게 되고 결국 절망감의 표현으로 폭력에 호소

---

5) 자세한 내용은 CSCAP Memorandum on the Relationship
   Between Terrorism and Transnational Crime, Shanghai,
   13~14 May 2002, pp.4~5 참조
6) Han Dong-man, <Terrorism and its Impact on East Asian
   Security - A Korean Perspective>, *IFANS Review*, Vol. 10,
   No. 1, July 2002, pp.52~53.
7) 동아시아의 테러집단이나 분리주의운동은 Abu Sayyaf, The Ughur
   Rebels, Free Aceh Separatists, Malaysian Islamic Al Maunah
   등을 예로 들 수 있다.

하게 되었다. 동아시아에서 테러리즘은 정치적 절망, 경제적 불평등, 사회적 고립이 해소되지 않는 한 앞으로도 상존할 것이다.8)

4. 테러리즘과 초국가적 범죄간의 상관관계

테러리스트들은 활동을 위한 자금 마련을 위해 소형무기나 마약을 불법거래하고 국제적인 범죄조직이 이에 가담하고 있다. 또한, 테러리스트들은 위장회사를 설립하여 소형무기 및 마약불법거래자금을 세탁하고 자신들의 테러활동을 위장하기 위해 허위문서를 작성하고 있다. 예를 들면 오사마 빈 라덴은 합법적인 회사를 설립하였으나 그 회사를 통해 무기를 구입하고 돈세탁을 하는 등 사적인 목적으로 이용하고, 또한 합법적인 자선단체를 세워 테러조직에 대한 자금을 마련하거나 돈세탁을 하여 왔다. 또한, 아프가니스탄의 탈레반 정권은 마약을 재배하고 이를 불법거래하여 테러에 필요한 무기를 구입하여 왔다.9)

Ⅲ. 테러리즘의 발생원인

1. 9.11 테러의 원인

9.11 테러의 원인에 대해 학계에서 많은 이론이나 주장이 제기되었다. 그중 대표적인 것은 문명 대 야만의 충돌설, 이슬람 문명과 서구문명의 충돌설, 세계화 대 반세계화 충돌설이 있으며,10)

---

8) Han Dong-man, op. cit, p.56.
9) Ibid, pp.54~55.
10) 박형, <9.11 테러-그 원인>, ≪국방연구≫ 제45권, 제1호, 2002년
　　7월, p.72.

또 다른 이론으로는 박탈감 이론, 동일시 이론, 국제정치 체제 이론, 현대 사회구조 이론 등이 있다.11)

9.11 테러사건의 원인에 대해서는 대체로 세 가지 관점으로 요약된다. 첫째의 관점은 미국의 이스라엘에 대한 편파적 지원과 친이스라엘정책이 이슬람 과격세력의 분노를 유발하게 되었다는 것이고, 두 번째는 문화적 차이로 인한 갈등과 이슬람 세계의 반서구적 성향이 그 원인이라는 입장이며, 세 번째는 산업화의 급진적인 진행이 이슬람 세계와 서방 세계 간의 경제적 불균형과 빈부 격차를 확대시켜 이에 대한 불만이 폭력형태로 나타날 수밖에 없다는 논리이다.12) 여기서는 테러의 원인에 대한 많은 분석 중 9.11 이후 세계를 조망하는 분석틀인 헌팅턴 교수의 '문명충돌론(the clash of civilization)'과 후쿠야마 교수의 '역사종언론(the end of history)'의 상반된 세계관과 정책대안을 살펴보고자 한다. 이들 두 학자는 민주주의와 근대화를 포함, 보편적인 세계질서 구축 가능성과 미국의 대외정책이 민주주의 확산에 중점을 두어야 하는지 여부에 대해 이견을 노정하고 있다.13)

2. 문명충돌론

문명충돌설은 1993년 새무얼 헌팅턴(Samuel Huntington) 교수가 제기한 명제이다. 그의 논리는 공산주의의 몰락과 더불어 이념의 시대가 끝난 이후의 국제정치적 갈등은 주로 문명적 단층선을 따라 전개될 것이라는 것이다. 헌팅턴 교수는 문명을 "가장

---

11) 국방부, 《국제 테러리즘》 2001년 10월, pp.21~30.
12) 최운도, <9.11 테러사건의 원인분석과 미국의 세계전략 전망>, 한국정치학회 2001년도 연례학술대회 발표 논문, 2001년 12.14-15, pp.2~4.
13) Stanley Kurtz, <The Future of History>, *Policy Review*, No. 113, June/July 2002, p.43

포괄적인 수준에서 비슷한 문화들을 묶는 범주"라고 정의한다. 냉전이 끝난 세계에서 문명간의 갈등, 혹은 충돌이 증가할 것이라는 그의 전망은 다음과 같은 이유 때문이다. 첫째, 문명적 차이는 오랜 시절에 걸쳐 형성된 것이기 때문에 정치이념이나 체제의 차이보다 더 근본적이다. 둘째, 각기 다른 문명권에 속한 사람들간의 인류가 증대함에 따라서 마찰의 기회도 많아지고 자신의 문명적 정체성에 대한 의식도 커지고 이것이 또한 타문명에 대한 적대감을 증가시킨다. 셋째, 세계화에 의하여 국민 국가적 일체감은 약화되고 그 대신 문명적인 일체감 내지는 종교적 일체감이 증가한다. 넷째, 오늘날 비서구 문명권에서는 탈서구화와 자신의 문명 정체성을 되찾으려는 움직임을 보이고 있다. 다섯째, 경제적 지역주의가 증가하고 있으며, 이러한 지역주의는 문명간 갈등을 약화시킬 수 있다.14)

9.11 테러는 이슬람 사회의 일체감과 이에 기인한 타문명에 대한 적대감이 어느 정도 반영되어 있다. 그리고 그만큼 이 사건에는 문명충돌적인 요소가 들어 있다고 보고 있다. 그 이유로는 첫째, 테러 이후 빈 라덴이 기자회견 등을 통해 9.11 테러사건 이후 뒤이은 미국의 아프가니스탄 공격 등 일련의 사태를 지하드(jihad, 聖戰)로 규정하고 이슬람권 전체가 동참할 것을 촉구했으며, 그의 이러한 주장은 이슬람권에서 많은 반향을 불러일으켰다.

둘째, 문명적 차이는 세계관과 가치의 차이이고 이것은 같은 상황을 다르게 인식한다는 의미라고 해석할 때, 서구적 관점에서는 9.11 테러사태가 이슬람 사회에서는 지하드가 될 수 있다. 이러한 인식의 차이는 어느 정도 서구와 친서방적인 이슬람 국가들의 경우에 있어서도 존재한다. 예컨대, 빈 라덴과 알 카에다 조직이 불법화되어야 한다는 점에서는 아랍 국가들도 동의하지만, 이

---

14) 박 형, 앞의 글, pp.80~81.

들 국가들은 미국이 이 단체와 다른 이슬람 저항운동단체들, 예
컨대 헤즈볼라, 팔레스타인 해방인민전선 등을 같이 취급하는 태
도에 대해서는 동의하지 않는다.

셋째, 헌팅턴 교수는 9.11 테러가 문명에 대한 야만의 공격이
지만 이것이 문명충돌로 발전할 잠재력을 가지고 있다고 진단하
였다. 그 증거로서 그는 빈 라덴의 서방 세계에 대한 전쟁선포가
서구의 일체감을 증진시키고, 또한 결속을 자극했다는 점을 들었
다. 헌팅턴 교수는 결국 서구와 비서구 간의 대결은 해소되지 않
을 것이기 때문에 테러전쟁으로 말미암아 미국과 유럽의 통합은
가속화될 것이고, 따라서 서구는 이슬람·중국문명 연합과의 갈
등 가능성에 대비하여 서구와 문화적 친화성이 높은 중남미와 일
본을 가담시키는 연합을 형성해야 한다는 충고를 하고 있다.15)

헌팅턴 교수는 비서구권에서의 민주주의와 근대화의 확산은 보
편적인 세계질서 구축이 아닌 문명간 충돌이라는 역작용을 초래
하였고, 비서구권에서의 민주주의 확산은 민족주의 및 극단주의
세력의 집권을 통해 국제적 분쟁발생 가능성을 증대시키고 아울
러 경제·사회적 근대화는 전통사회의 기반을 붕괴시킴으로써 수
구세력의 반발을 초래하고 있다고 보고 있다. 특히, 그는 이슬람
문명의 공격성 성향을 감안할 경우, 향후 미국이 직면할 최대 위
협은 이슬람 문명간의 대립이며, 이런 점에서 "서구의 적은 이슬
람이 아닌 이슬람 근본주의세력"이라는 부시 대통령의 견해에 반
대하고 이라크에 대한 군사행동시 서구와 이슬람 간의 대립이 보
다 명확하게 될 것으로 전망하였다.16)

---

15) 위의, 앞의 글, pp.82~83.

16) 헌팅턴 교수는 1993년 저서에서 ① 서구문명의 상징물에 대한 테러
   공격, ② 아프가니스탄 체류 이슬람 용병문제, ③ 이슬람 근본주의 부상
   에 따른 미·러 관계 긴밀화, ④ 공군력에 대항한 테러전술 사용, 그리고
   대량파괴무기를 주요 수단으로 한 중동과 동아시아 간 반미, 반서방 동
   맹 결성 가능성을 예측하였다. Stanley Kurtz, op. cit., pp.44~46.

그러나 헌팅턴 교수의 문명충돌론을 부정하는 논거로는 하나의 문명은 다른 문명과 구별하기 힘들 정도로 복합적이며, 근대화는 문명의 해체를 가속화시키고 있음을 들고 있다. 또한, 문명충돌론은 9.11 테러가 문명간 대립의 시작이 아닌 민주화와 근대화의 계기가 될 수 있다는 측면을 간과하고 있다. 즉, 탈레반 축출 및 파키스탄의 친서방정책 전환, 대테러전 승리 등을 통한 서구적 민주주의의 확산 가능성을 배제하고 있다.

3. 역사종언론

≪역사의 종말(The End of History and the Last Man)≫의 저자인 후쿠야마(Francis Fukuyama) 교수는 냉전종식으로 민주주의와 시장경제라는 최상의 질서가 도래함으로써 인류의 역사를 '인지의 투쟁(the struggle for recognition)'의 역사로 보는 헤겔식의 역사관은 종말을 맞이했다고 주장한다. 그는 민주주의는 동등한 인간간의 상호 인지 확보를 위한 최상의 정치체제이며, 생산력 증대를 위해 각국은 시장경제 채택이 불가피하며, 시장경제는 민주화와 개인화로 연계되어 있다고 보고, 9.11 테러이후에도 아랍권 내의 반근대화 경향이 근대화와 민주주의를 늦출 수 있으나, 중단시킬 수는 없다고 분석하고 있다.

후쿠야마 교수는 9.11 테러가 근대화를 거부하는 과격 회교도에 의해 진행되었다고 주장하였다. 그러나 이슬람 과격주의와 이슬람 자체는 분명히 구분해야 하며, 대다수 이슬람권 국가에서는 비록 이슬람식 정치체제를 통해서이지만 민주주의를 지지하고 있다고 볼 수 있다.17)

또한, 후쿠야마 교수의 '역사종언론'은 개인보다는 집단의 결속을 중시하는 아랍 및 동아시아 국가의 분석에는 적합하지 않으며,

---

17) Han Dong-man, op. cit., p.54.

아랍 및 동아시아에서의 근대화가 반드시 전통사회의 해체로 이어지지 않는다는 점을 간과하고 있다.

근대화는 궁극적으로 후쿠야마 교수의 이론대로 민주주의의 확산으로 이어질 것이나, 단기적으로는 아랍 근본주의의 반발을 초래한다는 헌팅턴 교수의 이론이 타당할 것이다. 따라서 미국의 대외정책은 민주주의의 확산을 위해 노력해야 한다는 후쿠야마 교수의 주장과 민주주의 확산보다는 현실주의에 입각해야 한다는 헌팅턴 교수의 주장을 병용하게 될 것으로 보인다.18)

IV. 현대 테러리즘의 양상

1. 현대 테러리즘의 특성

가. 테러리즘 특성의 변화

종래의 테러는 테러분자 또는 테러조직이 자신들의 목적을 달성키 위하여 요인납치 및 암살, 항공기납치 및 폭파, 중요 시설 점거 또는 폭파 등 중요하고 비중 있는 대상을 선정, 공격하는 것을 의미하였으나 오늘날에는 그 목적 달성을 위한 테러수단이 보다 현대화되고 첨단화되고 광역화·잔인화·비인간화되는 경향을 보이고 있다. 이러한 새로운 유형의 테러리즘을 1999년 미국의 RAND 연구소는 '뉴테러리즘(New Terrorism)'이라는 용어로 표현하고 있다. 2001년 9월 11일의 테러사건은 '뉴테러리즘'의 전형적인 사례로 국제정치 안보질서에까지 심대한 영향을 끼치고 있는바, 이러한 테러리즘의 그 현대적 특성을 살펴보면 다음과 같다.

---

18) Stanley Kurtz, op. cit., pp.50~58.

첫째, 공격대상이 무차별적이다. 과거에는 공격대상으로 정치적, 사회적으로 중요한 지위나 영향력이 있는 요인 또는 시설물 등을 엄선하여 테러를 자행하였으나 현대의 테러리즘은 무차별적으로 불특정 다수인에 대하여 공격을 가한다는 점이다. 즉, 자신들의 목적 달성을 위한 희생물의 선택을 최소 정예화하기보다는 대량화, 대형화함으로써 주의를 끌고 공포심을 유발하고자 한다. 이는 목표물 선정과 접근이 용이하고 일면 적대감을 갖고 있던 대상에 대한 무차별한 보복적 측면도 내포되어 있는 경우가 많다.

둘째, 테러 실행의 수단과 방법이 무제한적이고 첨단화되고 있다. 과거의 테러는 저격용 총기나 폭발물을 사용하여 현장진압 또는 처리가 가능한 경우가 많았으나, 현대 테러리즘은 자살폭탄 테러, 민간 항공기납치 자살충돌, 독가스 살포, 세균 전파 등 예측을 불허하는 수단을 사용하는 고강도 폭력을 행사하면서 테러 조직은 여러 국가·지역에 걸쳐 그물망처럼 연결된 결사체로서 인터넷·전자메일·첨단 이동통신 시설 등 현대 문명의 이기를 최대한 활용하고 있어 조직망의 발본색원이 더욱 어려운 특징이 있다.

셋째, 국가적인 지원을 받고 있다는 점이다. 테러조직들은 구 아프간, 이란, 이라크, 수단, 북한, 시리아 등 소위 불량국가(rogue states) 들로부터 무기, 인력, 훈련장소, 은신처 등을 제공받고 있으며, 테러조직들은 대부분 지원 국가들의 국제정치적 목적 성취를 위하여 이용되면서 국제사회 안보위협을 가중시키고 있다.

나. 국제안보 위협요인

9.11 테러는 테러가 국제안보질서를 변화시키기에 충분한 파괴력을 내포하고 있음을 여실히 보여준 일대 사건이었다. 냉전 종식 이후 세계 제일의 패권국으로서 국제적 영향력을 키워가던 미국은 9.11 테러사건을 계기로 세계전략을 크게 수정하고 세계

의 여러 국가들과 국제적 협력을 도모하면서 일방주의의 약점을 보완해 나가는 모습을 보여주고 있다. 특히, 9.11 테러사건의 배후에 알 카에다라는 테러조직이 있고 이 테러조직을 아프가니스탄의 탈리반 정권이 지원해 왔던 사실이 밝혀지면서 미국은 아프가니스탄의 탈리반 정권에 대한 공격을 감행, 탈리반을 축출하고 알 카에다 잔당에 대한 소탕작전을 전개하여 서남아지역에 존재하던 급진적인 이슬람 혁명국가를 붕괴시켰다.

또한, 미국은 이라크를 국제테러지원국으로 지목하고 제2의 목표물로 상정하여 이라크에 대한 군사작전을 준비하면서 유엔 등 국제사회의 동참과 지원을 호소하고 있는 상황이다. 소위 실패한 국가들(failed states)의 테러지원 가능성에 대한 우려가 높아지고, 특히 이들이 소유한 대량파괴무기(WMD)를 이용한 테러의 위험성이 국제사회의 커다란 우려사항으로 등장하면서 테러는 국제안보환경에도 중대한 위협요소로 자리잡고 있다. 즉, 21세기의 국제사회에는 영토나 국경이 특정되지 않은 대테러전이라는 새로운 전쟁유형이 등장하여 미국뿐만 아니라 많은 국가들의 안보, 군사정책 패러다임에 커다란 변화를 초래하고 국제안보환경에 커다란 영향을 미칠 것으로 예상된다.

2. 현대 테러리즘의 새로운 유형[19)]

가. 핵(核)테러

오늘날 테러집단은 자신들의 목적을 달성하기 위해서는 수단과 방법을 가리지 않고 있으며, 생화학무기를 이용한 테러, 컴퓨터망을 이용한 테러 등 갖가지 신종 테러가 발생하고 있고, 특히 핵무기를 이용한 테러 발생 가능성을 전문가들은 크게 우려하고 있다.

---

19) 신경엽, 앞의 글, pp.45~52.

대형 테러 가운데서도 핵무기 테러는 가정할 수 있는 최악의 상황을 야기할 수 있는데, 아무리 조잡한 수준의 핵폭탄이라 할지라도 1.2만 톤에 이르는 TNT의 폭발력으로 수십만 명의 생명과 주요 시설물에 대해 일시에 막대한 피해를 끼칠 수 있다.

9.11 뉴욕의 세계무역센터 테러사건 이후 핵무기를 사용한 대규모 테러도 실제로 발생할 수 있을 것이라는 우려를 감안하여, 국제원자력기구(IAEA : International Atomic Energy Agency)는 2001년 10월 29일부터 11월 2일까지 오스트리아 빈에서 핵테러 대책방안을 논의하기 위한 특별회의를 개최했는데, 여기서 IAEA 사무총장인 모하메드 엘바라데이(Mohamed ElBaradei)는 "테러리스트들이 자신들의 사악한 목적을 달성하기 위해 목숨도 기꺼이 희생할 수 있다는 의도를 보여줌에 따라 대테러활동의 새로운 장이 열렸다"고 언급하면서 핵테러의 발생 가능성을 지적한 바도 있다. 또한 2002년 6월 26일부터 27일간 캐나다에서 개최된 G-8 정상회의는 러시아 내 해체될 핵시설들로부터의 핵물질 유출위험이 높음을 감안하여 G-8 대테러협력에 관한 선언을 채택하고 낡은 핵시설 해체과정에서 발생될 수 있는 핵물질의 유출과 테러분자들로의 유입을 차단하기 위한 종합적인 대책을 마련하여 시행키로 하였다.

핵테러의 유형으로는 핵무기 공격, 원자력 시설에 대한 공격, 방사능물질 투하를 통한 재래식 공격 등 크게 세 가지로 나누어 볼 수 있다. 이중 특히 현실적 발생 가능성이 높은 유형은 소위 '더러운 폭탄'(dirty bomb)으로 불리는 방사능물질 투하를 통한 공격이다. 즉, 재래식 공격무기에 방사능 물질을 장착하여 공격함으로써 순식간에 방사능 오염을 초래하는 것이다.

핵테러의 가능성은 현재로서는 그다지 높은 것으로 평가되고 있지는 않다. 그러나 최근 미국 정보기관은 알 카에다의 조직원이 미국에 대해 '히로시마식 테러'를 계획하고 있다는 것을 자랑스럽게 얘기하는 통화내용을 감청한 적이 있다고 밝혔다. 게다가 미국의 9.11 테러사태를 통하여 대규모 테러행위를 자행할 능력과 의지를 가진 테러조직이 존재한다는 사실이 재확인된 만큼 국제사회는 핵테러 대응활동을 강화해 나가야만 할 것이다.

이러한 핵테러를 방지하기 위해서는 무엇보다도 광범위한 국제적 협력이 이루어져야 한다. 핵테러의 피해대상은 이 지구상 어느 국가나 일부 시민으로 특정될 것이 아니다. 언제 어디서 무슨 이유로 핵테러가 일어나 선의의 피해자가 될지 모르는 상황이다. 따라서 국가간에 긴밀한 협조체제를 구축하여 핵물질 밀거래 봉쇄를 위한 국경지역 통제를 엄격히 실시하는 한편, 국제적인 불법무기거래에 대한 정보수집 및 단속활동이 강화되어야 한다. 아울러 알 카에다와 같은 핵테러를 자행할 가능성이 있는 테러조직을 분쇄하기 위한 국제적인 대테러 공조활동 강화가 필요하다. 이러한 협력에는 정치·외교·경제·군사적인 노력과 함께 관계기관간 국제적인 정보교환을 활성화함으로써 테러조직의 하부세포망 색출 및 핵물질 입수기도 방지에 총력을 기울여야 할 것이다.

나. 생화학테러

생화학무기에 의한 테러는 1995년 일본 사이비 종교집단인 '옴진리교'에 의한 동경지하철 사린(sarin)가스 살포사건, 2001년 미국의 9.11 테러사건 후 미국을 비롯한 세계 각국에서 발생한 탄저균(Anthrax) 배달소동 등에서 그 위험성과 파급효과가 매우 크다는 것이 이미 입증된 바 있다.

화학무기는 핵무기나 생물학무기보다 취득이 훨씬 용이하다. 전쟁용 유독성 화학무기를 제조하기 위해서는 상당한 전문성과 어느 정도 전문화된 장비가 필요하므로 일부 국가에서만 이러한 무기를 생산·보관하고 있으나, 모든 국가가 최소한의 화학무기를 제조·사용하는 데 필요한 기술적 전문성과 자원을 보유할 수 있다고 한다. 뿐만 아니라 개인이나 테러집단들도 어느 정도 기초적인 기술적 능력만 갖추고 있으면 국가의 경우나 마찬가지로 쉽게 화학무기를 취득할 기술적 가능성이 있다는 것이 전문가들의 견해이다.

생물학적 무기, 즉 생물무기는 인구가 밀집된 도시에 약간의 세균살포만으로도 다수의 사상자를 낼 수 있다는 점에서 가장 위협적인 테러무기라고 할 수 있으며, 심지어는 생물학적 무기를 '가난한 자의 핵무기'라고 하기도 한다. 또한 생물학적 무기를 제조하기 위해서는 대학에서 미생물학을 전공한 자와 에어러솔 살포기 제조기술을 가진 기계공학자만으로도 가능하다고 하며, 현재 세계 100여 개 국에서 생물학적 무기를 생산할 역량이 있고, 몇몇 테러집단들도 이러한 능력이 있다고 한다. 생물학적 무기를 제조하기 위해서는 첫째, 병원체의 생산원료인 균주(Seed Stock)를 취득하는 일, 둘째, 박테리아 따위의 병원체를 대량생산하는 일, 셋째, 병원체의 농축액으로 된 약물을 에어러솔 등으로 살포하는 방법을 강구하는 일 등 세 가지 중요한 기술적 단계를 거치게 된다.

이러한 생·화학무기에 의한 테러를 방지하기 위해서는 첫째, 대량 파괴무기(WMD : Weapons of Mass Destruction)의 확산을 방지하기 위한 국제적인 노력을 지속적으로 전개하여야 한다. 둘째, 생화학물질의 불법 취득을 위한 단속활동을 강화하여야 한다. 생·화학물질을 취급하는 과정에서 몇 가지 징후가 나타나기 때문에 단속기관은 세심한 주의를 기울이면 사전에 적발할 수 있고, 무기제조 계획이 실현되기 전에 저지할 수도 있다. 그리고 산업 분야나 학계에서도 미생물 배양·구입 등에 관한 문의가 있을 경우 의심스러운 점이 있으면 즉시 사법기관에 신고하는 등 민관 협력관계를 유지할 경우 생·화학무기 테러사건을 미연에 방지할 가능성은 더욱 높아진다고 하겠다.

다. 사이버 테러리즘

사이버 테러리즘이란 사이버 공간에서 일정한 목적을 달성하기 위해 컴퓨터 통신기술을 이용하여 계획적으로 정보 시스템을 공격하는 불법적인 행위라고 할 수 있다. 사이버 테러는 일정한 목적달성을 위하여 계획적으로 자행되는 범죄라는 점에서 일반적으로 사이버 공간에서 발생하는 범죄를 총칭하는 말로 사용되는 사이버 범죄와 구별되는 개념이며, 컴퓨터 이외의 정보통신 수단을 통해서도 이루어질 수 있다는 점에서 컴퓨터를 수단이나 대상으로 하는 컴퓨터 범죄의 개념과도 구별된다.[20]

사이버 테러리스트에게는 거리가 의미가 없으며 지구상 어느 곳에서도 인터넷이나 정보통신망이 연결된 곳이면 개발한 프로그램을 이용하여 손쉽게 사이버 공간을 이용하여 현실적 공간에 막대한 피해를 유발시킬 수 있다. 사이버 테러의 위험성은 바로 여기에 있는 것이다. 정보통신 기술이 발달하면서 세계 도처에서 우리 생활의 모든 방면에 인터넷을 도입, 활용하고 있다. 전기, 전화, 철도, 항공관제 등 국가의 기간산업 시설 대부분과 군사적 첨단장비의 운용 등에 이르기까지 정보통신 기술이라는 문명의 이기가 활용되면서 사이버 테러의 위험성은 더욱 증가하고 있는 것이다.

이는 간단히 키보드의 조작으로 전산망에 혼란을 초래하여 순식간에 엄청난 인명피해와 물질피해를 가져온다는 측면에서 또 다른 의미의 'WMD(대량교란무기, Weapons of Mass Disruption)'가 되는 것이다.[21]

---

20) 우리 정부는 2002.6.20.21. 방콕 개최 'OSCE와 태국간 인간안보회의'에 참석, 사이버 테러리즘 위협과 OSCE의 역할에 대해 주제발표를 하였다.

21) 외교통상부 외교정책실, <Cyber Terrorisom Concept Paper>, 제9차 ARF-SOM, 2002. 5.

　이러한 사이버 테러리즘의 방지를 위한 대책은 현실적으로 쉬운 일이 아니다. 어느 전문가도 인터넷을 통한 어떤 형태의 공격을 100% 완벽하게 방어할 수 없다고 한다. 아직까지는 전산보안 분야에 있어서의 발전 속도가 일반인들의 기대치에 훨씬 못 미치는 것이 현실이다. 미국의 국방성, 백악관 등의 웹사이트도 수시로 해킹당하는 현실만 봐도 그 취약성을 알 수 있다. 따라서 최선의 방법은 공격당할 가능성을 최소화하고 피습시 최대한 빨리 시스템을 복구하는 능력을 발전시키는 것일 것이다. 이를 위하여 하루 속히 보다 많은 전문가를 양성하고 미래의 사이버 전쟁에 대비할 수 있는 특수조직을 창설하여 세계 제일의 정보대국 이미지가 하루아침에 손상되는 일을 미연에 방지해야 할 것이다.[22]

V. 현대 테러리즘이 지역안보에 미치는 영향

1. 국경 없는 전쟁의 시작

　오사마 빈 라덴의 알 카에다 조직이 주도한 미국에 대한 무차별 테러는 근본적으로 아랍-이스라엘 분쟁에서 파생되었으며, 직접적으로는 미국의 친이스라엘정책에 대한 아랍권의 반발이 그 원인이 되었음을 부인할 수는 없을 것이다.[23] 특히 1979년 이란의 아야톨라 호메이니가 이끈 회교혁명이 성공한 이후, 이슬람 근본주의가 본격적인 반미·반서방운동을 시작하게 되면서 본격적인 이스라엘과 미국에 대한 테러문제가 국제사회의 핵으로 등장

---

22) 우리 정부는 경찰청 주관으로 2002.10.14.16. 서울에서 '사이버범죄에 관한 국제인터폴회의'를 개최하였다.

23) 남주홍, <9.11 미국 테러 이후의 2002 동북아정세 전망>, 《아태 FOCUS》, 2002.1, p.28.

하였으며, 아프가니스탄 회교학생혁명운동이 성공하면서 등장한 탈레반 정권은 본격적으로 오사마 빈 라덴의 반미 테러활동의 근거지를 제공하고 후원함으로써 마침내 9.11 뉴욕테러 참사가 발생하기에 이른 것이다.

대아프간전에 따른 탈레반 정권의 축출과 알 카에다의 훈련캠프의 붕괴로 인하여 대테러전선은 오히려 전세계로 확산되고 있으며 불안은 더욱 가중되고 있다. 테러조직의 근거지도 인도네시아, 필리핀, 태국 등 아시아·태평양지역으로 이동하고 있다는 분석이 나오고 있다. 테러분자들은 이제 일정한 정처가 없이 전지구상에 퍼져 각 조직간 연대를 꾀하며 무차별한 공격을 서슴지 않고 있다. 일정한 국경이 없는 이러한 테러와의 전쟁이 21세기의 새로운 전쟁으로 등장하면서 미국의 세계전략과 대외정책도 수정을 가하게 되고, 여타 미국의 우방국들도 기존의 안보정책을 수정하지 않을 수 없게 되었다. 전세계에 걸친 테러리즘의 네트워크에 대항하기 위한 국제적 협력은 그 어느 때보다도 긴요하게 되었으며, 미국을 중심으로 한 대테러 국제연대에 4대 강국을 포함한 모든 국가가 참가 내지 지원하고 있는 상황이다. 이로써 탈냉전 이후 국제안보 질서의 재편은 더욱 가속화되어 동북아지역에서도 미·일·중·러 간에 여러 가지 기존의 갈등요인이 상존함에도 불구하고 우호 협력관계가 발전함으로써 전반적인 안정구도를 유지하고 있다.

2. 테러지원국 존재의 위험성

오사마 빈 라덴의 알 카에다 조직이 전세계적인 네트워크를 형성하고 전대미문의 테러 대참사를 촉발할 수 있었던 것은 이를 비호하고 지원하는 국가가 존재했기 때문이다. 아프가니스탄이 알 카에다의 활동 근거지를 제공할 수 없었다면 기존에 중동지역

을 중심으로 빈번히 발발하고 있는 저강도의 반이스라엘, 반미테
러만이 가능했을 것이다.

따라서 지구상에 탈레반 정권과 같은 전문적인 테러지원 세력
이 존재한 사실은 오늘날 국제사회의 크나큰 불행이었다고 볼 수
있는바, 앞으로는 이러한 국가나 체제가 지구상에 발을 붙이지
못하도록 하는 일이 중요하며, 또한 일부 실패한 국가들(failed
states)이 테러조직의 온상이 되는 여지를 제거해야 할 것이다.
현재 미 국무부가 발표한 테러지원국 리스트에는 이란, 이라크,
수단, 리비아, 시리아, 쿠바, 그리고 북한의 7개국이 올라가 있
다.24) 이란 정부는 카타미 대통령 취임 이후 공개적인 반미발언
은 완화하고 있으나, 서방 국가들과의 관계개선을 반대하는 보수
세력들이 정권을 통제하면서 반서방 테러활동을 물질적, 재정적
으로 계속 지원하고 있는 실정이다. 이라크는 걸프전 이후 유엔
결의사항을 계속적으로 위반하고 대량파괴무기(WMD)를 개발
보유하고 이를 테러조직에 제공할 수 있는 가능성에 따라, 미국
은 제2의 대테러전 대상으로 이라크를 지목하고 군사조치를 준비
중에 있다. 이라크의 후세인 정권이 붕괴되면 중동지역의 국제안
보 질서에 커다란 변화가 예상된다. 시리아는 최근 수년간 서방
을 겨냥한 테러활동에 직접적으로 관여하지 않고 있으나 국제테
러집단과 이슬람 과격주의자들에게 안전한 은신처를 제공해 오고
있다. 이밖에 중앙정부의 통제가 지방까지 미치지 못하여 불안정
한 사회조직을 갖고 있는 국가들의 국내질서 회복이 필요하다.
이러한 국가들로 이집트, 스리랑카, 필리핀, 인도네시아 등 여러
국가가 있다. 국제사회는 이러한 국가들의 개발과 질서 회복에도
관심을 기울여 테러리스트들이 발붙일 만한 환경을 사전에 제거
해 나가야 할 것이다.

---

24) Rensselaer Lee & Raphael Perl, <Terrorism, the Future,
   and U.S. Foreign Policy>, 미의회 CRS 보고서. 2002.7.10., p.3.

3. 안보 위협요인으로서의 테러리즘

무엇보다도 현대 테러리즘이 과거와 달리 안보적인 의미를 갖게 된 것은 국제사회의 행위자인 국가들이 뒤에서 지원하고 정치적으로 이용하는 데 그 원인이 있으며, 아울러 현대 테러리즘은 테러를 수행하는 방법으로서 기존의 국가들이 전쟁수단으로 사용할 수 있는 모든 방법을 다 동원할 수 있다는 데에도 그 원인이 있다. 특히, 아프간 내 알 카에다 훈련캠프에서 발견된 각종 증거자료에서는 핵무기, 생화학무기 사용에 대한 연구와 실험의 흔적이 나타나고 있는 점은 현대 테러리즘의 위험성과 안보적 위협의 정도를 쉽게 가늠할 수 있는 것이다.

더군다나 테러리스트들은 실제로 WMD 수단을 자체 능력 또는 외부의 도움을 통해 보유하려고 시도한 바가 있었다. 옴진리교는 '사린' 가스 생산을 위한 기술과 설계도를 1990년대 초에 러시아로부터 취득할 수 있었으며, 이러한 '사린' 가스는 1995년 3월 동경 지하철 가스테러에 사용되었다. 또한 오사마 빈 라덴의 알 카에다 조직은 수차례에 걸쳐 러시아, 불가리아 등지에서 방사능 폐기물질과 생화학무기를 구입하려고 시도했던 것으로 드러났다.[25]

아프가니스탄의 알 카에다 근거지가 붕괴된 이후 그 대체지로서 인도네시아와 말레이시아, 필리핀 등 동남아지역의 중앙정부 통제 사각지대가 떠오르고 있다는 분석이 나오고 있음을 주목해야 할 것이다. 최근 인도네시아 발리섬에서의 나이트클럽 폭파 등 연쇄 폭파사건은 그러한 분석에 신빙성을 더해 가고 있다. 동남아를 비롯한 아·태지역의 각국은 동남아국가연합(ASEAN) 및 아세안지역안보포럼(ARF) 등 다자 메커니즘을 통한 대테러 안보협력을 강화하고 있으나, 오늘날 테러집단은 새로운 정보기술

---

25) Ibid., p.7.

과 인터넷을 이용하여 테러계획 수립, 인원보충, 상호연락, 자금조달 등을 수행하고 있어 테러조직을 색출해내고 테러공격을 사전에 차단하는 일은 쉬운 일이 아니다. 따라서 국제사회는 양자 및 다자간의 협력과 함께 UN 등 각종 국제기구간의 긴밀하고 효율적인 협조가 필요하며, 테러리즘이 국제사회나 국가의 안보를 위협하는 요소로 발전할 수 없도록 사전에 봉쇄하는 노력이 필요한 것이다.

4. 현대 테러리즘의 동북아지역 내 안보적 의미

동북아지역은 유럽 대륙에 비하여 더 많은 인구를 갖고 활기찬 경제성장을 이룩하고 있는 지구상에서 가장 큰 발전잠재력을 갖고 있는 지역이면서도 수많은 안보문제에 직면해 있는 지역이다. 한반도문제, 대만문제, 북방영토문제, 남사군도문제, 급성장하는 중국과 일본과의 갈등문제 등 모든 것이 앞으로의 해결을 기다리고 있다. 현대의 테러리즘 문제는 지역 내 또 하나의 안보문제를 가중시키고 있으나 북한문제를 제외하고는 전체적으로 동북아지역 내 안정적인 안보구도가 유지되고 있다. 즉, 중국과 러시아는 국내의 테러위험에 직면하여 미국이 이끄는 대테러전쟁을 지지하고 수용함으로써 동북아지역 내 미·일·중·러 등 4강 간의 협력관계를 형성하고 있는 것이다. 다양한 갈등요소가 존재함에도 불구하고 협력관계가 유지되고 있는 데에는 테러에 대한 공통적인 이해관계뿐만 아니라 지역 내 안정적인 안보 질서유지에 대한 공통의 이해관계가 존재하기 때문이기도 하다.

따라서 동북아지역 내 미·중·러 등 3강 간의 협조관계는 주의 깊게 관찰할 필요가 있다. 왜냐하면 3강의 협조는 향후 국제테러리즘의 강도와 대테러협력의 필요성 여하, 그리고 향후 갈등요인의 재부상 등에 의해 영향을 받을 수 있기 때문이다. 또한 대테러

다자협력에 두는 미국의 외교적 비중이 얼마나 유지될 것인가도 중요한 의미를 갖게 될 것이다.

참 고 문 헌

1) 김일수, <테러리즘 근절이 어려운 이유 : 제도화의 한계와 국제 사회의 균열>, ≪국가전략≫ 2002년

2) 윤영식, <초국가적 위협과 군사력의 역할>, ≪국방정책의 이론과 실제≫ (2002.5., 오름)

3) 국방부, ≪국제테러리즘 - 21세기의 새로운 전쟁≫

4) 신경엽, <테러리즘에 대한 국제법적 규제에 관한 연구>, 경희대 박사학위 논문, 2002년 8월

5) 박형, <9.11 테러 - 그 원인>, ≪국방연구≫ 제45권, 제1호, 2002년 7월

6) 국방부, ≪국제 테러리즘≫ 2001년 10월

7) 최운도, <9.11 테러사건의 원인분석과 미국의 세계전략 전망>, 한국정치학회 2001년도 연례학술대회 발표논문, 2001년 12월

8) 남주홍, <9.11 미국 테러 이후의 2002 동북아정세 전망>, ≪아태 FOCUS≫ 21집, 2002년 1월

9) <CSCAP Memorandum on the Relationship Between Terrorism and Transnational Crime>, Shanghai, 13-14 May 2002

10) Han Dong-man, <Terrorism and its Impact on East Asian Security - A Korean Perspective>, *IFANS Review*, Vol. 10, No. 1, July 2002

11) Stanley Kurtz, <The Future of History>, *Policy Review*, No. 113, June/July 2002

12) Rensselaer Lee and Raphael Perl, <Terrorism, the Future, and U.S. Foreign Policy>, 미의회 CRS 보고서, 2002년 7월 10일

제10장. 동북아 해양안보

동북아 해양안보

홍 지 표

I. 서 론

동아시아지역에 있어서 해양은 국가생존에 필수 불가결한 요소이다. 동아시아는 세계 경제생산의 50% 이상을 차지하고 있으며 막대한 노동력, 시장과 기술력의 산지이다. 30억 인구의 바탕위에 동아시아의 경제성장은 날로 더해 가고 있다.

이와 같은 동아시아의 지정학적인 중요성을 감안할 때, 그 바탕이 되는 해양은 지정학적인 중요성을 갖는다. 태평양은 지구 해양의 50%를 차지하고 있으며 동아시아, 특히 아·태지역의 인구 80%가 연안으로부터 500마일 이내의 지역에서 살고 있다.[1] 아·태지역 국가들은 경제발전을 위하여 지역 내 및 지역간 무역에 많이 의존하고 있으며, 우리나라의 경우도 물동량의 99%를 해상교통 수단에 의존하고 있는 실정이다.[2] 동아시아의 정치·경제적 역동성은 해양에서 나온다고 해도 과언은 아닐 것이다.

과학기술의 발전과 해양의 중요성에 대한 인식이 높아지면서

---

1) Song, Young-sun, <Review of Recent East Asia Security and Their Geo-Strategical Environment>, *Issues and Prospects of Maritime Security for the 21st Century in East Asia, Proceedings of the 7th International Sea Power Symposium*, Republic of Korea Navy, Nonsan, 2001, p.48.
2) 강석승, <동북아 해양안보 환경의 변화와 한국안보>, ≪군사논단≫, 2001년 겨울호, 통권 제29호, p.18.

해양개발과 확보를 위한 국가간 경쟁이 점점 치열해졌다. 그로티우스가 ≪자유해론≫에서 주장한 해양자원과 공간의 무한성과는 달리 공간 또는 자원은 점점 줄어들고 있는 실정이다. 우리나라 바다의 반대편에는 일본 및 중국이 있듯이, 해양의 문제는 국제적인 문제일 수밖에 없다. 하나의 바다를 두고 지구상의 모든 국가들이 공유해 가면서 사용할 때에는 분쟁과 갈등이 생기게 마련이다. 이미 해양문제로 국제적 전쟁이 발생한 바 있듯이 해양의 갈등요소가 지속될 경우 국제관계가 악화되고 국제정세가 불안정해질 수 있다.

이 글에서는 해양안보의 개념을 살펴보고, 동아시아에서 잠재적 해양분쟁의 요소를 분석하고, 이러한 갈등요소에 대처하기 위한 국제적 노력을 살펴보기로 한다.

II. 해양분쟁의 배경

1980년에 시작된 동유럽 공산정권의 몰락과 구소련의 붕괴로 냉전체제가 종식되면서 미국을 축으로 하는 다극체제〔一超多强〕의 출현을 촉진시켰다.3) 냉전의 시대가 미국과 소련 간 핵무기, 적대적 전투전략 및 해군간 대치상황으로 규정지을 경우, 1990년 이후 국제질서는 새롭게 재편되고 상호 의존의 기본 성격을 지닌 개방화, 다극화, 통합 등의 일반적 특징을 보이고 있다.

냉전시대 이후 정치적 상황의 변화와 경제적 여건으로 인하여 미국과 소련의 군사적 존재는 줄어들게 되어 전쟁의 가능성을 낮추는 데 공헌하였다. 그러나 이는 힘의 공백을 초래하고 지역 내 국가들의 군사력을 통하여 보충되고 있다. 중국과 일본은 이미

---

3) 김현기, <동북아 해양협력의 가능성과 전망>, ≪군사논단≫, 한국군사학회, 2001년 겨울호, 통권 제29호, p.24.

강력한 군사력을 확대하고 있으며, 한국과 대만의 경우도 해군력을 증가시키고 있는 현실이다.4)

한편, 탈냉전의 도래와 신해양질서의 구축에 따라 그 동안 내재되어온 해양분쟁의 요소들이 나타나기 시작하였다. 즉, 비군사적인 문제, 특히 경제적·사회적 문제에 대한 관심이 높아지고, 해양에 대한 국가의 권리와 의무를 규정한 유엔해양법 협약이 발효되면서 바다의 사용문제(자원, 항해, 환경보호 등) 및 더 많은 공간적 영역을 확보하기 위한 영토문제가 중요하게 되었다.

이에 따라, 바다는 칼의 양날적 성격을 가지면서 국제사회에서 부각될 것으로 전망된다. 즉, 바다는 자연자원, 경제적 부의 창출, 항로와 안전을 제공하지만, 다른 한편으로 바로 이러한 긍정적인 요인으로 이하여 국가간의 경쟁의 대상이 될 수 있는 것이다.5)

아·태지역의 안보는 장기적으로 지역 국가간 전략적 경쟁관계의 관리에 따라 형성될 것으로 전망되고, 단기적으로 비전통적 분야의 안보에 대한 국가간 협력에 따라 결정될 것으로 보인다.

Ⅲ. 주요 국가들의 해군정책

1. 미 국

1998년 미국의 동아시아·태평양 안보전략(EASR: East Asia Strategic Review)에서 미국은 다음과 같은 6개의 항목을

---

4) Duk-ki Kim, <Cooperative maritime security in Northeast Asia>, *Naval War College Review*, Washington, Winter 1999, p.53.
5) supra note 1, p.50.

부각하였다.6) ① 역내 국가와의 양자동맹 확보 및 강화 ② 중국에 대한 engagement 및 미국의 정당한 안보역할에 대한 중국의 인정 ③ 북한에 대한 억제: 한반도에서 전쟁발생 및 핵확산 예방 ④ 대만에 대한 미국의 안보정책 유지 ⑤ 아시아에서의 다자간 대화지지 ⑥ 동북아에서 기지를 대신하여 군사적 접근을 확보하는 양자협정 네트워크 구축 등이다. 즉, 미국은 아·태지역에서 engagement를 지속하는 한편, 미국에 대항하는 패권국가가 부상하지 않도록 사전에 예방하고 있는 전략을 취하고 있다.

미국의 국방정책의 기조는 세계평화 유지와 자국의 국익에 유리한 국제안보환경을 조성하고 다양한 위기에 대응하며 불확실한 미래에 대비한다는 것이다.

동북아지역 내에 배치된 미군 전력은 기본적으로 한국과 일본의 방위를 지원하는 한편, 태평양상의 해상교통로 안전의 확보를 주임무로 하고 있다. 동북아에서 취하고 있는 해양정책은 다음과 같다. 첫째, 미국과 자유우방국 국가들이 이 지역의 해양을 자유롭게 사용하고 이용할 수 있는 권리를 보장할 수 있도록 해양을 통제(Sea Control)하는 것이다. 둘째, 미국은 이 지역에서 정치외교적 문제가 발생하였을 때, 또는 국제문제 예방을 위해 해군 현시전략(Naval Presence)을 수행하는 것이다. 셋째, 미국은 필요시 바다로부터 육지로 군사력을 투사(Projection of Power)하는 것이다. 넷째, 미국의 동아시아 해양에서 견지하고 있는 전략은 억제전략(Deterrence Strategy)이다. 이는 상대국에게 보복의 위협을 주지시켜 재래식무기로 도발하지 않도록 견제하고, 특히 핵무기 사용을 단념케 하는 것을 의미한다.7)

---

6) The US Department of Defense, US. Security Strategy for the East Asia-Pacific Region, November, 1998.

7) 최재덕, <동아시아지역 해양안보 협력방안 연구>, 《국방연구》, 제44권 제2호, 2001.12., pp.63~64.

2. 중 국

세계 최대의 인구와 핵무기를 보유하고 있고 광범위한 재래식 무기를 보유하고 있는 중국은 타국을 침범하지 않는 방어적 국방정책을 견지하되, 일단 침략을 당했을 경우에는 반드시 반격하여 승리를 쟁취하는 '적극적 방어전략'을 추구하고 있다.

중국의 해양정책은 세 가지 개념을 기반으로 하여 수행되고 있으며 그 기반에는 해군력의 강화를 목표로 하고 있다.8) 첫째, 전략적 국경에 대한 개념으로서 국가의 국력으로 실효적으로 지배하고 있는 공간적 한계를 의미한다. 국력의 확장을 위하여 전략적 국경이 실제의 국경보다 확대되어 있어야 한다는 의미를 내포하는바, 이에 따라 해군력의 증강이 전제되어야 한다.

둘째, 제2도련(second chain of islands)에 대한 방어전략 개념으로서 기존 제1도련(first chain of islands)을 넘어서는 통제선 구축을 모색하고 있다.9)

셋째, 근해방어정책(off-shore defense policy)에 대한 개념으로서 기존의 연해방어정책(coastal defense policy)에서 확대하고 있다. 1987년 당시 유화청 중국 해군총사령관은 해군의 현대화 계획에 중국 해군을 연안방어부대로부터 제한적인 대양능력을 가진 부대로 전화할 계획을 포함시켰다.10) 이러한 연안방어의 범위는 유엔해양법에 관한 국제연합협약의 발효와 더불어 배타적

---

8) 최재덕, 위의 글, p.65.
9) 제1도련(First chain of island)은 쿠릴열도, 일본열도, 대만 및 필리핀을 연결하는 선이고 제2도련은 보닌제도(일본 오키나와 동쪽의 섬), 마리아나 섬(괌 북쪽에 있는 섬), 괌, 그리고 케롤라인 제도를 연결하는 선을 의미한다. 최재덕, 앞의 글, p.65.
10) Ji Guoxing, <Missions and Contributions of the PLA Navy in the Post-Cold War and the EEZ Era>, The Middle Power Navies (ed. Choon Kun Lee), The Korea Institute for Maritime Strategy, Seoul, 1999, p.95.

경제수역을 포함하고 그 이원으로 대륙붕에 대한 이익방어를 범위로 하고 있다.

이러한 세 가지 정책적 개념하에 중국 해군은 고기술의 무기체계와 전투지원체계 획득에 중점을 두는 현대화에 박차를 가하고 있다. 중국은 인적 규모를 축소시키고 있는 반면, 현대화를 통하여 전투력 손실의 보전을 모색하고 있다.

중국은 전투함 및 잠수함 등을 현대화하고 있으며 자체적 기술개발 이외에도 러시아의 기술력을 도입하고 있다. 전투함은 20척의 구축함과 40척의 호위함으로 이루어져 있는데, 외국 해군전문가들은 이중에서 75% 정도는 노후화되었거나 현재 또는 장래의 임무를 수행하기에는 불충분한 것으로 보고 있다. 중국은 1997년 11월 두 척의 Sovremeney급 유도미사일 구축함 구매를 위해 러시아와 계약하여 2000년 초에 인수하였다. 아울러 중국은 초음파탐지기와 핵무기 발사가 가능하고 Moskit 미사일로 무장한 956E 타입의 Soveremeney급 구축함 항조우함과 푸저우함을 구입하였고 2척의 추가구입을 추진중이다. 중국은 6,000톤의 루하이급 구축함 1척, 4,200톤의 루후급 구축함 2척 그리고 2,250톤의 장웨이급 호위함 9척을 배치하였다.[11]

중국은 한편, 원양항해능력을 갖춘 재래식 잠수함의 개발 및 핵 잠수함대의 확장을 목표로 세계 3대 잠수함부대를 건설하기 위해 노력하고 있으며, 크기는 작으면서 질적으로 우수한 잠수함 건조계획을 새우고 있다. 중국은 제2세대 탄도미사일 핵 잠수함 SSBN급 094형을 스스로 설계하고 있으며, 이는 유일한 시아급 SSBN을 대체하게 될 것이다. 아울러 SSBN 093형은 현재 제작중이며, 이는 러시아의 Victor Ⅲ급 핵 잠수함에 필적하는 것으로 평가되고 있다. 네 번째 러시아산 Kilo급 잠수함이 인수될 예

---

11) 권태영 외, ≪동북아 전략균형 2001≫, 한국전략문제연구소, 동진문화사, 서울, 2001, pp.165~166.

정이며, 2척의 Song급 잠수함도 건조중이다.12)

3. 일 본

일본의 해군정책은 평화헌법에 의한 해양전수 방위전략, 미·일 안보조약에 근거한 공동대처 및 1,000해리 해상교통로의 보호를 골자로 하고 있다.13) 적국으로부터 침공당하였을 때에만 방위력을 행사할 수 있도록 제한하고 있고, 해상교통로 보호에 있어서 북위 20도까지는 일본이 담당하고 이원에 있어서는 미국이 담당하는 등 일정한 역할분담을 하고 있다. 일본은 1,000해리 전수방위보다 확대된 2,000해리 전수방위를 위한 작전능력 확보 및 전방위전략을 수립하고 이를 수행하기 위한 해군력을 갖추고 있으며, 1996년 확정된 '신방위대강'에서 미·일 안보체제 및 PKO에의 적극 참여명분을 활용하여 국제정치, 군사적 위상의 제고 및 역할증대를 추구하고 있다.14)

일본은 아시아에서 가장 강력한 해군력을 보유하고 있으며, 대잠수함작전과 대기뢰 소해능력 등은 세계적 수준이지만 종합적 능력면에서는 제약이 있는 것으로 분석되고 있다. 즉, 외형적인 면에서 영국, 프랑스 해군을 앞지르는 측면이 있으나 공세능력 및 원양작전능력은 제한적인 것으로 분석되고 있다.15)

일본이 운영하는 4척의 Aegis 구축함은 미국의 알레이버크급 이지스 구축함을 모델로 한 함정으로 SPY-1D 이지스 레이더와 SM-2 스텐더드 대공미사일 수직발사가 가능한 VLS 발사기를 장착한 중량 7,250톤의 함정이다. 일본은 8,900톤의 오스미급

---

12) ibid., pp.270~271.
13) 최재덕, 위의 글, p.64.
14) 서현석, <해군전략과 무기체계 발전방향>, ≪동북아시아 전략환경변화와 우리군의 발전방향≫, 한국해양전략연구소, 2001, p.145.
15) supra note 11, p.133.

수송선 3척을 도입중이며 13,000톤급 항모형 호위함 4척의 확
보계획을 확정하였다. 또한 P3C 대잠초계기의 후계 기종을
2007년부터 실전 배치하는 것을 목표로 국산개발하기로 결정하
였다. 잠수함의 경우 3,000톤 규모의 오야시급 재래식 잠수함의
건조를 포함하여 2007년까지 8척이 추가로 건조될 예정이다.

4. 러시아

러시아는 구소련 몰락 이후 국내경제적 어려움에 따라 군 개편
작업에 착수한 결과, 잠수함 및 수상전력이 1990년에 비해 약
80% 감소하였다. 그러나 푸틴 대통령의 '신국가안보개
념'(2000.1.14.), '신해군교리'(new naval doctrine)의 채택
(2000.3.4.)에 따라 해군력 복원 및 강화를 시도하고 있다.16)

'신해군교리'는 해군력을 육성하려는 전략적 중요성을 반영하고
있으며 이 교리는 첫째, 세계 해양에 대한 러시아의 접근보장, 둘
째, 러시아 및 러시아 동맹국에 대한 차별적 행동방지, 셋째, 해
양 이용과 관련, 러시아에 유리한 분쟁해결 지원 등을 주요 내용
으로 하고 있다.17)

러시아는 중국과의 관계를 개선하고 첨단무기 수출을 통한 방
산협력을 강화하고 있다. 러시아는 2010년까지를 국력의 재충전
기간으로 설정하였으며, 2020년경에는 어느 정도 역량을 확보할
것으로 전망된다.18)

---

16) 서현석, 앞의 글, p.145.
17) 서현석, 앞의 글, p.146.
18) 최재덕, 앞의 글, p.66.

5. 한 국

한국은 전략기동함대를 보유한 '대양해군'이라는 목표하에 장거리 작전수행능력 향상을 위하여 노력하고 있다. 항로안전, 항로확보 및 1차적 해양방어선 구축의 개념하에 전개되고 있다. 장거리 작전수행능력을 확보하기 위해서는 입체적 및 독자적 작전능력의 확보가 전제되어야 한다.

이에 따라 한국은 1990년대 초반부터 KDX(한국형 구축함) 확보 계획을 추진하여 오고 있으며 3,900톤급의 KDX-I은 실전 배치중이며 2003년부터는 5,000톤급의 KDX-II를 건조할 계획이고 2010년까지 6,000톤급의 KDX-III 이지스 구축함을 확보할 예정이다.

아울러 1991년 이래 한국형 잠수함사업(KSS-1계획)에 따라 1,200톤 규모의 장보고급 잠수함(Type 209) 건조를 완료하였으며, 2009년까지 1,800톤 규모의 Type 214형 잠수함을 건조할 예정이다.

IV. 비전통적 해양분쟁 요소

자원의 개발, 항해의 중요성, 안보에 미치는 영향 등을 두고 바다는 국가간 경쟁의 대상이었다. 바다의 이용을 두고 국제사회는 크게 3단계 규범체계에 따라 발전하여 왔다.19) 오늘의 해양법 협약시대가 탄생하게 된 배경에는 바다의 이용을 둘러싼 국가간 협상의 결과라고 할 수 있다. 즉, 자유항해의 보장을 주장한 측과 연안국의 안보를 중시하여 관할수역을 확대하고자 하는 측간의

---

19) 제1단계는 관습법시대이며, 제2단계는 제네바 4개 협정시대이며 제3단계는 오늘의 해양법의 관한 국제연합 협약시대이다.

타협이 하나이고, 공해의 자유를 주장한 측과 해양자원에 대한 연안국의 배타적 권한을 요구한 측간의 타협의 소산으로 해양법 협약이 제정되었던 것이다.

유엔해양법협약은 해양을 수평적·수직적 공간 범위로 구별하여 연안국 및 해당 수역 이용국의 권리와 의무에 대해 상세 규정하는 한편, 기능적 규율을 통하여 바다의 이용, 해양환경 보호, 과학조사 및 분쟁해결 등을 포괄적으로 규율하고 있는 해양의 '마그나 카르타'라고 할 수 있다.

또한 유엔해양법협약은 포괄적이고 비교적 상세한 규정을 통하여 해양의 레짐을 구축함으로서 해양질서 안정화에 상당한 기여를 한 것으로 평가되고 있다. 그러나 광범위한 레짐을 구축하기 위해서는 보편성을 달성할 필요가 있다. 법은 모든 경우의 수를 포괄하여 규정할 수 없을 뿐만 아니라 다양한 국가간의 이익을 타협하기 위해서는 추상적인 규정이 생기게 마련이다. 따라서 원칙에 대해서는 합의가 있어도 구체적인 적용에 있어서 분쟁이 쉽게 발생할 수 있다. 이러한 문제로 인하여 해양에 있어서 국가간 분쟁의 발생소지가 다양하게 잠재하고 있는 것이다.

1. 영토분쟁

국가간 가장 첨예한 분쟁소지를 안고 있는 것이 영토분쟁이다. 영토에 대한 영유권은 국가의 주권과 관련된 사항이고 국민 감정과 직접 연결되어 있는 문제로서 그 해결이 요원한 실정이다. 아울러 국가의 영토 추가는 관할수역의 확대를 가져올 수 있으며 이에 따른 자원획득도 가능해지기 때문에 타협으로 해결되기 어렵다.

동북아에서 영토분쟁은 독도, 센카쿠열도, 북방 4개 도서분쟁이 있다. 독도문제는 1905년 2월 도근현 고시 제40호를 통해 독도를 불법 편입조치한 후 제2차 세계대전에서 일본이 패배하자 전승국인 연합국에 의한 일본 침략영토를 처리하는 과정에서 발생되었다. 독도영유권 논쟁은 1952년 이승만의 평화선 설정과 함께 한국의 영토로 편입하자 일본의 항의가 제기되면서 본격화되었다.[20] 해양법 협약의 발효와 함께 형성된 배타적 경제수역의 경계획정과 관련하여 독도문제는 다시 논쟁의 대상으로 대두되었다.[21]

센카쿠 열도(조어도)는 동지나해에 위치한 8개의 섬(5개의 무인도 및 3개의 돌섬)은 상징적, 역사적 의미뿐만 아니라 동 섬들이 향유할 수 있게 되는 배타적 경제수역으로 인하여 중국과 일본 간 분쟁의 대상이 되고 있다. 일본은 1895년 자국 영토로 편입한 이후부터 동 섬들에 대한 통제력을 행사하여 왔으나 2차 세계대전 이후에서부터 1972년까지 미국이 관할권을 행사였다. 중국은 1895년 청일전쟁 이전까지 동 섬에 대한 관할권을 행사하였으며, 1951년 제2차 세계대전 평화조약 이후 반환되었어야 한다고 주장한다.[22]

센카쿠열도가 더욱 문제가 되는 것은 석유 및 천연가스 부존 가능성이 발표되면서부터이다. 이후 1970년, 1978년 및 1996

---

20) 한국정부는 실효적 지배의 원칙에 따라 독도에 대한 분쟁은 없다는 입장이다.

21) 독도에 대한 법적지위를 두고 분쟁의 소지는 더욱 커진다. 즉, 유엔해양법협약 제121조 제3항의 Rock으로 해석할 경우 독자적인 배타적 경제수역을 가지지 못하지만 동 항에 해당하지 않는 일반적인 섬인 경우로 해석할 때 배타적 경제수역을 가지게 된다. 만일 후자의 입장에서 독도를 본다면 배타적 경제수역을 더욱 많이 차지하기 위한 한·일 간 분쟁이 더욱 격화될 것으로 보인다.

22) 중국은 1992년 영해법에 따라 동 섬들에 대한 관할권을 주장하고 있다. 아울러 중국은 동 섬들이 유엔해양법협약 제121조 제3항에 따른 Rock로 보고 있는 반면, 일본은 배타적 경제수역을 향유할 수 있는 섬으로 보고 있다.

년 양국간 영유권분쟁이 발생한 바 있다.23)

북방 4개 도서분쟁은 일본 북해도 북방 쿠릴열도의 하단에 위치한 4개 도서24)에 대한 일본과 러시아 간의 영토분쟁이다. 일·러 간 최초의 국경협정인 1855년 화친조약 이후 북방 4개 도서는 일본령이었고, 1875년 일·러 쿠릴·사할린 교환조약 체결시에는 당시 양국이 공동관리하던 사할린을 러시아에 양도하고, 그 대신 일본은 쿠릴열도 전체를 차지하게 되었다. 이후 1905년 러·일전쟁에서 일본이 승리한 후 사할린 남부지역(북위 50도 이남)까지 차지하게 되었다. 그러나 1945년 2월 얄타협정에서 소련은 참전조건으로 러·일전쟁 후 일본이 점령한 남사할린과 쿠릴열도의 양도를 보장받게 되었고, 특히 1951년 샌프란시스코 강화조약에서 소련은 쿠릴열도 남단의 2개 섬(에토로프, 쿠나시리)은 물론, 쿠릴열도와는 상관이 없는 하보마이와 시코탄을 점유하게 되어 양측간 영토분쟁이 시작되었다

인근 해역은 쿠릴해류와 일본해류가 만나는 세계 최대 어장으로서 연어, 송어, 가재 등 고급 어종이 일본 전체 어획량의 10% 이상을 차지하는 등 경제적 가치가 크다.25)

2. 경계획정

배타적 경제수역 제도가 형성되면서 연안국은 배타적으로 경제적 이용을 위하여 200해리의 수역을 설정할 수 있게 되었다. 이에 따라, 한국을 포함하여 일본, 중국 등은 각각 국내법26)에 의

---

23) 1970년에는 대만선박이 이곳에 대만국기를 게양하면서 분쟁이 발생하였고, 1996년에는 일본 우익단체가 등대를 세우면서 분쟁이 발생한 바 있다.

24) 에토로프, 쿠나시리, 하보마이, 시코탄

25) 최재덕, 앞의 글, p.70.

26) 한국은 '배타적 경제수역법', 일본 및 중국은 '배타적 경제수역 및 대륙

하여 배타적 경제수역을 설정해 놓고 있다. 그러나 동북아 수역 (동해 및 황해)은 400해리를 넘지 않는 관계로 수역을 나누는 경계 획정을 위한 합의를 하여야 한다.

그러나 경계 획정을 하기 위해서는 여러 가지 문제가 있다. 우선 수역의 범위를 설정하기 위한 출발선이 되는 기선(baseline)의 설정이 문제가 되며, 다양한 형태의 해역과 특수한 상황을 반영하는 경계선 획정의 기준이 명확하지 않다는 문제가 있다. 기선설정의 요건 및 방법에 대한 규정27) 및 배타적 경제수역 경계 획정에 관한 규정28)이 지나치게 추상적이다.

직선기선과 관련하여 일본이 설정한 기선의 일정 부분은 지나치게 길며,29) 일본의 연안은 일반적으로 평이한 구조를 이루고 있어 직선기선을 설정할 수 없는 경우도 많다. 중국의 경우, 설정된 직선기선이 연안의 일반적 방향에 부합하지 않는 것으로 지적30)되고 있으며, 보해만을 역사만으로 규정하고 있어 전 수역을

붕에 관한 법'을 제정하였다.

27) 유엔해양법협약 제7조는 직선기선의 설정과 관련하여 다음 5가치 원칙만을 나열하고 있을 뿐이고 정확한 길이, 폭 등에 대한 규정을 두고 있지 않다.

① 해안선이 깊게 굴곡이 지거나 잘려 들어간 지역, 또는 해안을 따라 아주 가까이 섬이 흩어져 있는 지역에서의 설정

② 바깥 저조선을 따라 적절한 지점을 선택

③ 해안의 일반적 방향으로부터 현저히 벗어나게 설정 불가 및 육지와 충분히 밀접한 관련

④ 간조 노출지까지 또는 간조 노출지로부터 설정 불가

⑤ 다른 국가의 영해를 공해나 배타적 경제수역으로부터 격리시키는 방식으로 기선제도를 적용 불가

28) 유엔해양법협약 제74조에서 "서로 마주보고 있거나 인접한 연안을 가진 국가간의 배타적 경제수역 경계 획정은 공평한 해결에 이르기 위하여, 국제사법재판소규정 제38조에 언급된 국제법을 기초로 하는 합의에 의하여 이루어진다"고만 규정하고 있을 뿐이다.

29) 일본이 설정한 기선 일부는 본 도서로부터 지나치게 떨어져 있고 규슈 서쪽에 위치한 직선기선은 62.26해리나 된다.

기선으로 내수화하여 분쟁의 소지를 남겨두고 있다.

배타적 경제수역 경계 획정은 영토분쟁과 관련하여 더욱 복잡한 양상을 보이고 있다. 즉, 일반적인 섬은 배타적 경제수역을 향유할 수 있기 때문에 섬의 영유권에 따라 배타적 경제수역의 범위가 달라질 수 있다. 한편, Rock에 대한 영유권 문제는 배타적 경제수역의 설정 문제와 별개의 문제이지만, 정치적·역사적인 의미에서 각국은 자국의 배타적 경제수역 속에 두고 싶어하여 분쟁의 해결을 더욱 어렵게 하고 있다.

3. 항로와 해상교통로(SLOC)의 이용

항로는 동북아 국가뿐만 아니라 해양 선진국에게도 중요한 사항으로서, 이를 보호하기 위한 지속적인 해군력을 현시(presence)하고 있다. 한국을 포함하여 일본 및 중국도 해군력의 증강 필요성의 논리 중 하나로 항로확보를 들고 있다.

군함의 영해 무해통항과 관련하여 국가간 분쟁이 발생할 수 있다. 중국은 외국 군함이 자국의 영해를 통과하기 위해서 사전허가를 받을 것을 요구하고 있으며, 한국은 사전통고를 요구하고 있다. 그러나 유엔해양법협약은 사전허가 또는 사전통고에 대한 규정을 두고 있지 않으며, 모든 외국 선박의 영해 무해통항권을 규정하고 있다. 이를 근거로 주요 해양 선진국은 무해통항을 제한하는 국내법 규정에 이의를 제기하고 있다.

해상교통로는 광범위하고 손쉬운 운송 네트워크로 사용되지만 이용을 위한 터미널 및 중요한 국제항로가 유지될 때 가능하다. 그러나 해상교통로는 매우 취약하고 외부적 요인에 의하여 쉽게 교란될 수 있는 문제가 있다. 해상교통로에 대한 위협요인으로서

---

30) 박희권, <해양법과 동북아시아(협력을 위한 제언)>, 국제해양법학회, 2001, p.63.

① 해상사고에 의한 교란 ② 해적행위에 의한 교란 ③ 해상체계에 의한 교란 ④ 해역이용에 대한 일방적 제한 ⑤ 지역분쟁에 따른 교란 ⑥ 해상이용에 대한 국제적 제한 등이 있다.[31]

이외에도 난민의 이동, 마약수송 등은 항로의 안전한 이용을 저해하는 요인이며 해양안보를 불안정 상태로 몰고 가는 주원인이 되고 있다. 해상교통로 및 이에 대한 위협요인은 국가의 국경을 초월하는 국제적 문제이기 때문에 국가간 협력을 필요로 하는 사항이다.

4. 생물자원 분쟁

해양의 생물자원, 특히 어류는 국가의 경계선을 알지 못한다. 따라서 일국이 어족자원을 남획할 경우 타국은 어족자원 획득에 대한 권한을 상실하게 되어 분쟁의 대상이 될 수 있다.

동북아 한·중·일 어업문제는 협정을 통하여 일단 해결을 보았다. 인접한 수역에 대해서 연안국이 관할하는 한편, 중간의 일정 수역에 있어서는 특정한 위원회의 협조를 통한 문제해결을 모색하는 것은 현재로서 타당하고 급박한 분쟁을 회피하기 위한 적절한 조치였다고 생각한다. 그러나 어업협정도 배타적 경제수역 경계 획정이 타결될 때까지의 잠정적 질서일 뿐이기 때문에 분쟁의 소지를 가지고 있다고 볼 수 있다.

5. 환경오염문제

---

31) Jonathan D. Pollack, <Prospects for Regional Security Cooperationa in East Asia>, *Issues and Prospects of Maritime Security for the 21st Century in East Asia, Proceedings of the 7th International Sea Power Symposium*, Republic of Korea Navy, Nonsan, 2001, p.95.

동북아지역의 급속한 경제발전에 따른 환경오염문제는 지역적 문제로 대두되었다. 동북아는 연안국으로부터 배출되는 오염문제에 대처하기 위한 지역적 협력체가 없는 유일한 지역이다.[32] 해양오염의 원인은 다양하나 육상활동이 주된 부분을 차지하고 있다. 1991년 중국은 하천에 중금속 1,836톤, 비속 1,127톤 및 청산가리 4,666톤 등의 산업 폐기물을 폐기한 바 있으며 보해만에서 약 20%의 어업자원이 해양오염과 과잉조업으로 인한 피해를 입었다.[33]

1960년 이후 소련에 의해 동해, 오오츠크해 및 캄차카해 등에 투기된 핵폐기물도 중요한 환경문제로 남아 있다. 구소련 해체 이후에도 핵폐기물 투기는 계속되었으며, 러시아의 태평양함대는 1993년 방사능 폐기물을 투기한 바 있으며 1995년 수리가 불가능한 탄약 600톤을 폐기하여 국제적 이슈로 비화되기도 하였다.[34]

V. 동북아 해양안보 협력

1. 협력적 해양안보

안보의 개념에 대해서는 앞서 본 바와 같이 고전적 의미의 안보, 포괄적 안보 및 협력안보 등이 있다.[35] 해양 분야에 있어서

---

32) Dalchoong Kim, <Maritime Policy and Security and Ocean Diplomacy in a New World Order: Major Tasks for 21st Century>, *Marine Policy, Maritime Security and Ocean Diplomacy*, Institute of East and West Studies, Yonsei University, Seoul, 1995, p.14.

33) supra note 4, p.48.

34) ibid.

협력안보가 동아시아 해양안보에 중요하게 부각되고 있다.36) 협력적 해양안보는 해양 분야에서 위협 및 군사적 충돌회피라는 공통의 이익의 존재를 가정하며 해양에서 발생할 수 있는 분쟁요인을 사전에 제거함으로써 지역 안정을 유지하고자 한다.

협력적 해양안보는 안보를 공고히 하기 위한 공동목표를 달성할 수 있을 뿐만 아니라 해군 군비통제, 신뢰구축 그리고 해양 협력 등 해양에서의 전통적 관심사를 폭넓게 논의할 수 있다.37) 아울러 해상교통로의 파괴, 해적행위 및 해양오염 등의 초국경적 지역 해양문제에 대해 협의하고 공동의 대책수립을 가능하게 해준다.

바다와 관련된 문제는 개별적인 사안이 아니며 모두 연관되어 있어 포괄적인 접근이 이루어져야 한다. 해상자원에 대한 중요성 증가, 자연자원과 전략적 중요성을 지니는 지역에 대한 영유권분쟁 및 이를 지키기 위한 해군력의 증가가 모두 연결되어 있다. 바로 이러한 의미에서 협력적 해양안보에 대한 필요성이 있는 것이다. 동북아의 국가들은 국익을 수호하기 위한 능력이 있고 이를 지속적으로 증가시키고 있는 상황이다. 냉전시대와 비교하여 무력충돌의 가능성이 줄어들었다고 하여도 일국이 해양력을 투사할 경우, 전체 지역에 대한 파급효과가 크다고 할 수 있다. 따라서, 장기적인 관점에서 미래의 잠재적 분쟁의 발생을 예방하기 위한 포괄적인 안보협력이 필요한 상황이다.

2. 양자간 협력

---

35) 제2장 <국제정치에서의 안보개념의 변화>를 보시오.

36) supra note 4, pp.55~56. Gareth Evans 전 호주 외무장관의 1993년 유엔총회연설, 1988년부터 2년간 개최되는 서태평양 해군 심포지움 및 1995년에 설립된 해양협력에 관한 CSCAP에서 협력안보의 중요성이 역설된 바 있다.

37) 김현기, 앞의 글, p.28.

현재까지 동북아지역에서 양자간 협력은 그리 활발하지 못한 편이며 낮은 수준의 협력이 이루어지고 있는 실정이다. 현재 해군장교 교환방문, 함정 상호방문, 해상사고 방지협정의 체결 등을 통하여 협력이 이루어지고 있다.

함정 상호방문은 1990년대 중반부터 서서히 시작되었으며 오늘날에는 거의 정례화되고 있는 상황이다. 합동훈련의 경우, 미국을 중심으로 하여 양자적 차원에서 이루어지고 있으나 이외의 양자간 또는 삼자간 훈련은 제한적으로 이루어지고 있다. 한국군함은 1994년 일본을 처음으로 방문하였으며, 일본군함은 1996년 첫 방한하였다. 한국은 러시아와 1993년 군함 상호방문을 가졌으며, 중국과 수교 10주년을 맞아 2001/2002년 군함 상호방문을 가진 바 있다. 러시아와 일본은 1994년 동해상에서 사상 처음으로 합동훈련을 하였으며, 미국과 중국은 미 해군정찰기와 중국 공군기 충돌사건 이후 단절된 군사교류를 2002년부터 재개하기 시작하였다.

동북아 양국간 해상사고를 예방하기 위해 체결된 '우발사건에 관한 협정(INCSEA: Incidents at Sea)'은 양국간 협력의 하나의 예이다. 1972년 미국과 구소련 간 해상사고를 방지하기 위하여 체결된 동 협정은 우발적인 사고의 빈도와 정도를 감소시켜왔다. 1994년 한국과 러시아 및 일본과 러시아 그리고 1998년 미국과 중국 간에 체결되었으며, 이는 해양 신뢰구축을 위해 가장 포괄적인 내용을 담고 있는 중요한 조치로 평가되고 있어 확대 필요성이 있다. 이외에도 위험한 군사활동 예방조치(PDMA: Prevention of Dangerous Military Activities)도 우발충돌 가능성을 방지하는 데 있어 좋은 선례이다. 동 협정은 1989년 미국과 구소련 간, 1994년 중국과 러시아 간 체결되었으며, 이는 해상 기습공격이나 적대활동을 방지하기 위한 발전적 해상 신뢰구축조치로 평가되고 있다.[38]

3. 다자간 협력

　해양안보 증진을 위한 다자간 협력은 정부간(Track-I) 협력 및 비정부간(Track-II) 협력으로 나뉜다. 전자는 아·태경제협력체(APEC) 및 아세안지역안보포럼(ARF) 차원에서 행해지는 협력이며, 후자는 태평양경제협력위원회(PECC : Pacific Economic Cooperation Council) 및 아·태안보협력이사회(CSCAP : Council for Security Cooperation in Asia-Pacific) 등이 있다. 이들은 신뢰구축을 위한 차원에서 논의되기도 하며 해상무역의 증진 및 해양환경 보호를 논의하기 위한 자리로 활용되고 있다.

　ARF는 아·태지역 22개 주요 국가 및 유럽연합(EU) 의장국이 참석하여 정치·안보문제에 대한 역내국간 대화를 통해 상호 신뢰와 이해를 제고함으로써 평화와 안정을 추구하는 아·태지역내 유일한 정부간 안보협의체이다.[39] ARF 차원에서 해양안보에 대한 논의는 이미 설립 단계에서부터 예정되어 있었다. 1995년 3월 18일 부르나이에서 개최된 ARF 고위급회의에서 채택된 ARF Concept Paper의 부속서는 해양안보 협의라는 의제하에 재난예방을 논의하였으며, 국가간 신뢰구축 조치 차원에서 ① 해양정보 데이터 베이스 구축 ② 수색구조, 해적 및 마약 통제분야의 훈련과 정보교환을 시작으로, 해상교통로에 대한 협력적 접근 ③ 남지나해에 있어서 협력 수역의 설정 등의 내용을 포함하고 있다.

---

38) 김현기, 앞의 글, pp.40~41. 그러나 이러한 양자간 협정은 정치적 협정이라기보다 전술적 운용면에서 불필요한 충돌을 피하기 위한 필요에서 체결되고 있다. 분쟁의 확산예방이라는 점에서 의의가 있으나 포괄적인 안보문제 해결 또는 제도구축에는 미치지 못하고 있으며, 확대의 필요성이 있다.

39) ARF에 대한 자세한 설명은 본서 제5장 참조.

그 결과 1998년 11월 신뢰구축 회기간회의와 동시에 별도로 해양전문가회의가 개최되었다. 동 회의에서는 해양안전, 해양법과 질서, 해양환경 보호분야에 있어서 ARF 차원에서 기여할 수 있는 방안에 관해 논의하고 13개 항에 달하는 해양 신뢰구축 조치를 건의한 바 있다.40)

이는 1999년 방콕에서 개최된 신뢰구축 회기간회의에서 검토되었으며, 이러한 맥락에서 특히 해적문제와 관련하여 Model Action Plan, Tokyo Appeal 및 Asia Anti-Piracy Challenges 2000이 채택된 바 있다.

해양안보에 대한 대화체로서는 서태평양 해군 심포지움(WPNS: Western Pacific Naval Symposium)이 있다. WPNS는 서태평양 지역 해군간의 교류 및 협력과 상호 신뢰형성 방안을 모색하기 위하여 1988년 호주에서 처음 개최되어 격년제로 시행되어 왔으며, 정회원 17개국과 옵서버 4개국으로 구성되어 있다.41) 1988년 호주 시드니에서 시작되어 2년간 개최되고 있으며 2002.10.8.~11. 제8차 회의를 동경에서 개최된 바 있다.

WPNS는 중심 사업으로 기존 절차의 조화문제를 다루어 왔다. WPNS를 통하여 일련의 세미나가 개최된 바 있으며 해양정보 교환지침서, 전술적 신호 핸드북, 해상 군수보급 핸드북 및 지휘통제소 훈련(CPX) 등을 제작하였다. 다자간 해군작전의 구축 등은 아직까지 예민한 문제로 취급되고 있어 논의하기를 부담스러워하고 있으며 아직까지 양자간 협력을 통한 안보증진을 모색하고 있

---

40) 동 회의에서는 해상사고를 예방하기 위한 국내 Y2K 조치, 기준미달 선박에 대한 정보교환, 원유유출 대응협력, 선상쓰레기 축소, 해상 법집행(해적대책 중심), 해양정보 공유 및 해양 관련조약의 비준 등을 건의하였다.

41) WPNS는 ASEAN, 중국, 일본, 한국, 미국, 호주, 뉴질랜드 및 파푸아뉴기니의 해군이 참석한다.

다.42)

이외에도 역내 해군간 연합훈련이 정기적으로 시행되어 오고
있다. 가장 대표적인 것은 격년제로 실시되는 환태평양훈련
(RIMPAC: Rim of the Pacific)이다. RIMPAC 훈련은 호주,
캐나다, 한국, 일본 그리고 미국이 참가하고 있으며 1971년에 처
음 시작되었다. 처음에는 구소련 태평양함대에 대응하기 위한 목
적으로 훈련이 실시되었으나, 안보환경의 변화로 인하여 목적도
변화하여 미국 해군과의 상호 운용능력의 향상에 주안점을 두고
있다.

비정부간 해양안보대화체로서는 CSCAP이 가장 대표적이다.
CSCAP은 1992년 서울에서 아·태지역 10개국43)에서 12개의
전략연구소 대표들이 모여 설립한 비정부간 다자간협의체로서 대
화, 협의 및 협력을 통한 지역안보 증진 및 신뢰구축 노력에 기여
하기 위한 목적으로 활동하고 있다.

CSCAP 해양협력 실무그룹(W/G)은 해양안보 증진을 위해 노
력하였으며 해양안보를 포함하여, 자원보존, 연안수역 관리, 해상
불법행위 억제, 해상안전 등과 같이 포괄적인 해양문제에 대하여
논의하고 있다. 동 W/G의 가장 큰 업적은 역내 해양 협력지침서
(Guidelines for Regional Maritime Cooperation)의 작성이
다. 동 지침서는 역내 해양 협력과 역내 해양문제에 대한 공통 이
해 및 접근을 유도하기 위한 비구속적 원칙이다. 동 W/G은 다음
과 같은 목적하에 논의를 계속하고 있으며 현재까지 9차례의 회
의를 개최한 바 있다.

---

42) Sam Bateman, <Regional Efforts for Maritime Cooperation:
State and Prospect>, *Maritime Security and Cooperation in
the Asia-Pacific toward the 21st Century*, Institute of East
and West Studies, Yonsei University, 2000, pp.232~233.
43) 호주, 캐나다, 인도네시아, 일본, 한국, 말레이시아, 필리핀, 싱가포르,
태국, 미국

① 아·태지역 국가간 해양협력 및 대화를 증진하고 각국의 이해를 저해함 없이 해양환경을 이용하고 관리하기 위한 능력배양;
② 역내 해양문제에 대한 이해와 협력과 대화의 폭 증진;
③ 아·태지역의 분쟁위험을 축소시키기 위하여 해양레짐 안정화에 기여;
④ 특정 역내 해양안보문제에 대한 정책지향적 연구의 시행;
⑤ 해양 신뢰 및 안전구축 조치의 증진 및 1982년 유엔해양법협약준수 증진

Ⅵ. 결 론

해양의 이용이 증대되고 일부 해양문제가 주권과 직접 연결되어 있는 점을 감안할 때, 국가들은 해양력 강화에 지속적인 노력을 기울일 것으로 보인다. 한정된 육상자원 및 제한된 관할권 행사범위를 감안할 때, 해양자원과 해양이용에 대한 중요성은 계속하여 높아져 갈 수밖에 없을 것으로 생각된다. 따라서 해양에서 분쟁이 발생할 경우 그 규모나 심각성은 동북아지역 및 세계평화와 안정에 큰 위협이 될 수 있다.

지속되는 해양력 증강경쟁을 효과적으로 관리하는 동시에 잠재적 분쟁발생을 예방하고 현재적 분쟁의 확산을 방지하는 한편, 안정적인 해양레짐을 구축함으로써 해상교역과 해양이익 추구를 활성화시키기 위한 포괄적 대화협의체가 필요한 실정이다. 정부간 안보대화협의체인 ARF에서 일부분 논의가 이루어지고 있으나, 효율성 측면에서 볼 때 충분하지 못한 실정이다. 해양문제는 모두 연계되어 있어 포괄적인 접근이 필요하기 때문이다.

그러나 해양협력 강화를 저해하는 요인도 상존하고 있다. 가장

중요한 요인은 주권에 대한 국가들의 강한 집착이다. 동북아 국가들은 주권을 제약하거나 제한하는 것으로 판단하는 경우, 협력 활동을 전개하는 데 소극적이다.

둘째, 주변국의 정치적·군사적 능력과 의도에 대한 상당한 의구심을 가지고 있어 협력에 대한 장애요인으로 작용하고 있다. 동북아 각국은 자국의 해양력을 증강하는 동시에 타국의 증강에 예민하게 반응하고 있다. 중국은 일본과 미국의 본토봉쇄 의도에 의구심을 가지고 있고, 반대로 일본은 중국의 아시아 진출확대 및 패권추구에 대한 의구심을 가지고 있는 실정이다.

셋째, 동북아 국가들의 다양성도 장애요소이다. 각국은 정치적·경제적·문화적·역사적 이질성과 수준이 다양하기 때문에 공통 위협요인을 확인하고 대처하는 데 어렵게 하고 있다.

마지막으로 배타적 경제수역을 주로 이루고 있는 동북아 해양의 지리적·전략적·환경적 어려움 및 해군간 전투전술·작전 운용 체계간 상호 운용성의 차이에 따른 협력의 어려움이 있다.

따라서 아직까지는 특정 사안에 대한 개별적 접근이 더욱 실질적이라고 할 수 있다. 그러나 공식 국제기구는 아니더라도 비공식 또는 협의체의 형성에 대한 검토는 필요할 것으로 생각한다.

일정한 협의체의 구성을 검토함에 있어서 ① 주권과 국내문제 존중 ② 협력안보에 입각한 동북아지역 해양안보 추구 ③ 참가국들의 동등한 권리와 조건의 보장 ④ 기존의 안보협력체와는 양립하거나 일부 보완하여 추진 ⑤ 각국별 기존 양자관계를 존중, 인정하고 상호 보완적으로 추진 ⑥ 점진적이고 단계적으로 장기적인 차원에서 해양안보 협력 등의 조건이 확보되어야 할 것이다.44)

---

44) Gao Zhiguo, <Northeast Asian Perspective>, *Issues and Prospects of Maritime Security for the 21st Century in East Asia, Proceedings of the 7th International Sea Power*

해양안보를 위한 협력의 분야는 다양하며 앞으로 증진을 위한 분야도 많다. 해군간 협력 분야로서 해군함정 상호방문 증대, 해군전략·정보, 향후 발전계획, 훈련시 참관기회 확대, WPNS의 활성화 등을 생각할 수 있다. 국가간 해양안보 협력을 증진시킬 수 있는 다른 분야로서, 해양정보 교류의 상설화 및 확대, 공동해양 과학조사 추진, 해양교육 및 훈련의 확대, 연안국의 해양능력 제고를 위한 지원 및 해양 관련 국제조약 비준노력 강화 및 준수확보 등을 생각할 수 있다.

협력의 증진에 따라 높은 차원의 협력도 가능할 것이다. 즉, 해군간 공동훈련, 배타적 경제수역에서 해양생물 및 무생물자원에 대한 공동개발, 해양 협력에 관한 조약체결 등도 가능할 것이다.

해양 이용의 빈도와 내용은 과거에 비해 대폭 증대되었으며 앞으로 이러한 추세는 계속될 것이다. 기존에 넓었다고 생각된 바다가 그만큼 좁아지게 되는 것이고, 국가이익을 확보하기 위한 경쟁이 치열해지고, 분쟁의 소지도 많아질 것이다. 유엔해양법협약은 기본적인 해양질서를 구축하였으나 국제사회의 발전과 함께 세부적인 보완이 필요한 부분도 많다. 해양의 문제는 눈으로 직접 보이지 않기 때문에 그리 많은 관심을 불러일으키지 않는 것은 사실이다. 그러나 해양의 문제가 언론과 우리의 관심을 사로잡았을 때에는 이미 심각한 문제로 확대되었을 때이다. 최근 스페인 연안에서 침몰하여 7만여 톤의 중유를 유출할 것으로 우려되는 프레스티지호는 심각한 해양오염문제를 비롯하여 편의기국, 낙후된 유조선 폐기 및 손해배상문제를 야기할 것으로 보인다.

해양안보는 상대적으로 미개척 분야로서 우리에게 그만큼 많은 기회를 부여하고 있다. 해양에서 전쟁과 평화의 선택은 결국 우리의 손에 달려 있는 것이다.

Symposium, Republic of Korea Navy, Nonsan, 2001, pp.173~174. 최재덕, 앞의 글, p.80.

참 고 문 헌

1) 김현기, <동북아 해양 협력의 가능성과 전망>, ≪군사논단≫, 한국 군사학회, 2001년 겨울호, 통권 제29호

2) 강석승, <동북아 해양안보환경의 변화와 한국안보>, ≪군사논단≫, 2001년 겨울호, 통권 제29호

3) 국방백서, 국방부, 2000년

4) 권태영 외, ≪동북아 전략균형 2001≫, 한국전략문제연구소, 동진문화사, 서울, 2001

5) 박희권, ≪해양법과 동북아시아(협력을 위한 제언)≫, 국제해양법학회, 2001.

6) 서현석, <해군전략과 무기체계 발전방향>, ≪동북아시아 전략환경 변화와 우리 군의 발전방향≫, 한국해양전략연구소, 2001

7) 최재덕, <동아시아지역 해양안보협력 방안 연구>, ≪국방연구≫, 제44권 제2호, 2001.12.

8) Gao Zhiguo, <Northeast Asian Perspective>, *Issues and Prospects of Maritime Security for the 21st Century in East Asia, Proceedings of the 7th International Sea Power Symposium*, Republic of Korea Navy, Nonsan, 2001

9) Sam Bateman, <Regional Efforts for Maritime Cooperation: State and Prospect>, *Maritime Security and Cooperation in the Asia-Pacific toward the 21st Century*, Institute of East and West Studies, Yonsei University, 2000

10) Dalchoong Kim, <Maritime Policy and Security and Ocean Diplomacy in a New World Order: Major Tasks for 21st Century>, *Marine Policy, Maritime Security and Ocean Diplomacy*, Institute of East and West Studies, Yonsei University, Seoul, 1995

11) Jonathan D. Pollack, <Prospects for Regional Security Cooperationa in East Asia>, *Issues and Prospects of Maritime Security for the 21st Century in East Asia,*

Proceedings of the 7th International Sea Power Symposium, Republic of Korea Navy, Nonsan, 2001,

12) Ji Guoxing, <Missions and Contributions of the PLA Navy in the Post-Cold War and the EEZ Era>, *The Middle Power Navies* (ed. Choon Kun Lee), The Korea Institute for Maritime Strategy, Seoul, 1999

13) The US Department of Defense, *US. Security Strategy for the East Asia-Pacific Region*, November, 1998.

14) Song, Young-sun, <Review of Recent East Asia Security and Their Geo-Strategical Environment>, *Issues and Prospects of Maritime Security for the 21st Century in East Asia, Proceedings of the 7th International Sea Power Symposium*, Republic of Korea Navy, Nonsan, 2001

15) Duk-ki Kim, <Cooperative maritime security in Northeast Asia>, *Naval War College Review*, Washington, Winter 1999

■ 집 필 자

한동만

연세대 신문방송학과, 판테옹 소르본느 대학원 졸
외무고시 19회
주 알제리, 영국, 호주 대사관 근무
청와대 국제안보 비서실 근무
현재 외교부 안보정책과장
저서 : 영국 그 나라를 알고 싶다 (1996, 서문당)
　　　동북아다자안보협력의 현황과 전망(1998, 외교부)

여운기

외국어대 독어과, 아일랜드 더블린 대학원(정치·경제학)졸
1979 검찰직 공채, 춘천지검, 서울지검 근무
외무고시 24회
2002 월드컵유치위원회 국제협력과장
주 싱가포르, 체코 대사관 근무
현재 외교부 안보정책과 차석

이홍엽

서울대 외교학과 졸
외무고시 30회
현재 외교부 안보정책과 근무

홍지표

고려대 법학과 및 법대 대학원 졸
외무고시 31회
해군사관학교 교수 역임
현재 외교부 안보정책과 근무

정 강

서울대 외교학과, 미국 몬테레이 국제문제대학원 졸
외무고시 32회
현재 외교부 안보정책과 근무

고재명

고려대 영문학과 졸
외무고시 32회
외교부 안보정책과 근무
현재 영국 에딘버러대학원 법학석사과정 중

다자안보정책의 이론과 실재

값 15,000원

2003년 2월 5일 초판 인쇄
2003년 2월 10일 초판 발행

지은이 한 동 만 외
펴낸이 최 석 노
펴낸곳 瑞 文 堂

우 121-843 / 서울시 마포구 성산동 54-18호 동산빌딩 2층
등록 / 제 10-2093호
창업 / 1968년 12월 24일
전화 / (02) 322-4916~8
팩스 / (02) 322-9154

ISBN 89-7243-186-9   ⓒ 서문당 since 1968   * 파본은 바꾸어드립니다.
※ 본책자에 게재된 내용은 필자들의 개인의견이며, 외교통상부의 공식입장이 아님을 밝힙니다.

서문문고 목록

001~303
◆ 번호 1의 단위는 국학
◆ 번호 홀수는 명저
◆ 번호 짝수는 문학

075 수호지 (1) / 김광주 역
076 수호지 (2) / 김광주 역
077 수호지 (3) / 김광주 역
078 수호지 (4) / 김광주 역
079 수호지 (5) / 김광주 역
080 수호지 (6) / 김광주 역
081 근대 한국 경제사 / 최호진
082 사랑은 죽음보다 / 모파상
083 퇴계의 생애와 학문 / 이상은
084 사랑의 승리 / 모옴
085 백범일지 / 김구
086 결혼의 생태 / 펄벅
087 서양 고사 일화 / 홍윤기
088 대위의 딸 / 푸시킨
089 독일사 (상) / 텐브록
090 독일사 (하) / 텐브록
091 한국의 수수께끼 / 최상수
092 결혼의 행복 / 톨스토이
093 율곡의 생애와 사상 / 이병도
094 나심 / 보들레르
095 에머슨 수상록 / 에머슨
096 소아나의 이단자 / 하우프트만
097 숲속의 생활 / 소로우
098 마을의 로미오와 줄리엣 / 켈러
099 참회록 / 톨스토이
100 한국 판소리 전집 /신재효,강한영
101 한국의 사상 / 최창규
102 결산 / 하인리히 빌
103 대학의 이념 / 야스퍼스
104 무덤없는 주검 / 사르트르
105 손자 병법 / 우현민 역주
106 바이런 시집 / 바이런
107 종교록,국민교육론 / 톨스토이
108 더러운 손 / 사르트르
109 신역 맹자 (상) / 이민수 역주
110 신역 맹자 (하) / 이민수 역주
111 한국 기술 교육사 / 이원호
112 가시 돋힌 백합/ 어스킨콜드웰
113 나의 연극 교실 / 김경옥
114 목녀의 로맨스 / 하디
115 세계발행금지도서100선
 / 안춘근

116 춘향전 / 이민수 역주
117 형이상학이란 무엇인가
 / 하이데거
118 어머니의 비밀 / 모파상
119 프랑스 문학의 이해 / 송면
120 사랑의 핵심 / 그린
121 한국 근대문학 사상 / 김윤식
122 어느 여인의 경우 / 콜드웰
123 현대문학의 지표 외/ 사르트르
124 무서운 아이들 / 장콕토
125 대학·중용 / 권태익
126 사씨 남정기 / 김만중
127 행복은 지금도 가능한가
 / B. 러셀
128 검찰관 / 고골리
129 현대 중국 문학사 / 윤영춘
130 펄벅 단편 10선 / 펄벅
131 한국 화폐 소사 / 최호진
132 사형수 최후의 날 / 위고
133 사르트르 평전/ 프랑시스 장송
134 독일인의 사랑 / 막스 뮐러
135 사서삼경 입문 / 이민수
136 로미오와 줄리엣 /셰익스피어
137 햄릿 / 셰익스피어
138 오델로 / 셰익스피어
139 리어왕 / 셰익스피어
140 맥베스 / 셰익스피어
141 한국 고시조 500선/ 강한영 편
142 오색의 베일 / 서머셋 모옴
143 인간 소송 / P.H. 시몽
144 불의 강 외 1편 / 모리악
145 논어 /남만성 역주
146 한여름밤의 꿈 / 셰익스피어
147 베니스의 상인 / 셰익스피어
148 태풍 / 셰익스피어
149 말괄량이 길들이기/셰익스피어
150 뜻대로 하셔요 / 셰익스피어
151 한국의 기후와 식생 / 차종환
152 공원묘지 / 이블린
153 중국 회화 소사 / 허영환
154 데미안 / 헤세
155 신역 서경 / 이민수 역주

156 임어당 에세이선 / 임어당
157 신정치행태론 / D.E.버틀러
158 영국사 (상) / 모로아
159 영국사 (중) / 모로아
160 영국사 (하) / 모로아
161 한국의 괴기담 / 박용구
162 욘손 단편 선집 / 욘손
163 권력론 / 러셀
164 군도 / 실러
165 신역 주역 / 이기석
166 한국 한문소설선 / 이민수 역주
167 동의수세보원 / 이제마
168 좁은 문 / A. 지드
169 미국의 도전 (상) / 시라이버
170 미국의 도전 (하) / 시라이버
171 한국의 지혜 / 김덕형
172 감정의 혼란 / 쯔바이크
173 동학 백년사 / B. 웜스
174 성 도밍고성의 약혼 /클라이스트
175 신역 시경 (상) / 신석초
176 신역 시경 (하) / 신석초
177 베를레르 시집 / 베를레르
178 미시시피씨의 결혼 / 뒤렌마트
179 인간이란 무엇인가 / 프랭클
180 구운몽 / 김만중
181 한국 고시조사 / 박을수
182 어른을 위한 동화집 / 김요섭
183 한국 위기(圍棋)사 / 김용국
184 숲속의 오솔길 / A.시티프터
185 미학사 / 에밀 우티쯔
186 한중록 / 혜경궁 홍씨
187 이백 시선집 / 신석초
188 민중들 반란을 연습하다
    / 귄터 그라스
189 축혼가 (상) / 샤르돈느
190 축혼가 (하) / 샤르돈느
191 한국독립운동지혈사(상)
    / 박은식
192 한국독립운동지혈사(하)
    / 박은식
193 항일 민족시집/안중근외 50인
194 대한민국 임시정부사 /이강훈

195 항일운동가의 일기/장지연 외
196 독립운동가 30인전 / 이민수
197 무장 독립 운동사 / 이강훈
198 일제하의 명논설집/안창호 외
199 항일선언·창의문집 / 김구 외
200 한말 우국 명상소문집/최창규
201 한국 개항사 / 김용욱
202 전원 교향악 외 / A. 지드
203 직업으로서의 학문 외 / M. 베버
204 나도향 단편선 / 나빈
205 윤봉길 전 / 이민수
206 다니엘라 (외) / L. 린저
207 이성과 실존 / 야스퍼스
208 노인과 바다 / E. 헤밍웨이
209 골짜기의 백합 (상) / 발자크
210 골짜기의 백합 (하) / 발자크
211 한국 민속약 / 이선우
212 젊은 베르테르의 슬픔 / 괴테
213 한문 해석 입문 / 김종권
214 상록수 / 심훈
215 채근담 강의 / 홍응명
216 하디 단편선집 / T. 하디
217 이상 시전집 / 김해경
218 고요한물방아간이야기
    / H. 주더만
219 제주도 신화 / 현용준
220 제주도 전설 / 현용준
221 한국 현대사의 이해 / 이현희
222 부와 빈 / E. 헤밍웨이
223 막스 베버 / 황산덕
224 적도 / 현진건
225 민족주의와 국제체제 / 힌슬리
226 이상 단편집 / 김해경
227 삼략신강 / 강무학 역주
228 굿바이 미스터 칩스 (외) / 힐튼
229 도연명 시전집 (상) /우현민 역주
230 도연명 시전집 (하) /우현민 역주
231 한국 현대 문학사 (상)
    / 전규태
232 한국 현대 문학사 (하)
    / 전규태
233 말테의 수기 / R.H. 릴케